동아시아 공동번영과 한반도 평화

이 도서의 국립중앙도서관 출판예정도서목록(CIP)은 서지정보유통지원시스템 홈페이지(http://seoji.nl.go.kr)와 국가자료
종합목록시스템(http://www.nl.go.kr/kolisnet)에서 이용하실 수 있습니다.
(CIP제어번호: CIP2019008303)

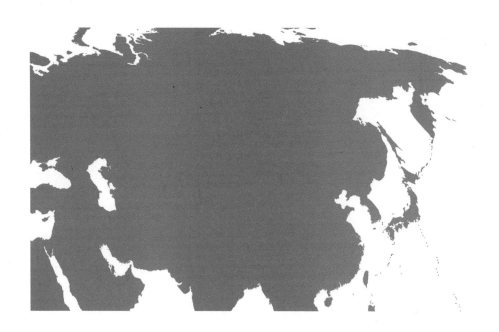

동아시아 공동번영과 한반도 평화

Co-prosperity Networking in East Asia and
Peace Building in Korean Peninsula

| 문흥호 엮음 |

한울
아카데미

책머리에

1990년 8월 중국 단둥(丹東)을 방문한 적이 있다. 압록강을 사이에 두고 북한 신의주와 마주보고 있는 단둥은 당시 외국인이 출입할 수 없는 미개방 지역이었다. 하지만 이미 1980년대부터 학문적 교류를 해온 랴오닝(遼寧) 사회과학원 한반도 연구자의 도움을 얻어 비공식으로 잠입을 했다. 하루의 짧은 일정이었지만 심야에 어렵사리 압록강 변을 찾아가며 느꼈던 설렘은 지금도 잊을 수가 없다. 동쪽 하늘이 밝아오를 무렵까지 강가에 앉아 얼마나 울었는지 모른다. 유신 정권이 서슬 퍼런 칼을 휘두르던 시절 대학을 다녔다. 그때는 서울의 북쪽에 대한 관심 자체가 불순한 것이었다. 그러니 압록강에서 신의주를 바라보며 만감이 교차할 수밖에 없었다.

대학 졸업 후 타이완 유학을 거쳐 본격적으로 중국 공부를 시작하면서도 나의 주된 관심은 한반도 평화와 민족 화해였다. 어떻게 하면 한반도의 군사적 긴장을 해소하고 민족 간의 끝날 줄 모르는 적대 행위를 끝낼 수 있을까 하는 것이었다. 이를 위해 중국 공부가 필요하다는 생각을 했고 1991년 이후 3년여 동안 민족통일연구원(현 통일연구원)에서 중국을 담당하면서도 나의 관심사는 시종일관 한반도의 평화 정착에 필요한 중국 요인을 분석·검토하는 것이었다. 그리고 이는 지금도 내 공부의 주된 영역이다.

물론 한반도의 전쟁과 평화의 문제는 중국 요인 하나만으로 결정되지 않는다. 미국, 러시아, 일본 등 100년 넘게 한반도에서 각축을 벌이는 주변국들의 이해관계가 난마처럼 얽혀 있다. 기가 막힐 정도로 반복되어온 이들의 다툼이 지금 이 시간에도 여전히 지속되고 있다. 여기에서 분명하게 인식할 수 있는 것은 한반도의 평화는 남북한, 동북아, 동아시아 주변국들이 경제적 공동 번영의 필요성을 절감하고 이를 실천하지 않는 한 지속 가능한 형태로 정착되기 어렵다는 사실이다. 실제로 동아시아 각국이 경제적 윈-윈의 필요성을 공감하고 이를 실천하기 위한 정치적·군사적 적대 관계 해소에 주력하지 않는 한 한반도의 전쟁과 평화의 문제를 풀기 어렵다. 즉 양자 관계에서 다자 관계에 이르기까지 경제적 공영이 담보되지 않으면 해묵은 정치적·군사적 갈등이 해소되기 어렵다는 것이다. 이를 가장 잘 보여주는 것은 중국과 타이완의 양안 관계다. 지금이야 양안의 교류 협력이 아주 당연한 것으로 인식되지만 과거 그들도 둘째가라면 서러울 정도로 험악한 적대 관계를 지속해왔다. 중국의 개혁 개방과 실용주의, 타이완의 현실주의적 정책 전환이 타이완해협의 평화를 가져왔다. 물론 지금도 그들은 통일과 독립이라는 정치적 지위를 둘러싸고 갈등하지만 이들의 경제적 상호 의존은 트럼프, 시진핑 등 그 어느 누구도 무너뜨리기 어렵다.

이번 연구 과제 역시 나의 이러한 문제의식에서 출발했다. 이를 더 구체적으로 정리하면 다음과 같다. 첫째, 한반도의 평화는 남북한만의 의기투합으로 결코 이루어지지 않는다. 둘째, 초기 단계에서 남북한의 선도적 조치가 중요하지만 이것이 지속 가능한 평화로 이어지기 위해서는 주변국들의 적극적인 협조가 필수적이다. 셋째, 주변국들의 긍적적 참여 유인 중에서도 경제적 요인이 절대적이다. 특히 주변 강대국은 물론 더 넓은 범위의 동아시아 국가 간에 경제적 공영과 윈윈에 대한 공감대가 형성되지 않으면 이들은 한반도의 전쟁과 평화의 문제에 기여하려고 하지 않을 것이다.

결국 이러한 문제의식을 바탕으로 '동아시아 공영 네트워크 형성과 한반도 평화 체제 구축'이라는 주제로 지난 3년간 연구를 수행했다. 그동안 3차에 걸친 현지 조사를 진행했으며 제1차 연도에는 중국 상하이에서 출발해 신장(新疆) 위구르 자치구~키르기스스탄~카자흐스탄에 이르는 중국~중앙아시아의 대동맥과 하얼빈(哈爾濱)~창춘(長春)~선양(瀋陽)에 이르는 한반도 북방의 물류망을 탐사했다. 제2차 연도에는 중국 쓰촨성(四川省)의 청두(成都)~충칭(重慶)과 윈난성(雲南省)의 디칭(迪慶)~다리(大理)에 이르는 중국 서부 물류망을 현지 조사했다. 중국 서부의 경제적 낙후에도 중국~중앙아시아~유럽, 중국 서남부~동남아의 물류 거점으로서 청두, 충칭의 급성장은 매우 인상적이었다. 작년 8월의 제3차 현지 조사에서는 인도~스리랑카~태국~베트남에 이르는 거대한 동남아 해양 벨트를 탐사했다. 이 국가들 중에서도 가장 인상적이었던 것은 인도의 대대적인 경제개혁과 한국·인도 경제협력 확대, 중국과의 경제협력에 올인하는 스리랑카 현지 분위기였다. 특히 스리랑카 정부는 최남단 함반토타항의 개발·운영권을 향후 80년간 중국에 이양할 정도로 중국과의 경협을 전방위적으로 확대하고 있다. 중국의 영토적 야심과 경제적 의존 심화를 우려하던 스리랑카 여론은 "80년 후 중국이 1달러를 받고 항구의 모든 권한을 스리랑카에 반환한다"는 협약에 안도하는 눈치이다.

이 국가들은 최근 한국 정부가 신남방 경제정책을 추진하면서 중요성이 더욱 높아지는 지역이다. 사실 우리 6명의 연구진은 이미 오래전부터 중국의 북방, 남방 지역 국가들과의 경제적 공영 네트워크 구축의 중요성을 인식하고 있었다는 점에서 최근의 정부 정책은 다소 늦은 감이 없지 않다. 다만 문재인 정부가 추진하는 신남방, 신북방 정책은 반드시 중국의 남부 지역, 북부 지역과 반드시 상호 연계되어야 한다. 그렇지 않고 마치 중국에 대한 경제의존도를 축소하기 위해 무리하게 추진하는 경제다변화 정책으로 비춰질 경우 불필요하게 중국의 반감을 유발할 수 있다. 그럴 경우 총수출의 30% 이상이 중국에 집중된 상황에서 신남방, 신북방 정책이 소기의 성과를 거두지 못할 가능성이 매우 높다.

한편 우리 공동연구진은 연구 수행의 후반에 접어들어 두 차례의 남북정상회담과 싱가포르 북미정상회담이 실현되면서 이 연구의 중요성을 절감하게 되었다. 특히 모두가 한반도의 평화 체제 구축, 남북한 화해 협력에 기여해야 한다는 시대적 사명감을 갖게 되었다. 왜냐하면 우리 연구의 궁극적인 목표는 한반도 평화와 남북한 공동 번영에 유리한 동북아, 동아시아의 국제 환경을 분석, 검토하는 것이었기 때문이다. 물론 한반도의 전쟁과 평화의 문제가 완전하게 해결되기에는 앞으로도 많은 시간과 각고의 노력이 필요한 것처럼 우리의 연구도 많은 미완의 숙제를 남겨두고 있다. 그럼에도 이번 연구 과제가 하나의 매듭을 짓게 된 것을 매우 기쁘게 생각한다. 이러한 결과를 얻을 수 있었던 것은 '한반도 평화와 남북한 경제 공영의 기반 구축'이라는 신성한 시대적 과제에 공감한 빛나는 공동연구진이 있었기 때문이다. 특히 연구의 구상 단계에서 출판에 이르기까지 온갖 고락을 함께 나눈 민귀식, 조정원 교수에게 깊은 감사를 표한다. 또한 출산과 육아의 부담이 있는데도 3년 동안 크고 작은 뒷바라지를 해준 이윤희 박사 과정생을 비롯한 보조 연구원들에게도 한없는 감사와 사랑을 보낸다. 마지막으로 파편화된 우리의 연구 결과물을 체계적으로 엮어준 한울엠플러스(주) 관계자 여러분들에게도 고마움을 표한다.

2019년 4월
한양대학교 월송재(月松齋)에서
문홍호

차례

책머리에 / 4

제1부 동북아 안정의 토대: 발전 전략과 안보 협력

제1장 중·러 전략적 협력과 한반도 평화 체제 ·················· 14

1. 서론 / 14

2. 중·러 전략적 협력의 유인과 한계 / 16

  1) 미국의 유일 패권 견제 / 16

  2) 경제적 윈윈의 확대 / 18

  3) 전략적 협력의 한계 / 20

3. 중·러의 전략적 협력과 한반도 평화 / 23

  1) 동북아와 한반도 전략 / 23

  2) 대북 정책과 한반도 비핵화 / 26

  3) 한반도 평화 체제 구축과의 상관성 / 29

4. 결론 / 34

제2장 중·일 관계와 한반도 평화 ·························· 41

1. 중·일 관계의 변천 / 41

  1) 1950년대: 민간 중심의 경제 교류 / 41

  2) 1960년대: '2개의 중국' 정책의 좌절 / 44

  3) 1970~1980년대: 중·일 관계의 밀월기(蜜月期) / 46

  4) 1990년대 중반~2000년대 중반: 중·일 관계의 '마찰기(摩擦期)' / 50

  5) 2000년대 중반~현재: 중·일 관계의 전략적 대치기(對峙期) / 52

2. 네트워크 속의 중·일 관계 / 54

  1) 정상회담 네트워크 속의 중·일 관계 / 54

  2) 미디어 네트워크 속의 중·일 관계 / 58

3. 중·일 관계의 핵심 현안 / 63

1) 역사 인식 문제 / 63

2) 영토 분쟁 문제 / 68

3) 기타 문제(경제, 군사) / 72

4. 중·일 관계와 한반도 / 73

1) 중·일 대립과 한국의 전략 가치 / 73

2) 중·일 관계 개선과 한반도 평화 발전 / 76

제3장 시진핑 시기 중국의 신(新)북핵 정책 동향 및 시사점 ·····························81

1. 서론 / 81

2. 북한의 4차 및 5차 핵실험과 중국의 대응 / 82

3. 중국의 신북핵 정책 동향 및 특징 / 88

1) 대북 제재 지속 아래 대화 등 대북한 관리 노력 병행 / 88

2) 북핵 대응과 한국 내 사드 배치에 대한 대응의 분리 / 91

3) 미·중 '신형대국관계' 시험대로서의 북핵 협력 / 95

4. 중국의 신북핵 정책 동향의 함의 / 99

5. 결론: 한국의 정책적 시사점 / 104

제4장 일대일로 프로젝트의 개념적 이해와 동북아 경제협력 ·······················112

1. 서론 / 112

2. 일대일로 추진 동향과 평가 / 114

1) 확장: OBOR에서 B&R로 / 114

2) 한정: 6대 경제회랑 / 118

3) 가설: 상업적 프로젝트와 전략적 프로젝트 / 122

3. 일대일로 진행 현황 국가별 분석 / 125

1) 문제 의식과 분석의 틀 / 125

2) 데이터와 방법론 / 126

3) 분석결과 / 133

4. 동북아 경제협력을 위한 시사점 / 139

　　1) 시사점 / 139

　　2) 중·몽·러 경제회랑과의 연계 전략 / 141

제5장 러시아의 신동방 정책과 동북아 경제협력 ·················· 145

　1. 서론 / 145

　2. 러시아 신동방 정책의 특징과 추진 체계 / 148

　　1) 러시아 신동방 정책의 배경 및 프로그램 / 148

　　2) 신동방 정책의 실행 체계 / 150

　3. 러시아 신동방 정책 성공의 필요충분조건으로서 동북아 경제협력 / 155

　　1) 중국의 지정학적 이해 / 155

　　2) 일본의 지정학적 이해 / 160

　　3) 한국의 지정학적 이해 / 163

　4. 한국의 극동 러시아 협력 전략 / 165

　　1) 거점 개발형 협력 사업 / 167

　　2) 공간 창출형 협력 사업 / 171

　　3) 네트워크형 협력 사업 / 177

　5. 결론 / 179

제2부 동북아 공영의 토대: 네트워킹과 경제협력

제6장 2008년 금융위기 이후 러시아, 중국 무역 및 투자 ·············· 186

　1. 서론 / 186

　2. 무역 / 188

　　1) 연도별, 품목별 무역액 추이와 특성 / 189

　3. 투자 / 198

　　1) 중국의 대러시아 투자 / 198

　　2) 러시아의 대중국 직접 투자 / 205

　4. 성과와 문제점 / 209

　　1) 성과 / 209

　　2) 문제점 / 211

　1. 결론 / 214

제7장 러시아 가스의 대중국 수출 전략과 현황 ·····················219

　1. 서론 / 219

　2. 중국으로의 가스 수출과 러시아의 기회 / 221

　3. 러·중 간 가스 협력 강화를 위한 러시아 프로젝트 / 227

　4. 러시아 프로젝트의 세 가지 도전 / 232

　　1) 저유가 / 232

　　2) 중국의 가스 수요 둔화 / 237

　　3) 아시아 가스 시장에서의 경쟁 강화 / 240

　4. 결론 / 242

제8장 21세기 동북아 에너지 협력과 한국의 선택 ·····················250

　1. 글로벌 가스 시장 변화 / 252

　2. 동북아 LNG 시장의 특징과 최근 변화 / 258

　3. 2017년 한국의 에너지 정책 대변혁 / 266

제9장 중국의 일대일로 전략과 국제해상 물류네트워크 ·····················273

　1. 일대일로 배경과 그 추동력 / 273

　2. 일대일로 전략과 물류 산업 발전 / 277

　3. 해상 실크로드의 공간 범위와 주요 항구 / 283

　　1) 중국-아세안 경제협력과 해상 물류 네트워크 / 287

　　2) 중국-남아시아 경제협력과 해상 물류 네트워크 / 292

　　3) 중국-중동·동부아프리카 경제협력과 해상물류 네트워크 / 298

　4. 중국과 해상 실크로드 연선 국가의 해운 연계 특징 / 300

　5. 해상 실크로드 진행과 중국 항구 지위 변화 / 303

주 / 311

제1부

동북아 안정의 토대:
발전 전략과 안보 협력

제1장
중·러 전략적 협력과 한반도 평화 체제*

| **문흥호** 한양대학교|

1. 서론

문재인 정부 출범 이후 북한 핵 문제의 평화적 해결, 남북대화 재개에 대한 기대가 있음에도 한반도의 군사적 긴장이 동북아시아 전역으로 확산되고 있다. 이는 구조적으로 강대국 간의 이해관계가 교차하는 한반도의 군사적 긴장이 결코 한반도에만 국한되지 않는다는 점을 여실히 보여주는 것이다. 특히 미국 도널드 트럼프(Donald J. Trump) 정부의 '미국 우선주의(America first)'가 북한, 중국, 러시아에 대한 공세적인 정책으로 연계되면서 이 국가들의 강한 반발이 야기되고 있다. 일례로 한국 내 사드(THAAD) 배치를 둘러싼 한·중, 미·중의 첨예한 대립, 2014년 우크라이나 사태 이후 러시아에 대한 미국의 제재 강화로 발생한 미·러의 갈등도 미국의 이익을 최우선적으로 고려하는 트럼프 정부의 저돌적인 동아시아 전략과 무관하지 않다. 또한 북한은 미국

---

*   이 글은 ≪中蘇硏究≫, 41권 4호(2017/2018 겨울)에 게재된 논문을 수정·보완한 것이다.

의 적대적인 대북 정책이 자신들의 정권·체제 붕괴를 겨냥하고 있다는 판단 아래 핵 개발과 투사 능력의 '완결'에 매진함으로써 한반도의 안보 상황이 악순환 국면을 탈피하지 못하고 있다.

더욱이 북한, 중국, 러시아의 반발과 대미 관계 악화는 자연스럽게 한·미·일의 긴밀한 안보 협력과 대비되면서 과거 동북아 냉전 구도의 상징으로 표현되던 이른 바 '북방 삼각'과 '남방 삼각'이 재현되고 있다는 우려마저 제기되고 있다. 물론 한·러, 한·중 관계 정상화 이후 광범위한 교류 협력이 확대되는 상황에서 과거의 냉전적 대립 구도가 반복되기는 쉽지 않다. 그러나 한·미, 미·일 군사동맹의 질적인 강화가 중·러의 포괄적인 안보 협력을 촉진하고 결국 한반도 및 동북아 안보 현안에 대한 북·중·러의 전략적 협력이 확대될 가능성을 배제하기 어렵다. 더욱이 북한과 일본은 과거의 냉전적인 양대 삼각관계의 복원을 통해 반사이익을 얻으려 한다. 이러한 국면은 궁극적으로 남북한 화해·협력, 한반도 평화·상생을 실현하고자 하는 한국의 입장에서 매우 우려스러운 상황이다. 따라서 북한 핵 문제 해결을 위한 대화·협상 기제가 교착되고 북한의 핵 개발 진전 및 투사 능력의 제고로 한·미·일의 대북 압박이 고조되는 악순환의 고리를 차단하기 위한 주변 정세의 면밀한 분석과 합리적인 방안의 검토가 절실히 필요하다.

이러한 점에 주목해 본 논문은 북한 김정은 노동당 위원장이 2018년 신년사를 통해 평창 동계올림픽 참가 등 유화적 메시지를 제시했는데도 여전히 불투명한 남북한 대화·협상 기제 복원, 지속 가능한 한반도 '평화 체제' 구축과 중·러 전략적 협력의 상호작용을 분석하고자 한다. 이를 위해 첫째, 2000년대 이후 강화되고 있는 전략적 협력에 대한 중국과 러시아의 '의지'와 '능력'을 비판적으로 검토하고자 한다. 이는 미국의 패권에 대한 공동 견제, 경제적 윈-윈 확대라는 유인과 내재화된 구조적 한계를 심층 분석하는 것이다. 둘째, 중·러의 전략적 협력과 한반도 안보 환경의 상관성을 분석하고자 한다.

특히 중국과 러시아의 한반도 전략, 대북 정책 기조와 북한 핵 문제에 대한 정책을 중심으로 중·러 전략적 협력의 북한 요인을 분석하고자 한다. 셋째, 남북한 관계 및 한반도의 미래상에 대한 중·러의 기본 인식, 정책, 협력·갈등 요인의 분석을 통해 중·러의 전략적 협력이 한반도의 지속 가능한 평화 체제 모색 과정에 어떠한 영향을 미칠 것인지를 규명하고자 한다.

2. 중·러 전략적 협력의 유인과 한계

1) 미국의 유일 패권 견제

1917년 러시아 혁명 이후 100년 동안 중·러 관계만큼 시대 상황에 따라 심한 기복을 겪었던 국가 관계도 드물다. 양국은 중국 혁명 과정의 소련공산당과 중국공산당의 협력과 갈등, 1949년 중국공산당 정권 수립 이후의 밀월과 무력 충돌, 소련 붕괴 이후 미국의 독주와 '화평연변(和平演變)'에 공동 대응하기 위한 전략적 협력에 이르기까지 애증의 관계를 경험했으며, 그 과정에서 미국 요인이 지대한 영향을 미쳤다. 특히 중국은 1970년대 이후 미국과의 전략적 제휴를 통해 소련의 위협을 견제하고자 했지만, 2000년대 들어서는 그와 정반대로 러시아와의 전략적 협력을 통해 미국의 전방위적 견제 전략에 대응하고 있다.

그 일환으로 중국과 러시아는 미국의 중앙아시아 영향력 확장 전략에 대응해 '상하이 협력기구(SCO)', '아시아 교류 및 신뢰구축회의(CICA)' 등의 안보 협력 기구를 통한 전략적 협력을 강화했다. 더 나아가 중국과 러시아는 소련 붕괴 이후 미국이 추진해온 나토(NATO)의 동진(東進)과 버락 오바마(Barack Obama) 정부의 아시아 재균형 전략(Rebalancing to the Asia-Pacific Region)

에 맞서기 위한 양자 간, 다자간 안보 협력을 구체화했다.* 이와 같이 중국과 러시아의 반미 연대는 양국 간 전략적 협력의 강한 구심력으로 작용하고 있다.

한편 러시아의 경우 장기 집권의 절대적 지도자로 군림하는 블라디미르 푸틴(Vladimir Putin) 체제 아래 부상하는 중국은 대미 견제의 적절한 전략적 협력 파트너이다. 특히 미국에 대한 극도의 배신감을 품고 있는 푸틴으로서는 비록 중국의 이중적인 속내를 우려하면서도 우선 미국의 유일패권체제(unipolar system)에 대적하기 위해서는 중국만 한 전략적 파트너가 없다고 판단한다. 물론 트럼프 정부의 출범을 전후해 미국과 러시아의 관계 개선 심지어 밀착 가능성이 예견되기도 했지만 그와 반대로 미·러 관계가 악화되고 있다. 트럼프 미 대통령의 사적인 러시아 관계와 인맥이 오히려 부정적인 요인으로 작용했기 때문이다.

결국 중국은 과거 미국과의 전략적 제휴를 통해 소련의 위협에 대응했던 것처럼 현 단계에서도 중·러 전략적 협력을 통해 미국의 일방주의를 견제하고자 한다. 또한 정도의 차이는 있지만 러시아 역시 중국과의 전략적 협력을 통해 미국의 패권주의에 대응할 필요성이 있다. 실제로 러시아는 공개적으로 미국의 패권주의를 강하게 비판하는 동시에 이를 제어하기 위한 다국 간 협

---

* 그동안 중국은 미국의 '재균형' 전략이 궁극적으로 중국의 부상을 견제하고 동아시아에서 미국의 핵심 이익을 확대·유지하기 위한 것이며 미국의 군사력 증강 배치와 함께 미·일 동맹, 한·미 동맹이 핵심적 역할을 할 것이라는 점을 우려해왔다. 다만 중국은 미국의 이러한 전략이 미국 내의 반대 여론, 중국과의 적대 관계를 원치 않는 한국·일본의 입장, 중미 간의 이익상관자(stakeholder) 관계 등으로 미국이 원하는 수준의 재균형을 이루기 어렵다는 판단을 하고 있다. 따라서 중국은 미국을 지나치게 자극하기보다는 '핵심 이익' 수호 차원의 확고한 원칙을 견지하면서 중미 관계를 적절히 '관리'한다는 전략이다. 미국의 '아시아 재균형' 전략의 목표와 한계를 이른바 '역할이론(role theory)'을 통해 일본, 한국 등 동맹국의 입장과 연계시켜 분석한 자료는 Sebastian Harnisch and Gordon Friedrichs, "Alliances Rebalanced? The Social Meaning of the U.S. Pivot and Allies' Responses in Northeast Asia," *The Korean Journal of International Studies*, Vol. 15, No. 1 (2017), pp. 6~10, 24~25를 참조했다.

력 특히 중국과의 전략적 협력 필요성을 강조한다.*

2) 경제적 윈윈의 확대

사회주의권의 붕괴와 소연방 해체 직후 러시아는 중국과의 다각적인 협력을 모색했으며 특히 중앙아시아에 대한 중국의 경제적 진출을 통해 미·일의 물량 공세를 상쇄하고자 했다. 중국 역시 '일대일로(一帶一路)' 구상의 핵심 지역으로 중앙아시아를 지목하고 육상 실크로드를 의미하는 '일대'의 구현을 통해 중앙아시아 제국과의 '운명공동체' 건설 필요성을 강조하고 있다.** 특히 중국의 '일대일로'는 이른바 중국의 꿈을 중앙아시아, 유럽, 동남아시아로 확장하기 위한 선도적 정책 구상이며 이를 통해 통상, 물류, 교통의 국제적 연계망을 구축하려는 '국가대전략(grand strategy)'이다. 특히 해상, 육상 루트를 아우르는 일대일로의 성패는 21세기 중국의 국제적 위상은 물론 창당 100년을

---

* 북한 핵 문제와 관련해서도 러시아는 미국의 일방적인 대북 압박과 군사력 시위 등이 문제 해결에 전혀 도움이 되지 않는다는 점을 강조하면서 중국의 각종 제안을 한·미가 적극 수용해야 한다는 점을 강조한다. 예를 들어 러시아 외무 차관 이고르 모르굴로프(Igor Morgulov)는 2017년 11월 27일 서울에서 열린 러시아 발다이 클럽 세미나(Valdai Club Asian Regional Conference)에서 한 필자와의 토론에서 ① 중국이 제안한 '양자 중단[雙中斷]'과 '두 가지 병행[雙軌竝行]'을 적극 지지하고, ② 이를 통해 북한 핵 문제 해결, 한반도 평화·안정을 위해 노력할 것이지만, ③ 한·미가 합동 군사 훈련을 확대 유지하는 상황에서는 북한에 무력시위 자제와 대화 복귀를 설득하기 어렵다는 점을 강조했다. 또한 세르게이 라브로프(Sergei Lavrov) 러시아 외무 장관 역시 2017년 12월 2일 벨라루스를 방문하는 자리에서 북한의 모험적 도발 행위를 규탄하면서도 "북한이 두 달 이상 도발을 중단하고 있는 상황에서 한·미가 10월, 11월 연속 연합 군사 훈련을 실시했고 심지어 12월에도 군사 훈련이 예정되어 있다"는 점을 강하게 비난했다. "Russia lambasts both North Korea's nuclear gambling and US' provocative conduct," http://tass.com/politics/978/758(검색일: 2017.12.4).

** 이와 관련해 시진핑(習近平) 주석은 2017년 1월 17일 스위스 다보스 포럼 개막 연설을 통해 지난 2013년 9월 이후 추진된 일대일로의 구체적인 성과를 제시했다. 또한 2017년 5월 15일 베이징에서 개최된 일대일로 관련 제1차 국제 협력 정상 포럼(the Belt and Road Forum for International Cooperation)에서는 인류가 직면한 공통 과제를 해결하기 위한 일대일로의 개방성과 협력적 성격(a brand of cooperation)을 강조했다. ≪人民日報≫, 2017.1.17, 2017.5.16.

맞는 중국공산당의 정통성과 직결된 '중국의 꿈' 실현에 지대한 영향을 미칠 것이다.[*]

사실 소연방 해체 이후 중국과 러시아의 경제협력은 매우 저조한 수준을 벗어나지 못했으며 중국의 러시아산 군사 장비 및 생산 시설, 석유, 천연가스 등의 수입이 대부분을 차지했다. 이는 러시아 경제가 극도로 침체되면서 중·러의 경제적 '호보호리(互補互利)'가 거의 불가능했고 따라서 안보적 측면의 전략적 협력에 비해 경제적 원원이 부진할 수밖에 없었다. 현 단계에서도 중·러의 경제협력은 중국 경제가 미국의 GDP를 추격할 정도로 확장 일로에 있는 반면 러시아는 국제 원유가의 하락, 우크라이나 사태 이후 국제적 제재 심화 등으로 고전을 면치 못하면서 양국의 비대칭성이 더욱 확대되고 있다. 따라서 향후 중·러 경제적 원-윈의 성패는 중앙아시아에서 러시아 극동에 이르는 유라시아 벨트에서 어떠한 수준의 경제협력을 실현하는가에 좌우될 것이다. 특히 중국이 최고의 국책으로 추진하고 있는 '일대일로' 전략에 대한 러시아, 중앙아시아 국가들의 적극적 호응과 협력이 관건 요인이다.

한편 일대일로를 통한 중국과 중앙아시아 국가들과의 경제협력 확대는 중·러 전략적 협력에 다음과 같은 긍정적 영향을 미친 것으로 보인다. 첫째, 미국이 우즈베키스탄과, 키르기스스탄에서 철수하면서 러시아는 중국을 전적으로 배제하기보다는 중·러 전략적 협력을 활용하고자 했다. 둘째, 러시아가 중국의 경제적 역량을 통해 중앙아시아 국가들의 인프라 건설과 경제적 연대 강화를 도모했다. 이는 미국의 중앙아시아 영향력 확장 움직임을 견제

---

[*] 실제로 '당 국가(party state)' 체제를 유지하는 중국에서 국가가 추진하는 핵심 정책의 성패는 중국 공산당의 정통성에 큰 영향을 미칠 수밖에 없다. 특히 일대일로 추진 과정에서 직면하는 해양 및 육상의 영토·주권 분쟁은 체제의 정통성과 직결된 문제로서 중국 지도부가 민감하게 대응할 수밖에 없는 사안이다. 이와 관련된 더 구체적인 논의는 Peter Murphy, "Maritime Dispute as a Test of Communist Party Legitimacy," *Journal of Territorial and Maritime Studies*, Vol. 4, No. 2 (2017), pp. 59~62.

하기 위해 일단 중국의 경제적 진출을 묵인한 것이다. 셋째, 러시아의 우크라이나 침공 이후 국제사회의 제재가 강화되면서 러시아는 급한 불을 끄기 위해 중·러 경제협력을 더욱 필요로 했다. 이러한 요인은 중국이 세계적 차원의 '중국몽' 실현을 위한 일대일로 구상이 중앙아시아 지역에서 성과를 얻을 수 있는 긍정적 환경이다.

3) 전략적 협력의 한계

중·러 전략적 협력의 유인인 미국의 일방주의 견제와 경제협력 필요성은 여전히 중·러 관계의 안정적 유지와 전략적 연대의 촉진 요인으로 작용할 것이다. 그럼에도 중·러 전략적 협력의 이면에는 다음과 같은 한계가 존재한다. 첫째, 중국과 러시아가 미국을 겨냥한 전략적 협력을 추진하면서도 미국에 대한 상호 인식과 양자 관계에 대한 전략에서 큰 차이를 보인다. 중국은 중·러 전략적 협력을 미국 견제의 자원으로 활용하면서도 미국의 절대적인 영향력과 '이익상관자'로서의 상호 협력 필요성 때문에 미국을 과도하게 자극하려 하지 않는다. 즉 중·러 최고 지도자가 역대 최상의 우호 협력 관계를 유지하고 있다는 점을 공언하지만 높은 수준의 전략적 협력을 유지하는 구체적인 동기와 미국에 대한 기본 인식에는 큰 차이가 있다. *

둘째, 1990년대 중반 이후 강화해온 군사·안보 협력의 강화 역시 분명한

---

* 중국의 대미 전략은 2017년 두 차례의 중·미 정상회담에서도 잘 나타났다. 우선 시진핑 주석은 2017년 4월 미국 마러라고(Mar-a-lago) 중·미 정상회담에서 북한 핵 문제, 한국의 사드 배치 등 민감한 안보 현안을 논의하면서 최대한 트럼프 정부의 심기를 직접적으로 건드리지 않는 선에서 조율하려는 태도를 보였다. 또한 2017년 11월의 베이징 중·미 정상회담에서도 시진핑 주석은 "새로운 역사적 기점에 서 있는 중·미 관계의 발전 여하에 따라 양국과 세계의 평화·안정·번영이 영향을 받으며, 상호 합작만이 중·미 양국의 유일하고 정확한 선택"이라는 점을 강조했다. An Baijie, "Xi's visit to US called constructive," *China Daily*, 2017.4.10; ≪人民日報≫, 2017.4.9, 2017.11.10.

한계가 있다. 그것은 소연방 해체 이후 극심한 경제적 어려움을 겪어온 러시아의 경제적 동기와 사회주의권 붕괴 이후 서방 세계의 화평연변 공세에 직면한 중국의 체제 안보적 동기가 러시아의 대중국 무기 판매 및 기술 이전을 중심으로 한 군사 협력을 가능하게 했지만 군사 협력의 속성상 한계가 있기 때문이다. 또한 과거 무력 충돌까지 경험했던 중국으로서도 푸틴이 강조하는 '강한 러시아' 건설과 이를 위한 첨단 무기의 확충, 군사력 강화가 중국의 안보에 부정적인 영향을 미칠 가능성을 염두에 두지 않을 수 없다. 이러한 전략적 판단 아래 최근 중국은 러시아에 비해 자신들이 열세라고 판단하는 국방과학기술 분야를 집중적으로 투자 육성하는 정책을 추진하고 있다. 일례로 중국은 시진핑 중앙군사위원회 주석의 지시 아래 기존의 대표적인 국방 관련 교육·연구 기관인 군사과학원, 국방대학, 국방과기대학의 편제를 혁신하고 상호 연계를 재조정했다. 이는 2017년 7월 19일 국방과학기술 관련 지도부와의 좌담회에서 시진핑 주석이 강조한 것처럼 '국방 부문의 우수한 인재 육성과 첨단 기술 개발이 최강의 군대 건설의 핵심'[1]이라는 인식 아래 군사과학기술 분야 육성 의지를 천명한 것이다. 중국의 이러한 정책 방향은 과거 주로 러시아에 의존했던 군사과학기술의 자력갱생을 통해 이른바 '강군몽(强軍夢)'을 실현하고자 하는 것으로서 향후 중·러 군사협력에 새로운 변수로 작용할 가능성이 매우 높다.

셋째, 국경 지역의 신뢰 구축과 경제협력 활성화를 위한 느슨한 다자 협의체에서 정례적인 합동 군사훈련의 실시 등 다자 안보 체제로 변화한 상하이협력기구의 향후 발전 방향에 대해서도 중국과 러시아의 전략적 의도가 일치하는 것은 아니다. 실제로 러시아는 중국이 상하이 협력기구를 통해 중앙아시아에서 과도하게 영향력을 확대하는 것을 원치 않는다. 따라서 러시아는 중앙아시아 국가들이 중국과의 경제협력을 확대하면서도 정치·안보적으로 러시아와의 협력 관계를 유지하려고 하는 전략적 균형 의식을 십분 활용해 이들의 과도한 대중국 경사를 견제하고자 할 것이다. 이는 결국 중·러 전략적 협력의 한계 요인으로 작용할 가능성이 높다.*

물론 중국도 러시아가 구소련 지역 국가들에 대한 정치 안보적 영향력을 쉽게 포기하지 않을 것이라는 점과 중앙아시아 국가들이 중국의 경제적 영향력 확장을 내심 우려하고 있다는 점을 잘 알고 있다. 이는 중국이 일대일로 구상의 개방적·포용적 성격을 지속적으로 강조하는 이유이다.** 그런데도 이들 중앙아시아 국가들과의 관계를 이른바 시진핑 주석이 누누이 강조하는 '운명공동체'의 수준으로 격상시키는 데는 적지 않은 난관이 가로놓여 있다.

결국 중국과 러시아는 소련 및 동유럽 사회주의권의 해체 이후 미국의 유일 패권 체제에 대응하기 위한 방어적 차원에서 전략적 협력 관계를 강화해왔으며 현 단계에서도 그 필요성은 상존하고 있다. 그러나 소련 해체 이후 26년여의 기간 동안 중국과 러시아의 종합 국력과 국제적 위상이 현격한 차이를 보이면서 전략적 협력의 필요성과 한계에 대한 양국의 입장이 점차 변화하고 있다. 즉 중국의 강대국화가 기정사실화되면서 중·러의 대미 인식과 중·러·미의 삼각 구도가 변화할 수밖에 없다. 그동안 러시아는 중·미의 패권 경쟁 구

---

* 시진핑과 푸틴은 2017년 상호 신년 인사를 통해 지난 20년간의 전략적 협력 체제를 더욱 강화함으로 양국은 물론 각종 국제 사안에서 협력을 강화한다는 데 의견을 모았다. 그런데도 시진핑 주석이 '일대일로'와 '유라시아경제연합(EEU: Eurasian Economic Union)'의 상호 연계 필요성 등을 강조하는 데 대해 푸틴은 구체적 언급을 하지 않았다. 2017년 5월 14일 베이징에서 개최된 중·러 정상회담에서도 시진핑이 일대일로와 유라시아경제연합의 상호 연계 강화를 위한 상하이 협력조직의 조력자 역할을 강조했으나 푸틴은 일대일로 구상이 관련국의 경제 교류에 유익하다는 점에 원론적으로 동의했을 뿐 상하이 협력조직과의 적극적인 연계에 대해서는 언급조차 하지 않았다. 이는 중국의 과도한 중앙아시아 진출에 대한 러시아의 견제 심리와 무관하지 않은 것으로 보인다. ≪人民日報≫, 2017.1.1, 2017.5.14.

** 특히 중국은 러시아, 미국, EU 등이 추진하는 중앙아시아 관련 정책이 특정 국가를 배제하는 반면 중국의 일대일로는 포용, 연계, 공영(共榮)을 기본정신으로 한다는 점을 부각시키고 있다. 즉 중국은 일대일로가 '독주(獨奏)'가 아니라 '협주(協奏)'라는 점을 강조하고 있다. Chen Dongxiao, "From the Silk Road Economic Belt to a Eurasian Community of Shared Economic Interests," *SIIS Task Force Report*(2015), pp. 31~36.

도에서 한발 물러나면서 중국에 대한 일종의 후원자 역할을 했으나 우크라이나 사태 이후 UN의 대러시아 제재 결의에서 중국이 기권한 이후 러시아는 중국에 대한 의구심을 갖고 있다. 따라서 향후 중·러 전략적 협력은 전 세계를 대상으로 한 미국의 영향력 증감과 중·미, 미·러 관계, 중국의 강대국화 추이에 따라 협력 수준과 범위를 달리할 것이다.

3. 중·러의 전략적 협력과 한반도 평화

1) 동북아와 한반도 전략

기복이 심했던 중·러 관계 중에서도 한반도를 중심으로 한 동북아 지역은 유난히 갈등을 겪었던 지역이다. 특히 1945년 일본의 패망과 남북한의 개별 정권 수립, 1949년 중국공산당 정권 수립, 1950년 한국전쟁 발발 등은 중국과 소련의 개입을 불가피하게 했으며 1956년 소련공산당 제20차 당대회 이후 급속히 냉각된 양국의 무력 충돌이 발생한 곳도 중국의 동북지역이다. 더욱이 이들 지역과 접해 있는 한반도는 중·러의 안보적 이해관계가 첨예하게 교차하는 전략적 요충지이다.

우선 중국은 자국의 대외적 영향력 확장과 굴기의 출발점을 한반도를 중심으로 한 동북아로 설정하고 있다. 특히 중국의 입장에서 한반도는 여전히 냉전적 잔재와 탈냉전 이후의 급격한 변화가 혼재되어 있으며 특히 최근 그들이 외교의 양대 축으로 강조하는 강대국 외교와 주변국 외교의 중요한 대상이다.* 이를 바탕으로 중국의 한반도 전략을 분석하면 다음과 같다. 첫째, 남

---

* 중국은 주변 지역이 평화적 발전, 일대일로, 운명 공동체 구축 등의 성패를 좌우하는 시험 지역(試驗區)이라는 인식을 하고 있다. 또한 주변 국가들과의 안전공동체가 운명공동체 건설 과정의 중요

북한 요인 이외에 미국, 러시아, 일본 등과의 이해관계를 면밀히 검토하며 사안에 따라서는 미국과의 관계를 최우선으로 고려한다. 이는 한반도의 영향력 확장이 없이는 동북아 더 나아가 동아시아 지역의 패권 확보가 불가능하다는 전략적 판단에 따른 것이다. 둘째, 남북한의 실질적 세력균형을 통한 남북한 평화공존과 이를 통한 한반도 영향력의 극대화는 여전히 한반도 전략의 핵심이다.* 실제로 개혁 개방 추진 이후 중국이 외교정책의 우선순위로 강조했던 주변 정세의 평화적 유지의 1차 대상은 한반도였다. 셋째, '한반도의 자주적·평화적 통일 노력의 지지'라는 원칙을 통해 형식적 통일 지지, 실질적 통일 억제라는 이중 정책을 구사한다. 이는 한국 주도의 통일 과정이 평화와 자주를 담보하기 어렵다는 판단 아래 평화, 자주의 조건을 부가함으로써 한국 주도의 통일을 제어하려고 하는 것이다.

한편 푸틴 집권 이후 러시아의 동북아 및 한반도 전략은 소련 붕괴 이후 급속하게 상실했던 역내 영향력을 복원하는 것이다. 실제로 탈냉전 이후 러시아의 동북아 영향력은 현격히 감소되었으며 특히 1990년 한국과의 수교 이후 북한에 대한 영향력을 대부분 상실했다. 더욱이 탈냉전 이후 러시아의 국가 전략에서 극동 러시아와 동북아는 우선적 고려 대상이 아니었으며 상당 기간 방치 상태에 머물렀다. 그러나 푸틴이 '강한 러시아'의 복원을 강조하면서 동북아를 다시 주목하기 시작했다. 이러한 전략적 변화와 함께 추진되고 있는 러시아의 동북아 및 한반도 전략은 첫째, 중·러 전략적 협력의 외연을 확장해

한 연결 고리 역할(承上啓下)을 한다고 주장한다. 이러한 관점에서 동북아와 한반도는 중국이 추구하는 주변국과의 안전 공동체, 운명 공동체 확립의 매우 중요한 구성 부분이다. 王寅, 「人類命運共同體: 內涵與構建原則」, ≪國際問題硏究≫, 2017年 第5期(2017.9), pp. 45~48.

* 중국이 생각하는 남북한의 실질적 세력균형은 일반적인 국가 간 국력 비교와는 다른 차원이다. 즉 남북한의 총체적인 국력 비교는 북한이 남한의 국력에 크게 미치지 못하지만 중국은 북한에 대한 다각적인 지원을 통해 북한의 생존 자체가 위협받지 않은 선에서 남북한의 공존을 유지할 수 있다는 판단을 하고 있다.

역내의 양자, 다자간 협력을 확대함으로써 동북아에서의 국가적 이해관계를 증진하는 것이다. 둘째, 더 구체적으로 푸틴이 야심차게 추진하는 '동방 경제 포럼'으로 대변되는 극동 러시아 경제개발을 위해 역내 국가들과의 다각적인 협력을 확대하고자 한다. 셋째, 한반도 문제와 관련해 북·러 관계의 복원과 한·러 경제협력 활성화에 역점을 두고자 한다. 특히 문재인 정부가 '한반도 신경제 지도', '신북방 경제 비전'을 발표하고 대통령 직속의 '북방 경제 협력 위원회'를 조직하면서 한러 경협 확대와 러시아 극동 지역개발에 기대를 걸고 있다.*

결국 중국과 러시아는 한반도에서의 영향력 확대가 동북아, 동아시아 지역에서의 영향력 강화와 불가분의 관계가 있다는 점을 잘 인식하고 있다. 탈냉전 이후 중국은 러시아의 한반도 영향력 상실을 자국의 영향력 확대에 십분 활용했으며 특히 북한에 대한 중국의 영향력은 거의 견제받지 않는 상황에서 확장 일변도의 모습을 보였다. 다만 북한의 핵 개발 강행으로 UN의 대북 제재가 추진되면서 중국도 북한에 대한 제재 참여가 불가피한 상황이다. 실제로 최근 중국은 상무부를 통해 '북한에서 무기 개발로 전용될 가능성이 있는 물자에 대해 금수 조치'를 단행하는 등 대북 제재를 강화하고 있다.** 푸틴 정부 역시 러시아 극동개발에 박차를 가하면서 한반도에 대한 기존의 소극적

---

* 　문재인 정부의 한반도 신경제 공동체 구현 목표는 ① 남북한의 공존과 하나의 시장 형성을 통해 새로운 경제성장 동력을 창출함으로써 더불어 잘 사는 남북 경제 공동체를 만들고, ② 3대 경제벨트(환동해 경제벨트, 환서해 경제벨트, 남북한 접경지역 경제벨트) 구축을 통해 한국의 경제 영역을 대륙을 넘어 세계로, 미래로 도약하는 '한반도 신경제 지도'를 그려나가며, ③ 남북한과 동북아 국가 간 상호 경제협력 관계를 만들어나감으로써 북핵 문제 해결은 물론 한반도의 군사적 긴장을 완화하고 다자간 안보 협력을 증진시키는 것이다. 통일부, 「문재인의 한반도정책: 평화와 번영의 한반도」(2017), 20~21쪽 참조.

** 　중국 상무부는 2018년 2월 5일 공업신식부(工业和信息化部), 국방과학공업국(国防科工局), 국가원자력기구(国家原子能机构), 세관 총국(海关总署) 명의로 해당 금수 조치를 발표했다. 中國 商務部 公告, 2018年 第17號, http://www.mofcom.gov.cn/article/b/c/201802/20180202708722.shtml (검색일: 2018.2.7).

정책을 탈피하고 있다. 이처럼 중국과 러시아의 동북아, 한반도 정책이 새로운 변화 단계에 진입했으며 이 과정에서 중·러의 협력과 경쟁이 다양하게 표출될 가능성이 다분하다.

2) 대북 정책과 한반도 비핵화

과거 중국과 소련의 대북 정책은 중소 관계의 기복에 따라 많은 변화를 겪었으며 그 과정에서 북한은 중국과 소련을 오가는 소위 '진자운동'을 통해 나름대로 국익을 극대화하고자 했다. 그러나 사회주의권의 해체와 탈냉전은 북·중·러 삼각관계의 근본적인 변화를 초래했다. 특히 1990년의 한·소 수교, 1991년 남북한 동시 UN 가입, 1992년 한·중 수교 이후 중국과 러시아의 대북한 정책은 큰 차이를 보였다. 이는 무엇보다도 한반도 및 북한의 전략적 가치에 대한 인식이 상이했기 때문이다.

우선 중국은 북한 핵 문제가 발생한 1993년 이후 북한이 제6차 핵실험을 강행한 2017년에 이르기까지 시종일관 한반도 비핵화를 정책적 우선순위로 설정하고 있다. 이는 중국이 한반도 평화 안정 유지, 대화 협상을 위한 평화적 해결과 함께 고수하는 한반도 정책의 3대 목표이다. 또한 최근 북한이 국제사회의 비난과 UN의 강도 높은 대북 제재가 있는데도 미국을 겨냥한 대륙간탄도탄(ICBM) 시험 발사를 지속하고 미국 트럼프 정부가 대북한 무력 사용 가능성을 시사하는 상황에서 중국은 '전쟁 불가'를 한반도 정책의 핵심 내용으로 추가했다. 중국의 이러한 입장은 2017년 11월 시진핑의 특사로 북한을 방문한 쏭타오(宋壽) 중국공산당 대외 연락 부장이 김정은을 면담하지 못하는 등 북·중 관계가 돌파구를 찾지 못하는 상황에서 성사된 12월 14일의 베이징 한·중 정상회담에서 더 강도 높게 표출되었다. 특히 시진핑 주석은 문재인 대통령과의 정상회담에서 결코 한반도에서의 '전쟁과 혼란이 발생(生戰生

亂)'해서는 안 된다는 점을 역설했으며 한·중 양국 정상의 이러한 공동 인식은 ① 전쟁 방지, ② 비핵화, ③ 대화·협상에 의한 문제 해결 ④ 남북한의 상생 노력 등으로 집약되었다.[2]

중국의 이러한 정책 기조는 미국과 함께 북한의 핵보유국 지위 불허, 한반도 비핵화의 철저한 이행을 추진하되 트럼프 정부가 주장하는 무력을 통한 문제 해결, 한국의 보수 세력이 추구하는 북한 정권·체제의 붕괴 기도를 반대한다는 두 가지 입장을 모두 내포하고 있다.* 이는 북한에 대한 시진핑 주석의 복합적인 인식이 정책으로 구현된 것으로서 중국의 최고 리더십과 대외 정책 결정 구조의 폐쇄적 특성상 큰 변화 없이 중국의 대북 정책 기조로 유지될 것이다. 실제로 시진핑의 대북한 인식은 과거, 현재, 미래형이 복합적으로 어우러져 있으며 시 주석의 이러한 대북 인식에 기초한 중국의 대북 정책 핵심은 동아시아 정세가 불안정한 과도기적 상황에서 일단 북한이라는 전략적 자산을 유지하되 북·중 관계를 동맹과 정상, 과거와 미래가 병존하는 형태로 조정하고 국익 극대화의 관점에서 탄력적으로 자국의 정책 방향과 범위를 운용하는 것이다.**

---

* 중국의 이러한 전략적 고려와 관련해 선딩리(沈丁立)는 "북한이 핵실험을 지속하는 상황에서도 중국이 전면적인 대북 레버리지를 사용하지 않는 것에 대해 미국이 불만을 갖고 있다는 것을 잘 알고 있지만 중국은 미국에 비해 고려해야 할 요인이 훨씬 복잡하다. 예를 들어 과도한 대북 제재에 따른 북한 체제의 붕괴, 한국 주도의 통일이 중국의 주권·안보에 미칠 부정적 영향, 한반도 정세 불안에 따른 중국 변경 지역의 불안정 등 중국의 국익에 미칠 영향을 면밀히 고려해야 한다"라고 강조한다. 沈丁立, 「特郎普-習近平時期中美關係的向背」, 『전환기의 한·중 관계』(아주대 중국정책연구소 제4회 한-중 정책학술회의 자료집, 2017.11.23), 51~52쪽 참조.

** 이는 자국의 이익 관점에서 북·중 동맹 관계와 정상 관계를 자의적으로 오가는 '선택적 균형 전략(strategy of arbitrary balancing act)'이며 이를 통해 중국은 남북한에 대한 압력 행사, 미·일을 의식한 한반도 영향력 확대, 북한의 핵 개발 및 인권 문제 등에 대한 국제사회의 압력을 회피하는 등의 전략을 구사할 수 있다. 시진핑의 대북한 인식과 이에 기반한 중국의 구체적인 대북한정책에 대해서는 문흥호, 「시진핑 집권 이후 중국의 대북정책: 동맹관계와 정상관계의 선택적 균형」, ≪중소연구≫, 38권 3호(2014)를 참조.

한편 1990년 한·소 수교 이후 장기간의 방치 상태에 머물렀던 러시아의 대북 정책은 2000년대 이후 한·러 관계의 부진과 동북아 및 한반도에 대한 푸틴 정부의 관심이 증대되면서 상대적으로 주목받기 시작했다. 특히 이명박 정부의 한·러 에너지 협력 추진과 박근혜 정부의 유라시아 이니셔티브 등이 추진되면서 한·러 관계가 새로운 발전 계기를 맞았다. 또한 한·중 관계의 비약적인 발전과 북·중 관계의 상대적인 퇴보에 불만이 누적된 북한 역시 자구책으로 북·러 관계의 복원에 적극적인 관심을 보였다.

　푸틴의 대통령 재취임 이후 최근까지 러시아의 한반도 정책은 대략 다음과 같은 방향에서 추진되고 있는 것으로 보인다. 첫째, 강한 러시아 건설을 위한 대내외 정책의 재정비 과정에서 연해주 지역의 경제개발 및 이와 연계된 한반도 정책에 주목하기 시작했다. 둘째, 중·러 전략적 협력을 최상위의 과제로 설정한 상황에서 중국과의 갈등이 야기될 소지가 있는 분야는 최대한 회피하는 선에서 북·러 협력을 확대하고 있다. 셋째, 북한의 연속적인 핵실험과 미사일 발사 등에 대한 UN의 대북 제재 결의에 기본적으로 찬성하면서도 제재의 궁극적인 목적이 북한 체제의 붕괴를 도모하는 것이어서는 안 된다는 입장을 분명히 하고 있다. 넷째, 미국 트럼프 정부의 대북 무력 사용 가능성에 대해 분명한 반대 입장을 고수하고 있다. 다섯째, 중국이 제시한 '쌍중단(雙中斷)'과 '쌍궤병행(雙軌竝行)' 방침을 적극 지지하는 동시에 북한 문제의 근본적인 해결과 한반도 평화 정착을 위한 미국의 대북한 관계 개선과 평화 협상을 촉구하고 있다.*

＊　예를 들어 라브로프 러시아 외무장관은 2017년 12월 27일 렉스 틸러슨(Rex Tillerson) 미 국무장관과의 전화 통화에서 "미·러 양국이 북한의 불안정한 핵 개발 계획에 반대하는 동시에 핵 보유를 인정하지 않는다는 점에 합의했지만, 북한에 대한 미국의 공격적인 수사와 한반도 긴장을 악화시키는 군사 훈련에는 강력히 반대한다"는 점을 강조했다고 밝혔다. 한편 러시아 크렘린 대변인 드미트리 페스코프(Dmitry Peskov)는 "러시아가 미국과 북한의 협상에 중재 역할을 할 용의가 있으며 다만 이를 성사시키기 위해서는 러시아 역할에 대한 미·북의 동의가 전제되어야 한다"라는 점을 강조했다.

이처럼 러시아는 북한의 무모한 핵 개발과 미국을 겨냥한 대륙간탄도탄의 시험 발사에 부정적인 입장이고 UN의 대북 제재 결의에 참여하면서도 북한 핵 문제를 초래한 근본적인 원인이 미국의 대북 적대시 정책에 있다고 판단한다. 따라서 우선 미국이 한·미 연합 군사훈련 등 북한에 대한 군사적 위협을 중단해야 하며 이를 통해 북한의 협상 복귀를 유도해야 한다는 점을 강조한다. 특히 러시아는 이 과정에서 북·미 간의 평화협상을 위한 중재자의 역할을 자임하겠다는 점을 피력하고 있다. 여기에는 러시아가 북·러 관계 강화, 한반도 영향력 확대, 우크라이나 침공 이후 지속되고 있는 미국의 대러 제재 완화 모색 등 복합적인 전략적 포석이 내포되어 있다. 다만 러시아의 이러한 적극적인 한반도 문제 개입 시도는 북한 핵 문제 해결을 위한 6자 회담의 효용성과 자국의 주도권을 주장하는 중국의 전략적 의도와 충돌할 소지가 있다.

3) 한반도 평화 체제 구축과의 상관성

중·러 전략적 협력의 배경은 무엇보다 미국에 대한 견제와 경제적인 이유이다. 그러나 중·러의 밀월 관계도 제약이 없는 것은 아니며 더욱이 이들은 과거 우호와 적대를 반복했던 사이이다. 따라서 중·러 전략적 협력의 겉과 속이 완전히 일치하는 것은 아니며 경우에 따라서는 심각한 갈등의 소지가 있다. 과거 미국과 함께 한반도 문제를 주도했던 러시아는 과거만큼 한반도에 대한 영향력을 복원하기를 희망하지만 아직은 중장기적인 과제일 뿐이다. 중국 역시 한반도 문제에 관한 한 러시아는 이미 자국의 경쟁 상대가 아니라고 인식하면서도 여전히 한반도 문제 해결을 위한 중·러의 전략적 협력 필요성을 강조한다.

"Moscow ready to act as mediator between US, North Korea, says Kremlin," *TASS*, December 26, 2017, http://tass.com/politics/983093(검색일: 2017.12.29).

우선 한반도 평화 체제 구축과 관련된 중·러의 협력적 측면을 살펴보면 다음과 같다. 첫째, 중국과 러시아는 북한 핵 문제의 출현과 한반도의 군사적 긴장이 고조된 근본 원인이 북한의 국제적 고립과 체제 붕괴에 대한 불안감에서 비롯되었다는 공동 인식을 하고 있다. 이는 1990년 한·소 수교, 1992년 한·중 수교에도 북한이 미국, 일본과의 관계 정상화를 실현하지 못한 데 따른 남북한의 대외적 균형 상실 때문에 결국 북한이 체제 생존을 위한 자구책으로 핵개발에 착수했다는 판단이다. 실제로 중국과 러시아는 1991년 남북한이 UN에 동시 가입했는데도 한반도 이해 당사국인 4대 강국이 남북한과 동시 수교하지 않은 데 따른 후유증이 북한을 동북아의 문제아로 만들었다고 판단한다. 실제로 중국과 러시아는 동유럽 사회주의권과 소련이 붕괴하면서 자국의 생존과 국익 확대 차원에서 한국과의 수교를 서둘렀을 뿐 북한의 입장을 대변해주지 못했으며 이에 대한 전략적 실책을 자인한다.

둘째, 이러한 인식의 연장선에서 중국과 러시아는 북한 핵 문제의 해결 과정에서 전략적 협력을 강화해야 하며 특히 북한 핵 문제의 해결을 위한 북한의 설득과 북·미 관계 개선을 위한 평화 협상 재개에 공동으로 노력해야 한다고 인식한다. 특히 미국의 대북 적대시 정책 전환이 없이는 문제 해결이 어렵다는 점에서 미국에 대해 대북 정책 전환을 촉구해야 한다는 점을 강조한다.* 더 나아가 중국은 미국이 북한 핵 문제를 대중국 견제 목적에 연계시킴으로써 문제 해결을 더 어렵게 한다고 인식하고 있다.**

---

*   예를 들어 중국 주재 러시아 대사 안드레이 데니소프(Andrei Denisov)는 최근 북한 핵 문제의 악화와 군사적 긴장 고조는 각 당사국들의 예측 불허의 행동(acting unpredictably) 때문이라는 점을 강조했다. 또한 "예측 불허의 한반도 상황 속에서 오직 정치·외교적 수단을 통한 대화와 노력만이 문제 해결의 유일한 방안이며 이 과정에서 가장 기여할 수 있는 국가는 러시아와 중국"이라고 역설했는데 이는 북한 핵 문제 해결을 위한 중·러 전략적 협력 필요성(joint efforts by Russia and China)을 지적한 것이다. "US, North Korea create escalation spiral — Russian ambassador," http://tass.com/politics/981980(검색일: 2017.12.31).

**   중국의 이러한 입장과 관련해 최명해는 "중국은 미국이 북한의 추가 도발 억제, 대화 협상 복귀 유

셋째, 중국과 러시아는 북한의 연속적인 핵실험과 미사일 시험 발사 이후 한반도의 군사적 긴장을 가장 잘 활용하고 있는 국가가 바로 일본이라고 인식한다. 특히 북한 핵 문제의 최대 수혜자는 아베 정부라는 공감대가 있는데 이는 일본이 북한 핵 문제를 빌미로 미·일 군사 협력 확대, 보통 국가를 향한 각종 제약 철폐 및 수정, 과거사 및 일본군 위안부 문제 관련 한국에 대한 압박 등을 통해 대중국 견제의 기반을 구축하고 있다는 판단에 따른 것이다. 따라서 중국과 러시아는 일본이 한반도 문제를 이용해 미·일 군사동맹을 강화하고 여기에 한국을 접목시키려는 시도를 공동으로 제어하려 할 것이다.

넷째, 2017년 12월 22일의 UN 안보리 대북 제재 결의 제2397호의 만장일치 의결에서 볼 수 있듯이 중국과 러시아는 기본적으로 UN의 대북 제재 결의에 찬성한다. 그러나 대북 제재의 목적과 강도가 북한의 핵실험 중단과 협상 재개를 촉진하는 것이어야 한다는 점에서 결의 내용을 벗어난 미국, 일본 등의 독자 제재에 대해서는 반대의 입장을 견지한다.*

이처럼 중국과 러시아는 자신들의 전략적 실패와 미·일의 공세적인 대북 적대시 정책, 한국 보수 정권의 대북 압박 정책 등이 결국 북한의 고립과 핵무장을 초래했다고 인식한다. 또한 이를 바탕으로 북한의 체제 유지를 전제로 한 북한 핵 문제의 평화적 해결을 위해 양국이 더 적극적으로 개입해야 한

도라는 명확한 목표 인식을 공유하고 북핵 문제에만 집중해야 하며 이것이 향후 대북 압박을 위한 중·미 공조의 전제 조건임을 분명히 할 것"이라고 지적한다. 최명해, 「2017년 북·중 관계 동향과 향후 전망」, 『2017년 중국 대내외 정세 평가』, 국립외교원 외교안보연구소 중국연구센터 전문가 워크숍 자료집(2017.12.22), 185쪽 참조.

* 이와 관련 미국은 북한의 가장 중요한 무역 파트너로서 대북 제재 결의의 단골 거부권 행사국(a veto-wielding member)인 중국마저 더 이상 감내하기 어려운 상황에서 제재에 찬성했지만 북한 경제를 회생 불능의 상태로 악화시킬 수 있는 미국의 추가 제재 요구에는 반대했다고 밝혔다. 한편 결의안 표결에 참여했던 UN 주재 러시아 부대표 블라디미르 사프론코프(Vladimir Safronkov)는 러시아가 결의안의 논의 과정에 충분히 참여하지 못했다는 불만을 제기했다. Rick Gladstone, "Proposed U.N. Resolution Would Toughen Sanctions on North Korea," *The New York Times*, 2017.12.21.

다는 판단을 한다.

중·러의 이런 공감대는 분명 북한 핵 문제 해결과 한반도 평화 체제 구축의 긍정적 요인이지만 중·장기적 측면에서는 다음 같은 부정적 요인도 존재한다.

첫째, 중국과 러시아는 상대의 국제적 위상과 영향력에 대한 상호 인식에서 큰 차이를 보인다. 러시아는 내심 중국의 'G2' 지위를 인정하지 않으며 군사적으로 미국의 유일 패권을 제어할 수 있는 나라는 여전히 자신뿐이라고 생각한다. 반면 중국은 과거 초강대국 소련의 국제적 영향력에 대한 푸틴의 강한 향수를 이해하면서도 러시아의 정치, 경제적 미래에 회의적이며 특히 중국공산당에 대한 러시아 지도자들의 시대착오적인 우월 의식에 대해서는 크게 반발한다. 이러한 상호 인식의 불일치는 양국 관계의 역사적 궤적이 잔존하는 한반도에서 현재화될 가능성이 다분하다.*

둘째, 한반도 평화 체제 구축과 관련된 초기 단계에서 중국과 러시아의 의도가 일치하지만 장기적으로는 대립될 소지가 있으며 이는 한반도 현안과 관련된 중·러의 전략적 협력이 사안·시기별로 이중적인 성격을 띠게 될 것임을 의미한다. 과거 북·러 관계가 극도로 냉각되고 한·러 관계 역시 답보 상태를 면치 못하면서 러시아의 한반도 영향력이 고갈될 수밖에 없었다. 반면에 남북한을 아우르는 중국의 총체적인 한반도 영향력은 미국 등 여타 국가를 크게 앞섰다. 이러한 상황에서 러시아는 한반도 문제에 대한 관심과 개입 역량

---

*   중국은 중국공산당 창당 100년을 맞는 2021년을 국가의 부강과 민족 진흥의 중요한 100년으로 설정하고 있다. 특히 '중국의 꿈'을 향한 과정에서 강조하는 '두 개의 100년[兩個一百年]'의 하나로 중국공산당 창당을 강조하고 있다[習近平, "決勝全面建成小康社會奪取新時代中國特色社會主義偉大勝利",『中國共産黨第十九次全國代表大會文件滙編』(北京: 人民出版社, 2017), pp. 1~57 참조]. 중국의 입장에서 중국공산당의 창당과 혁명 과정이 소련의 지원과 불가분의 관계를 갖는 다는 점을 부정하기 어렵다. 그러나 1920년대 소련식 혁명 시도의 실패, 1945년 이후 국공 내전 기간 스탈린의 모호한 태도, 1956년 이후의 중소 대립과 1969년 무력 충돌 등 과거 중·소 갈등에 대한 부정적인 인식으로 중국 지도부의 '대소련 부채 의식'은 러시아 지도부가 생각하는 것과 현격한 차이를 보인다.

이 거의 방치 수준이었지만 점차 연해주 개발과 러·일, 한·러, 북·러 관계 개선 등이 진전을 보이면서 다각적인 한반도 영향력 복원 시도가 이루어지고 있다. 특히 북·러 간의 다양한 접촉이 이루어지고 UN의 강도 높은 제재로 궁지에 몰린 북한이 중국보다는 러시아와의 관계에 주력할 가능성이 있으며 이 경우 중·러 간의 미묘한 신경전이 고조될 수 있다*

셋째, 한국의 문재인 정부가 한반도 정책 비전으로 제시한 남북한의 평화 공존과 공동 번영의 실천 방안이라고 할 수 있는 북방 경제협력과 한반도 신경제 공동체 구현 과정에서 남북한, 한·러, 북·러 경제협력이 더 구체화되면 러시아의 한반도 관련 개입 여지가 확대될 것이다. 그 과정에서 중국의 역할 축소가 불가피할 경우 중·러 갈등이 야기될 가능성이 있다.** 특히 한반도 사드 배치 문제로 한·중 경제협력이 위축되고 한국 정부가 경제 다변화 차원에서 신북방 경제협력, 신남방 경제협력을 지속적으로 확대할 경우 중국과 러시아의 한반도 영향력 대비에 일정한 변화가 초래될 수 있다.***

---

* 이는 대외 경제의 절대적인 부분을 중국에 의존하고 있는 북한이 중국과의 경제 관계를 포기한다는 의미가 아니다. 그보다는 중국의 UN 대북 제재 참여에 대해 "큰 나라가 줏대 없이 미국의 장단에 놀아나고 있다"는 불만을 갖고 있는 북한이 미국의 경제적 압박에 취약한 중국보다는 러시아와의 관계 강화를 통해 유류, 국제금융, 국제 인터넷망 등 생존을 위한 비상 탈출구를 마련하고자 할 가능성이 높다는 것이다. 일례로 최근 북한과 러시아는 비밀 접촉을 통해 중국을 대체할 수 있는 새로운 국제 인터넷 연결망 개설 등을 추진하고 있는 것으로 보인다. Rick Gladstone and David E. Sanger, "Security Council Tightens Economic Vise on North Korea, Blocking Fuel, Ships and Workers," *The New York Times*, 2017.12.22.

** 이와 관련 엄구호는 "미·중 공조를 통한 대북 압박으로 북·중 관계의 악화가 불가피한 상황에서 중국의 한반도 정책에 동조화 또는 편승 행태를 보여온 러시아가 북·중 관계 악화를 대북한 레버리지 강화 기회로 활용할 가능성이 있으며 실제로 중국의 대북 원유 공급이 축소된다면 러시아가 대신 공급해주어야 한다는 러시아 내 여론이 존재한다"는 점을 지적한다. Eom Gu Ho, "Strategic Directions of Korea-Russia Economic Cooperation for the New Government of South Korea," ROK's New Government and Russia-Korea Relations, 29th IFES-APRC International Scientific Conference proceeding(Moscow, 2017), p. 18.

*** 이종석은 한국 정부가 '북한 핵 문제를 능동적·창의적으로 풀어가려는 독자적인 태도가 필요하며 미국의 강력한 대북 제재·압박에 편승해서는 문제 해결이 어렵다'는 점을 강조하면서 "한·미·일이

넷째, 김정은의 2018년 신년사는 국제사회에 '평화를 애호하는 핵보유국'의 이미지를 전달하고 남북한 관계 개선 → 군사적 긴장 해소 → 평화적 환경 조성 → 한반도 평화 협정에 이르는 일련의 선순환적 과정을 제시함으로써 국제사회의 제재 국면을 완화하고 궁극적으로 북·미 관계를 정상화하겠다는 전략적 포석을 담고 있다.[3] 이에 따라 미·중·러의 핵 보유국 불인정에도 북한이 실질적인 핵보유국으로서 지위를 확보한 바탕 위에서 남북 관계 개선에 적극성을 보일 경우 북·러의 양자 간 경제협력이 활성화될 가능성이 높으며 이 과정에서 중·러의 갈등이 초래될 소지가 있다. 특히 남북한 공히 중국에 대한 과도한 경제적 의존을 시정할 필요성이 있는 상황에서 남·북·중보다 남·북·러 경협에 비중을 둘 경우 중·러의 갈등이 표면화될 수 있다.

4. 결론

시진핑 주석은 2018년 신년사를 통해 일대일로 전략과 연관된 다자 외교 활동을 2017년의 주요 대외 활동 성과로 지적했다. 또한 러시아 푸틴 대통령과 신년 메시지를 교환하는 전화 통화에서는 중·러의 전략적 협력 동반자 관계가 역대 최고 수준에 달했다는 점을 강조하면서 일대일로와 유라시아 경제연합의 연계를 전략적 협력의 대표적 성과로 언급했다. 이처럼 중국과 러시아는 적어도 외형적으로는 최상의 전략적 협력을 유지하고 있는 것으로 보인다.

하나가 되어 북한을 상대하니 중국의 중재자 역할이 '기능 부전'의 상태에 매몰되었다"는 견해를 밝혔다. 물론 이러한 견해가 설득력이 있으나 중국이 자국의 영향력 극대화 차원에서 배타적, 독점적 중재력에 집착하고, 결과적으로 중국의 불공정성에 대한 북한의 불신이 심화됨으로써 중국의 중재 기능이 유명무실해졌다는 해석도 가능하다. 따라서 한국 정부의 입장에서는 중국에 지나치게 편중된 중재 기능의 보완재로 러시아와의 적극적인 역할을 모색할 필요가 있다. 이종석, 「북한, 그리고 북·중관계를 어떻게 볼 것인가」, ≪성균차이나브리프≫, 5권 4호(2017), 21~22쪽 참조.

중·러의 전략적 협력을 최고의 수준으로 유지시켜주는 주요 에너지원은 미국이다. 동구 사회주의권의 해체와 소연방 붕괴 이후 신생 러시아는 국가 존립 자체가 위협받는 상황에 직면했다. 이 과정에서 러시아는 자신들의 체제적 결함과 정치 지도자들의 무능함을 탓하기보다 미국에 극도의 분노를 느꼈고 그러한 정서는 러시아인들의 내면에 여전히 존재하고 있다. 한편 중국은 소련처럼 국가 존립 자체를 위협받지는 않았지만 공교롭게도 사회주의권 해체기에 발생한 1989년 '6·4 천안문 사건'의 휴유증은 10년을 맞은 개혁 개방 정책의 근간을 뒤흔들었다. 더욱이 '역사의 종언'을 앞세운 서방의 집요한 '화평연변(和平演變)' 위협에 직면해 체제 안보를 지상 과제로 설정했다.

이러한 상황에서 중국과 러시아의 동병상련과 전략적 협력은 지극히 자연스러운 현상이다. 더욱이 탈냉전 이후 미국의 유일 패권 체제 견제 필요성은 중·러를 묶어주는 힘이었다. 지금도 이들은 미국을 겨냥해 국제 관계의 민주화와 국제 체제의 다국화를 연일 주장하고 있다. 더욱이 예상치 못한 트럼프의 등장과 '미국 우선주의'는 다소 방심하던 중·러 지도자들을 다시 정신 무장시키고 있다.

이처럼 중·러 전략적 협력의 유인은 상존하지만 중·러의 굴곡진 역사가 잘 보여주듯이 전략적 협력의 한계가 엄연히 존재한다. 그중에서도 과거 이념·혁명의 주도권 경쟁 속에서 응축된 상호 불신, 미국과의 협력·갈등에 대한 구체적인 인식과 대미 전략의 현격한 차이, 푸틴의 '강한 러시아'와 시진핑의 '강군몽'의 대립 가능성과 그로 인한 안보 협력의 한계, 유라시아 지역에서의 정치·경제·안보적 갈등 등은 중·러 전략적 협력의 불가피한 한계 요인이다.

한편 한반도는 중·러 전략적 협력의 유인과 한계 요인이 혼재되어 나타나는 전형적인 지역이다. 더욱이 중국과 러시아는 한반도 평화와 전쟁의 문제에서 결코 미국에 뒤지지 않는 뿌리 깊은 지분 의식이 있다. 이는 자신들이 배제된 상황에서 한반도의 미래상이 결정되어서는 안 된다는 강한 집착이다.

바로 이러한 점은 중·러 전략적 협력과 한반도 평화 체제 구축의 상관성을 심도 있게 분석해야 하는 이유이다.

우선 중·러의 전략적 협력이 향후 당사국 간의 협상과 한반도 평화 체제 구축 과정에 미칠 긍정적인 측면은 북한의 국제적 고립 타파와 체제 불안 해소, 미국의 대북 적대시 정책 철회와 북·미 평화 협상 추진, 북한 핵 문제를 보통 국가화 및 미·일 군사 협력 강화의 계기로 악용하는 일본의 견제, UN 안보리 결의 내용에 엄격히 한정된 대북 제재 추진과 개별 국가의 과도한 제재 반대 등에 대한 중·러의 일치된 입장이다. 이는 중·러가 북한의 국제적 고립과 체제 불안의 조성에 책임이 있다는 일종의 부채 의식과 미국, 일본에 대한 견제 심리가 함께 작용한 것이다. 물론 중·러의 이러한 전략적 공감대가 북한의 체제 유지를 전제로 한 자신들의 한반도 영향력 확대와 미·일의 견제 전략임을 부정하기 어렵지만 적어도 극한으로 치닫는 군사적 대립의 완화와 북·미, 남북 간 대화·협상에 무게를 두고 있다는 점은 중장기적 측면에서 한반도 평화 체제 구축을 위한 긍정적인 요인이다.

그럼에도 중·러의 전략적 협력이 반드시 한반도 평화 체제 형성의 추진 동력으로 작용하는 것은 아니다. 이는 중·러의 전략적 협력이 외형적 화려함이 있음에도 해묵은 내면적 갈등이 잠재되어 있고 그러한 갈등이 점차 한반도 문제에서 다양하게 표출될 소지가 있기 때문이다. 예를 들어 상대국의 한반도 영향력에 대한 인식의 불일치, 러시아의 대북 영향력 복원 의지와 북한의 대중·러 균형 외교 복원 의지의 양자 결합 조짐에 대한 중국의 우려, 한국의 북방 경제협력 확대와 러시아의 동방 경제 활성화에 따른 남·북·러 경제협력 확대 및 중국의 대북 독점적 지위 약화, 중국의 대북 영향력 약화와 대비되는 러시아의 다각적인 대북 영향력 강화 등은 자칫 중·러의 전략적 협력이 한반도 평화 체제 형성 과정의 부정적 요인으로 등장할 가능성을 배제할 수 없다.

결국 중국과 러시아의 전략적 협력은 이를 지속시키는 유인과 함께 갈등을 유발할 수 있는 한계 요인이 있다. 그리고 그 유인과 한계의 편차는 미·중 관계, 미·러 관계의 변화 양상에 따라 진폭을 달리할 것이다. 특히 미·중·러·일의 국익이 민감하게 교차하는 한반도는 중·러 전략적 협력의 유인과 한계가 극명하게 표출되는 지역이다. 바로 이러한 점에서 중·러 전략적 협력에 내재된 긍정적 요인의 적극적인 활용과 부정적 요인의 완화를 위한 외교적 노력이 절실히 요구되며 그 결과에 따라 한반도 평화 체제 구축의 성패가 좌우될 것이다.

참고문헌

1. 국문

문홍호. 2014. 「시진핑 집권 이후 중국의 대북정책: 동맹관계와 정상관계의 선택적 균형」. ≪중
　　소연구≫, 38권 3호.

이종석. 2017. 「북한, 그리고 북·중관계를 어떻게 볼 것인가」. ≪성균차이나브리프≫, 45권.

정성장. 2018. 「2018년 김정은의 신년사와 한반도 정세 전망」. ≪세종논평≫, No. 2018-1.

차두현·최강. 2018.1.3 「김정은 2018년 신년사 분석: 변화의 시작인가, '우회적 평화공세인
　　가?」. ≪이슈브리프≫.

최명해. 2017. 「2017년 북·중 관계 동향과 향후 전망」. 『2017년 중국 대내외 정세 평가』, 국립
　　외교원 외교안보연구소 중국연구센터 전문가 워크숍 자료집(2017.12.22).

통일부. 2017. 「문재인의 한반도정책: 평화와 번영의 한반도」.

통일연구원 북한연구실. 2018. "2018년 김정은 신년사 분석과 정세 전망". Online Series
　　CO18-01.

2. 중문

習近平. 2017. 「決勝全面建成小康社會奪取新時代中國特色社會主義偉大勝利」. 『中國共産黨第十
　　九次全國代表大會文件滙編』. 北京: 人民出版社.

王寅. 2017. 「人類命運共同體: 內涵與構建原則」. ≪國際問題研究≫, 2017年 第5期.

沈丁立. 2017. 「特郎普－習近平時期中美關係的向背」. 『전환기의 한·중 관계』, 아주대중국정
　　책연구소 제4회 한-중 정책학술회의 자료집(2017.11.23).

≪人民日報≫. 2017.1.17.

_____. 2017.4.9.

_____. 2017.5.16.

_____. 2017.11.10.

_____. 2017.12.15.

_____. 2018.1.1.

中國 商務部 公告. 2018. 第17號. http://www.mofcom.gov.cn/article/b/c/201802/2018020
    2708722/shtml(검색일: 2018.2.7).

3. 영문

Baijie, An. 2017.4.10. "Xi's visit to US called constructive." *China Daily.*

China Daily. 2017.4.10.

_____. 2017.7.20.

Dongxiao, Chen. 2015.10. "From the Silk Road Economic Belt to a Eurasian Community of
    Shared Economic Interests." *SIIS Task Force Report.*

Gladstone, Rick. 2017.12.21. "Proposed U.N. Resolution Would Toughen Sanctions on
    North Korea." *The New York Times.*

Gladstone, Rick and David E. Sanger. 2017.12.22. "Security Council Tightens Economic
    Vise on North Korea, Blocking Fuel, Ships and Workers." *The New York Times.*

Gu Ho, Eom. 2017. "Strategic Directions of Korea-Russia Economic Cooperation for the
    New Government of South Korea." ROK's New Government and Russia-Korea
    Relations, 29th IFES-APRC International Scientific Conference proceeding
    (Moscow, 6.29~30).

Harnisch, Sebastian and Gordon Friedrichs. 2017. "Alliances Rebalanced? The Social
    Meaning of the U.S. Pivot and Allies' Responses in Northeast Asia." *The Korean
    Journal of International Studies*, Vol. 15, No. 1.

Murphy, Peter. 2017. "Maritime Dispute as a Test of Communist Party Legitimacy." *Journal
    of Territorial and Maritime Studies*, Vol. 4, No. 2.

Sang-Hun, Choe and David E. Sanger. 2018.1.1. "Kim Jong-un's Overture Could Drive a
    Wedge Between South Korea and the U.S." *The New York Times.*

TASS. 2017. "Moscow ready to act as mediator between US, North Korea, says Kremlin."
    http://tass.com/politics/983093(검색일: 2017.12.29).

____. 2017. "Russia lambasts both North Korea's nuclear gambling and US' provocative conduct." http://tass.com/politics/978758(검색일: 2017.12.4).

____. 2017. "US, North Korea create escalation spiral ─ Russian ambassador."
http://tass.com/politics/981980(검색일: 2017.12.31).

제2장
중·일 관계와 한반도 평화*

| **허재철** 대외경제정책연구원 |

1. 중·일 관계의 변천

1) 1950년대: 민간 중심의 경제 교류**

1949년 10월, 마오쩌둥(毛澤東)이 이끄는 공산당은 장제스(蔣介石)의 국민당을 타이완으로 몰아내고 대륙에 중화인민공화국을 수립했다. 당시 홍콩을 식민 지배하던 영국은 대륙의 공산당 정권을 승인했다. 하지만 공산주의 봉쇄 정책을 추진하고 있던 미국은 공산당 정권을 승인하지 않고 국민당의 중화민국을 중국의 유일한 합법 정부로 인정했다. 그래서 1951년 대일강화(對日講和)

---

*   이 장은 타이완과 관련한 주요 사항에 대해서도 언급을 하지만, 주로 중화인민공화국과 일본 사이
    의 관계를 중심으로 서술한다. 이에 따라 중화인민공화국과 중화민국을 특별히 구분해 사용할 필
    요가 있을 경우를 제외하고, 일반적으로 사용되는 '중국'은 대륙의 중화인민공화국을 지칭한다는
    점을 밝혀둔다.

** 이 항은 주로 宮下明聰의 『戰後日本外交史』(2017); 国分良成 外의 『日中関係史』(2013); 中华人民共
    和国外交部의 『中国外交概览』(1988)를 참고해 작성했다.

회의에는 대륙과 타이완의 어느 쪽 '중국'도 초대되지 않았고, 일본은 최대의 전쟁 피해국이면서도 전전(戰前) 주요 무역 상대국 중 하나인 중국과 종전 협정을 체결하지 못했다.

이렇게 중국의 대표권 문제로 의견의 차이를 보이던 미국과 영국은 1951년 6월 '강화(講和)회의에는 어느 쪽의 중국도 초대하지 않는다', '어느 쪽의 중국과 종전 협정을 맺을 것인가는 일본이 주권을 회복한 후에 독립국으로서 스스로 선택할 수 있다'고 하는 두 가지 사항에 대해 합의한다. 하지만 미국 상원의 친(親)국민당 의원들은 해리 트루먼(Harry S. Truman) 대통령에게 편지를 보내 일본이 공산 정권을 승인하고 종전 협정을 할 수 있게 된 상황에 대해 미일 양국민의 이익에 반하는 일이라고 반발했다. 당시 미국에서는 매카시즘이 대두되어 '잃어버린 중국'을 이유로 트루먼 정권에 대한 비판이 고조되고 있었다. 이와 같은 상황에서 트루먼 대통령은 국민당 지지자가 다수인 상원과 우호적인 관계를 구축하기 위해 그들의 의견에 따르지 않을 수 없었다.

결국 일본은 미국의 압력 아래 대일강화조약(對日講和條約) 다음 해인 1952년 국민당의 중화민국과 일화평화조약(日華平和條約)을 체결한다. 교섭 과정에서는 조약의 적용 범위와 배상 문제가 주요 쟁점으로 부각됐는데, 적용 범위는 '중화민국 정부의 지배 아래 있거나 앞으로 속하게 될 모든 영역'으로 합의됐고, 배상은 중화민국 측이 청구권을 포기하는 것으로 결론지었다. 이후 1972년 일본과 대륙의 공산 정권 사이에 국교 정상화가 이뤄지기까지 20여 년간 일본은 이 조약을 근거로 국민당 정부를 중국의 유일한 합법적 정부로서 승인했다.

하지만 일본은 '정경(政經)분리'의 정책 아래 공산당의 중화인민공화국과도 민간 경제 교류를 추진했는데, 대륙의 공산당 정권도 이에 호응해 양측은 국교가 없는 가운데 민간 영역을 중심으로 교류를 이어갔다. 이렇게 1950년대 일본과 중국 대륙은 '정경분리'의 원칙 아래 민간을 중심으로 경제 교류를 이어갔으며, 미국도 이를 일정 정도 용인하는 태도를 취했다. 여기에는 중·일 경제 교류가 절실하게 필요했던 일본 간사이(關西) 지역의 경제계와 통산성(通産省)의 요구, 전후 일본의 경제 복구를 위해서 자원과 시장 확보가 필요하다고 인식한 미국 드와이트 아이젠하워(Dwight Eisenhower) 대통령의 인식이 작용한 것으로 평가된다. 당시 일본과 중화인민공화국과의 무역 총액은 이러한 정책 아래 1952년 1550만 달러에서 1957년 1억 4000만 달러까지 확대됐다.

하지만 1950년대 후반으로 들어서면서 일본과 중국 대륙과의 관계는 커다란 시련을 겪게 된다. 여기에는 크게 3가지의 원인을 생각해볼 수 있다.

첫째, 나가사키 국기 사건의 영향이다. 1958년 5월 2일, 나가사키 시내의 백화점에서 열린 '중국 우표·전지(剪紙) 전람회'에 일본 우익들이 난입해 회장에 걸려 있던 오성홍기를 훼손하는 사건이 발생했다. 당시 일본은 법률적으로 타이완의 중화민국만을 승인하고 있었기 때문에 해당 우익들을 '외국 국기 훼손죄'로 처벌할 수 없었고, 단순히 경범죄로 처분한 후 당일 석방했다. 이에 중화인민공화국 정부는 일본 측의 태도에 강하게 반발하며 각종 경제 및 문화 교류를 중단하는 조치를 단행했다.

둘째, 1957년에 탄생한 기시 노부스케(岸信介)* 내각의 강력한 친미반공(親美反共) 노선이 요인으로 작용했다. 기시 총리는 취임 이후부터 공공연히 반공 노선을 내세웠고, 타이완을 방문해 장제스의 '대륙반격(大陸反攻)' 정책에 지지를 표명하기도 했다. 이의 연장선에서 중국 대륙과의 중·일 민간무역 협정에 대해서도 문제시하는 태도를 보였다. 이에 공산당 정부는 "기시 총리는 미국 및 장제스에게 아첨하기 위해 공공연히 중·일 무역협정을 파괴하고 중국(대륙)에 대해 악의적인 공격을 하고 있다"고 주장하며 강력하게 비판했다.

셋째, 1958년 이후 중국 대륙에서 발생한 대약진 운동도 중·일 민간 경제

---

* 　기시 노부스케(岸信介)는 아베 신조(安倍晋三) 총리의 외조부이기도 하다.

교류에 부정적인 영향을 끼쳤다. 마오쩌둥을 중심으로 독자 노선을 추구하며 급진적인 대약진 정책을 추구한 중국 대륙은 외교 정책에서도 급진적인 모습을 보였다. 공산당 정부는 "미일 안보 개정 협정에 대해 기시 내각이 미국과 결탁해 중국인민을 적대시하고 있는 음모"라고 비난하는 등 민간 경제 교류가 원만히 진행될 수 없는 정치적 분위기가 조성됐다.

이와 같이 1949년 중화인민공화국 성립 이후, 중·일 관계는 동아시아의 국제 질서 변화와 함께 전개되었다고 할 수 있다. 1950년 한국전쟁에 의해 미·중의 대립이 첨예화되고 있는 상황에서 일본은 서방 진영의 일원으로서 국제 사회에 복귀했고, 1952년에 같은 서방 진영에 속한 국민당의 중화민국과 국교를 수립했다. 한편 대륙을 지배하고 있던 중화인민공화국은 사회주의 진영의 일원으로서 소련과의 관계를 중시하고 있었다. 하지만 양측은 '정경분리'의 원칙에 동조하며 국교가 없는 상황에서 민간 교류 중심의 관계를 구축해 나갔다. 이렇게 전후 중·일 관계는 하나의 일본과 두 개의 중국 사이의 3각 관계로 시작되었다고 할 수 있다.[1]

2) 1960년대: '2개의 중국' 정책의 좌절

1958년 나가사키 국기 사건 이후 냉각된 일본과 대륙 정부와의 관계는 1960년대에 들어서 회복의 움직임이 나타나기 시작했다. 그 배경에는 대약진 운동의 실패에 따른 중국 국내 경제의 파탄과 함께 소련과의 관계 악화에 따른 경제 원조 중지가 있었다. 공산당 정부의 입장에서는 심각한 경제난을 극복하기 위해서 일본을 포함한 서방 국가와의 무역 관계를 추진하지 않을 수 없었다. 또한 1960년 7월에 탄생한 일본의 이케다 하야토(池田勇人) 내각은 기시 내각이 단절한 중·일 민간 경제 교역을 재개하고자 적극적으로 나섰는데, 이 또한 일본과 중국 대륙 사이의 민간 경제 교류를 회복하는 데 중요한 역할

을 했다.[2]

사실상 대륙 및 타이완과 이중 관계를 유지하고 있었던 일본은 1960년대 초반 '두 개의 중국' 정책을 더욱 가속화한다. 1960년대 들어서 중화인민공화국의 국가 승인 문제와 UN에서의 중국 대표권 문제가 부각되는 가운데 일본은 중화민국의 국제적 지위를 유지하려고 노력하는 한편, 대륙의 중화인민공화국과도 국교를 회복하고 싶어 했다. 이를 위해 중화민국의 주권 범위를 타이완으로 한정하는 것에 대해 국민당 정부의 이해를 얻고자 다방면으로 외교적 노력을 기울였다. 동시에 대륙의 중화인민공화국이 UN에 가입할 수 있도록 협력한 후, 공산당 정부와도 국교를 회복하고자 했다. 이러한 움직임은 사실상 '두 개의 중국'을 인정하고자 한 정책이라고 할 수 있었다.*

하지만 일본의 '두 개의 중국' 정책은 중화인민공화국과 프랑스가 국교를 수립하는 과정을 통해 좌절되고 말았다. 미소 대립과 냉전으로부터 거리를 두며 독자적인 외교를 지향했던 프랑스 드골(De Gaulle) 대통령은 1964년 1월 중화인민공화국과 국교를 수립해 세계를 놀라게 했다. 당시 중국도 '중간지대론(中間地帶論)'에 근거해 서구 국가들과의 연계를 전략적으로 모색하고 있었기에 프랑스와의 국교 수립이 가능할 수 있었다. 이러한 중국 대륙과 프랑스의 국교 수립에 대해 타이완의 국민당 정부는 강력하게 반발했고 프랑스와의 단교마저 단행했다. 이를 지켜보던 일본은 '두 개의 중국'은 사실상 불가능하다는 것을 실감하게 됐다.

이렇게 대륙과 타이완 사이의 대립으로 일본의 대(對)중국 외교가 어려움을 겪는 가운데 국제 정세 및 대륙의 국내 정치 혼란은 중·일 관계에 더욱 많은

---

* UN에서 중국의 대표권 문제는 1952년 미국의 '보류론'이 받아들여지면서, 줄곧 국민당의 중화민국만이 UN에서 의석을 유지할 수 있었다. 하지만 1960년대에 들어서 새로운 UN 가입국들이 늘어남에 따라 중국의 UN 가입을 지지하는 세력이 늘어났고, 따라서 중국의 대표권 문제가 다시 부각됐다.

시련을 주었다. 1964년 8월 통킹만 사건을 계기로 베트남과 미국 사이에 전쟁이 발생했다. 당시 미·일안보조약을 바탕으로 대미 관계를 중시할 수밖에 없었던 일본 정부는 북베트남을 지원하던 중국과 우호 관계를 구축하기가 어려웠다. 또한 1966년부터 문화대혁명이라는 정치적 격랑에 빠진 중국은 대외 관계에서도 급진적인 정책을 취했고, 이것이 중·일 관계에도 악영향을 끼쳤다. 특히 중국의 핵폭탄과 수소폭탄 시험 강행, 중국공산당과 일본공산당 사이의 결별은 그동안 민간 차원에서 진행되어왔던 경제 교류마저 그 동력을 상실하게 만들었다.[3]

3) 1970~1980년대: 중·일 관계의 밀월기(蜜月期)

1970년대에 들어서면서 일본과 중국 대륙, 일본과 타이완 사이의 관계에 중대한 변화가 발생했다. 이러한 변화를 초래한 것은 1971년의 닉슨 쇼크이다. 당시 미국의 리처드 닉슨(Richard Nixon) 대통령은 텔레비전 연설을 통해 미·중 관계의 화해를 위해 대외 정책을 전환할 것이라고 발표했다. 그리고 다음 해인 1972년 2월 직접 중국을 방문해 마오쩌둥과 회담을 진행했다. 이렇게 미·중 관계가 급격히 발전할 수 있었던 데에는 소련이라는 공동의 적이 있었기 때문이다. 이러한 미·중 관계의 발전은 일본과 중국 대륙의 관계 발전에도 중요한 동력으로 작용했다.

1972년 7월 다나카 가쿠에이(田中角榮)는 자민당 총재선거에서 당선된 후 바로 "중화인민공화국과의 국교 정상화를 서두를 것이다"라고 밝혔다. 이에 대해 중국의 저우언라이(周恩來) 총리도 환영의 뜻을 표하면서 두 정부 사이의 교섭이 급속도로 진행됐다. 양국 실무진의 교섭 과정을 거쳐 같은 해 9월 베이징에서 다나카 총리와 저우언라이 총리의 서명으로 '중·일공동성명'이 채택됐고, 양국의 국교도 정상화됐다. 하지만 이 때문에 일본과 중화민국 사이

중·일공동성명

······ (전략) ······.

중·일 양국은 가까운 이웃 국가이고, 오랜 기간에 걸쳐 전통적 우호의 역사를 가지고 있다. 양국 국민은 양국 사이에 지금껏 존재했던 비정상적인 상태에 종지부를 찍는 것을 간절히 바라고 있다. 전쟁 상태의 종결과 중·일 국교 정상화라고 하는 양국 국민의 염원을 실현하는 것은 양국 관계의 역사에서 새로운 페이지를 펼치는 것이 될 것이다.

일본 측은 과거에 일본국이 전쟁을 통해 중국 국민에 중대한 손해를 끼친 것에 대해서 책임을 통감하고, 깊이 반성한다. 또한 일본 측은 중화인민공화국 정부가 제기한 '복교 3원칙(復交三原則)'을 충분히 이해하는 입장에서 국교 정상화의 실현을 추구한다는 입장을 재확인한다. 중국 측은 이를 환영한다.

중·일 양국 간에는 사회제도의 차이가 있음에도, 양국은 평화 우호 관계를 수립해야 하고, 또한 수립하는 것이 가능하다. 양국 간의 국교를 정상화하고, 서로 선린 우호 관계를 발전시켜나가는 것은 양국 국민의 이익에 부합하는 것이고, 또한 아시아의 긴장 완화와 세계 평화에 공헌하는 것이다.

1. 일본국과 중화인민공화국 사이에 있었던 지금까지의 비정상적인 상태는 이 공동성명을 발표하는 날에 종료한다.
2. 일본국 정부는 중화인민공화국 정부가 중국의 유일한 합법 정부임을 승인한다.
3. 중화인민공화국 정부는 타이완이 중화인민공화국 영토의 불가분(不可分)의 일부라는 것을 다시 한 번 표명한다. 일본국 정부는 이러한 중화인민공화국 정부의 입장을 충분히 이해하고 존중하며 포츠담 선언 제8항에 근거한 입장을 견지한다.
4. 일본국 정부 및 중화인민공화국 정부는 1972년 9월 29일부터 외교 관계를 수립하는 것으로 결정했다. 양 정부는 국제법 및 국제관행에 따라 각각의 수도에 상대방의 대사관 설치 및 그 임무 수행에 필요한 모든 조치를 취하고,

가능한 한 신속히 대사를 교환할 것을 결정했다.

5. 중화인민공화국 정부는 중·일 양국 국민의 우호를 위해 일본국에 대해서 전쟁배상 요구를 포기한다고 선언한다.

6. 일본국 정부 및 중화인민공화국 정부는 주권 및 영토 보전의 상호 존중, 상호 불가침, 내정에 대한 상호 불간섭, 평등 및 호혜, 평화공존의 여러 원칙 기초 위에 양국 간의 항구적 평화 우호 관계를 확립하기로 합의했다. 양 정부는 위의 여러 원칙 및 국제연합 헌장의 원칙에 따라 일본국 및 중국이 상호 관계에서 모든 분쟁을 평화적 수단에 따라 해결하고, 무력 또는 무력에 의한 위협에 호소하지 않을 것임을 확인한다.

7. 중·일 양국 사이의 국교 정상화는 제3국에 대한 것이 아니다. 양국의 어느 쪽도 아시아 태평양 지역에서 패권을 추구하지 않으며, 이러한 패권을 확립하려고 하는 다른 어떤 국가나 국가 집단의 시도에도 반대한다.

8. 일본국 정부 및 중화인민공화국 정부는 양국 사이의 평화 우호 관계를 강화하고, 발전시키기 위해 평화 우호 조약의 체결을 목적으로 한 교섭을 진행해나가기로 합의했다.

9. 일본국 정부 및 중화인민공화국 정부는 양국 사이의 관계를 한층 발전시키고, 인적 왕래를 확대하기 위해, 필요에 따라 또는 기존의 민간 협약을 고려하며 무역, 해운, 항공, 어업 등의 사항에 관한 협정 체결을 목적으로 교섭을 진행해나가기로 합의했다.

1972년 9월 29일, 베이징에서

일본국 내각 총리대신 다나카 가쿠에이

일본국 외무대신 오히라 마사요시

중화인민공화국 국무원 총리 저우언라이

중화인민공화국 외교부장 지펑페이

의 일화평화조약은 파기될 수밖에 없었고, 양측의 외교 관계도 단절됐다.[4]

1972년 9월 중·일공동성명이 발표된 이후, 양국 사이의 비정상적인 상태는 끝나고 중·일 관계의 새로운 역사가 펼쳐졌다. 특히 중·일공동성명 중의 '역사 문제'와 '타이완 문제'에 관한 내용은 중·일 관계를 발전시켜나가는 데 중요한 정치적 기초가 됐다.

양국의 국교가 정상화되고 6년이 지난 1978년 8월, 양국의 외교부장(외무대신)이 '중·일평화우호조약'에 조인했다. 이를 통해 양국은 최고입법기관의 정식 심의와 표결, 비준 절차를 걸쳐 최종적으로 중·일 국교 수립의 절차를 완성하게 됐다. 이어 같은 해 10월 중국의 덩샤오핑 부총리는 평화우호조약 교환 의식에 참석하기 위해 일본을 방문했는데, 이는 중화인민공화국 건국 이후 국가 지도자로서는 처음으로 일본을 방문한 사건이었다.

한편 1978년 12월 중국공산당 제11기 3중전회가 개최되고, 여기서 중국의 사회주의 현대화 건설과 개혁 개방에 대한 새로운 노선이 결정됐다. 개혁 개방 이후, 중국의 대외 정책은 정치, 이데올로기 우선에서 점차 경제와 실리 우선으로 옮기게 됐고, 이것이 중·일 관계의 발전에도 중요한 토대가 됐다. 경제 건설을 중심으로 국가 발전을 모색하려던 중국에 이미 현대화를 이룬 이웃 국가 일본은 중요한 학습의 대상이었고, 동시에 각종 원조와 투자 및 기술 이전을 받을 수 있는 존재였다. 이와 함께 중국은 일본과 같은 '제2세계' 국가와의 관계 개선을 통해 미국 및 소련과 같은 패권주의에 대응하고자 했다.

한편 일본은 중국의 개혁 개방이 일본의 경제 발전에 좋은 기회를 제공해 줄 것이라고 판단했다. 대외 의존형인 일본 경제에 중국은 중요한 원료, 자원의 공급처이자 상품 시장이 될 수 있었기에 중국과의 관계 발전은 매우 중요한 사안이었다.

이렇게 1970년대와 1980년대의 중·일 관계는 가장 우호적이었으며, 특히 1970년 말에서 1980년대 초에 걸친 시기는 양국 관계가 최고로 밀접했던 시기로 이른바 '밀월기(蜜月期)'로 평가되고 있다.

물론 이 기간 양국 사이에 불미스러운 일들이 없었던 것은 아니다. 예를 들어 역사 교과서 문제라든가 야스쿠니신사 참배 문제, 고우카료(光華寮) 사건* 등이 있었지만, 양국은 대국적인 차원에서 문제가 확산되지 않도록 적절히 관리했다. 심지어 1989년 텐안먼(天安門) 사태 이후에도 서방 진영 중에서 일본이 앞장서서 대중 관계 개선에 나섰고, 1992년에는 장쩌민(江澤民) 총서기가 일본을, 일본의 아키히토(明仁) 일왕이 중국을 방문하기도 했다.[5]

4) 1990년대 중반~2000년대 중반: 중·일 관계의 '마찰기(摩擦期)'**

1993년 이후 다양한 환경 변화가 중·일 관계에 부정적인 영향을 끼치면서 양국 관계는 기존의 밀월기에서 후퇴하는 모습을 보였다. 여기에는 여러 요인들이 작용했지만, 가장 표면적인 이유는 역사 인식을 둘러싼 양국의 대립이 있었다. 1993년부터 1995년에 걸쳐 일본에서는 과거 일본 제국주의의 침략 역사를 부정하는 사건들이 자주 발생해 중국과의 마찰을 야기했다. 또한 일본은 타이완과의 관계도 발전시켜나갔는데, 과거 경제 영역에 머물던 타이완과의 협력을 정치 영역으로까지 확대하면서 중국의 경계심을 불러일으켰다. 게다가 일본 우익 단체들이 중·일 간 분쟁 지역인 센카쿠 열도(중국명 댜오

---

*   코우카료(光華寮)는 1931년에 일본 교토시에 건축되어, 1945년 4월에 교토제국대학이 정부의 위탁을 받고 중국인 유학생을 대상으로 운영해온 학생 기숙사다. 일본이 패전한 후, 일본 정부가 임대료 납부를 중지하자 1952년 타이완의 중화민국이 토지와 건물을 구입했다. 그 후 기숙사 내에서 학생 사이에 문제가 발생해 민사 소송으로 이어지는 일이 생겼는데, 이 재판이 10년 이상 이어졌고 그 사이에 일본은 중화민국과 단교를 하고 중화인민공화국과 국교를 수립했다. 이러한 외교 환경의 변화가 토지 및 건물의 소유권에도 영향을 끼쳐 중국의 대륙과 타이완, 일본 사이의 외교 문제로 비화됐다.

**   본 내용은 주로 黃大慧, 「中日关系发展三十年」, 『中国改革开放与东亚』(北京: 社会科学文献出版社, 2010), pp. 87~94의 내용을 참고했다.

위다오)에 상륙해서 등대를 설치하는 일 등이 발생하면서 양국 관계는 한층 시련을 겪게 됐다.

하지만 1990년대 중반에서 2000년대 중반까지 중·일 관계가 큰 변화를 겪게 된 데에는 다음과 같은 더 근본적인 요인이 작용한 것으로 평가된다.

첫째, 국제 관계의 관점에서 보면 냉전 구도가 해체되고 소련이 붕괴되면서 일본, 중국, 미국 사이에서 소련이라고 하는 공동의 견제 대상이 사라진 것을 지적할 수 있다. '소련 견제'라는 전략적 공유점이 사라지면서 중·일 관계를 지탱해온 중요한 기둥 하나가 사라진 것이다.

둘째, 일본 국내의 정치 환경 변화이다. 냉전 해체 이후, 일본 사회는 전체적으로 보수화, 우경화로 나아갔고, 특히 정치권의 세대교체가 이루어지는 가운데 정치 신인들의 대중(對中) 인식이 중·일 관계에 부정적 요인으로 작용했다. 정치 신인들은 기성 정치인들과는 달리 중·일 교류의 중요성을 직접 경험하지 못했을 뿐만 아니라 일본이 과거 중국에 대해 저질렀던 역사적 과오에 대해서도 전반적으로 인식이 부족한 것으로 평가됐다.

셋째, 경제 분야에서 중국의 부상과 일본의 장기 침체에 따른 상호 인식의 변화이다. 1992년 덩샤오핑의 남순강화(南巡講話) 이후, 중국은 더욱 적극적으로 개혁 개방 정책을 추진해나가며 급속한 경제성장을 이뤄갔다. 반면에 일본은 버블 경제가 붕괴되면서 장기 침체에 빠지게 됐다. 이러한 중국의 부상과 일본의 침체라는 상황은 양국의 국력에 변화를 가져왔으며, 동시에 양국 국민의 심리적인 면에서도 커다란 변화를 불러일으켰다. 일본인들의 자신감 상실과 초조함, 중국인들의 자부심 상승 및 자만심이 중·일 양국 관계에 부정적으로 작용했다.

물론 양국 관계의 악화를 방지하기 위한 노력들도 있었다. 특히 1997년 국교 정상화 25주년을 맞이해 일본의 하시모토 류타로 총리와 중국의 리펑(李鵬) 총리가 상호 방문을 했고, 다음 해인 1998년에는 중·일평화우호조약 체결 20

주년을 맞이해 장쩌민 주석이 국가원수로서 처음으로 일본을 공식 방문해 중·일공동선언(日中共同宣言)*을 발표했다.

하지만 양국의 노력은 오래가지 못했다. 21세기 들어서 역사 교과서 문제와 리덩후이(李登輝)의 방일, 고이즈미 준이치로(小泉純一郎) 총리의 야스쿠니신사 참배 등을 계기로 양국 관계는 다시 냉각됐고, 고위층의 교류는 물론 일반 국민들 사이의 인식도 점차 악화되어갔다.

5) 2000년대 중반~현재: 중·일 관계의 전략적 대치기(對峙期)

야스쿠니신사 참배 등으로 중·일 관계의 악화를 초래했던 고이즈미 총리가 물러나고, 2006년 10월 아베신조 내각이 출범하면서 양국 관계는 다시금 발전 궤도에 오르는 듯했다. 아베 총리는 취임 후 곧바로 중국을 방문해 중국과 '전략 호혜 관계'를 구축했고, 2007년 4월에는 원자바오(溫家寶) 총리가 일본을 방문했으며, 같은 해 12월에는 신임 후쿠다 야스오(福田康夫) 총리가 중국

---

*　중·일공동선언의 주요 내용은 다음과 같다. ① 역사 관련: "쌍방은 과거를 직시하고 역사를 정확히 인식하는 것이 중·일 관계를 발전시키는 중요한 기초라고 생각한다. 일본 측은 1972년 중·일공동성명 및 1995년 8월 15일의 내각 총리대신 담화를 준수하고, 과거 일시적으로 중국을 침략해 중국 국민에게 커다란 재난과 손해를 끼친 책임을 통감하며 이에 대해 깊은 반성을 표명한다. 중국 측은 일본이 역사로부터 교훈을 배우고, 평화 발전의 길을 견지하길 희망한다. 쌍방은 이러한 기초 위에 오래도록 우호 관계를 발전시킨다." ② 경제 관련: "쌍방은 평화 호혜의 기초 위에 서서, 장기적이고 안정적인 경제 무역 협력 관계를 만들어내고, 하이테크, 정보, 환경보호, 농업, 인프라 등의 분야에서 협력을 더욱 확대해나갈 것이라고 의견의 일치를 봤다. 일본 측은 안정적이고 개방되며, 발전하는 중국이 아시아 태평양 지역 및 세계의 평화와 발전의 관점에서 볼 때, 의의가 있고 계속해서 중국의 경제 발전에 대해 협력과 발전을 해나갈 방침을 다시 한번 표명한다. 중국 측은 일본이 지금까지 중국에 행해온 경제협력에 대해 감사의 뜻을 표명했다. 일본 측은 WTO 조기 가맹을 위한 중국 측의 노력을 계속해서 지지할 것을 다시 한번 표명했다." ③ 안보 관련: "쌍방은 양국의 안전 보장 대화가 상호 이해 증진에 유익한 역할을 하고 있다고 적극적으로 평가하고, 이러한 대화 메커니즘을 더욱 강화할 것에 대해 의견의 일치를 봤다. 일본 측은 일본이 중·일공동성명 중에 표명했던 타이완 문제에 관한 입장을 계속해서 준수하고, 다시 한 번 '중국은 하나'라는 인식을 표명했다. 일본은 계속해서 타이완과 민간 및 지역적인 교류는 유지할 것이다".

을 방문해 상호 협력과 양국 관계의 발전을 위해 노력할 것을 약속했다. 이러한 노력이 이어지면서 2008년 5월 후진타오(胡錦濤) 국가주석이 10년 만에 국가원수로서 다시 일본을 방문하기에 이르렀고, 이를 통해 중·일 양국은 "'전략적 호혜 관계'의 포괄적 추진에 관한 중·일 공동성명"을 채택했다.

하지만 양국의 이러한 노력에도 중국의 부상과 이를 견제하려는 미국 사이에 만들어진 소위 'G2 시대'라는 국제 질서는 중·일 관계의 발전에 커다란 걸림돌이 되었다. 특히 2010년에 중국의 국내총생산(GDP)이 일본을 제치고 세계 2위로 올라선 것은 일본에 상당한 충격으로 다가왔고, 센카쿠 열도를 둘러싼 영토 분쟁과 중국의 적극적인 해양 진출 등은 양국이 서로를 전략적으로 새롭게 인식하는 데 결정적인 역할을 했다. 여기에 민족주의 색채가 농후한 시진핑 주석과 아베 총리의 집권은 양국 갈등을 더욱 첨예하고 장기적인 대립 구조로 만들어가고 있다.

이와 같은 양국의 갈등은 중국과 일본이 동아시아 역내 주도권을 차지하기 위해 벌이는 전략적 경쟁에서 비롯된다고 볼 수 있다. 중국은 오바마 정부의 아시아 중시 및 재균형(rebalancing) 전략과 최근 트럼프 정부의 인도·태평양 전략이 중국의 부상을 견제하는 데 그 목표를 두고 있다고 생각하며, 미국의 중국 견제 전략은 일본과의 협력을 통해 수행되고 있다고 본다. 반면 일본은 중·일 갈등의 원인을 중국의 태도에서 찾고 있는데, 중국이 자국의 부상과 함께 시도하는 중국의 영향력 확대 전략이 문제의 원인이라고 보고 있다.[6]

중국의 부상이 앞으로도 지속될 것으로 전망되고, 이에 따른 미국과의 상호 견제 구도가 이어질 것으로 예상되는 만큼 중·일 관계의 전략적 대립 구도 또한 쉽게 변하지 않을 것으로 보인다.

2. 네트워크 속의 중·일 관계

1) 정상회담 네트워크 속의 중·일 관계

국가 간의 관계를 살펴보기 위해서는 다양한 영역과 레벨에서의 관계를 종합적으로 살펴볼 필요가 있다. 양국 사이의 교역량이나 관광객 수, 국민들의 상호 인식 등이 좋은 예가 될 수 있다. 그 가운데 양국 지도자 사이의 왕래, 즉 양국을 대표하는 최고 지도자에 의한 정상회담은 양국 관계를 상징적으로 보여주는 유용한 자료라고 할 수 있다. 정상회담은 다양한 영역의 관계를 포괄하는 종합적인 성격을 지니고 있기 때문이다.

그렇다면 중국과 일본 사이의 정상회담은 어떻게 전개되어왔을까?

〈그림 2-1〉은 중국과 일본의 지도자들이 상대 국가를 방문해 정상회담을 진행한 상황을 그래프로 나타낸 것이다. 중국의 경우 국가 정치체제의 특성을 고려해 중국공산당 총서기와 주석, 국가주석, 전국인민대표대회 상무위원회의 위원장, 중국인민정치협상회의 주석을 국가 지도자로 정의했고, 일본의 경우 총리를 지도자로 정의했다. 또한 다자회의 참석 및 사적 방문, 조문(弔問) 방문 등은 정상회담 대상에서 제외했다.*

1972년 국교 정상화 이전에는 중·일 양국 사이에 한 번도 정상회담이 이뤄지지 않았다. 1972년 국교 정상화를 위해 일본의 다나카 가쿠에이(田中角栄) 총리가 중국을 방문한 것이 지도자에 의한 첫 방문이었다. 이어 중국에서는 덩샤오핑이 1978년에 중·일평화우호조약 체결을 위해 국가 지도자의 신분

---

* 양국 지도자의 상호 방문과 관련한 데이터는 다음의 자료를 참고했다. 张清敏·刘兵, 「首脑出访与中国 外交」, 『国际政治研究』(2008年 第2期), pp. 1~20; 재중국 일본 대사관 홈페이지, 「日中関係年表」 (国交正常化以降), http://www.cn.emb-japan.go.jp/bilateral_j/nenpyo_j.htm(검색일: 2017.9.2); 国分良成 外 3名, 『日中関係史』(東京: 有斐閣アルマ, 2013); 中国研究所, 『中国年鑑』(1956~2016)(東京: 中国研究所, 每年).

그림 2-1 중·일 양국 지도자의 상호 방문 및 정상회담 실시 현황

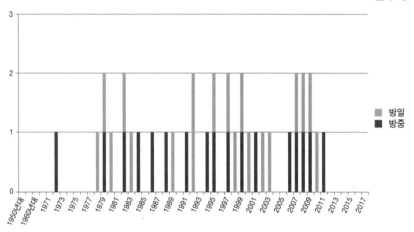

(단위: 회)

■ 방일
■ 방중

으로 처음 일본을 방문했다. 1972년에 국교 정상화가 이뤄지고 1978년에 평화우호조약이 체결되면서 〈그림 2-1〉에서 볼 수 있는 바와 같이 1978년 이후에는 양국 지도자 사이의 상호 방문 및 정상회담이 꾸준히 진행됐다. 1970년대와 1980년대의 우호적인 양국 관계를 정상회담 데이터도 확인해주는 것이다.

다만 1983년에서 1988년 사이, 2002년에서 2006년 사이, 2012년 이후의 세 시기에는 양국 지도자 사이의 왕래가 저조했다는 것을 알 수 있다.

먼저 1983년에서 1988년 사이와 2002년에서 2006년 사이는 모두 중국 측 지도자에 의한 방일이 중단됐었다. 이는 1982년 제1차 역사 교과서 문제와 1985년 나카소네 야스히로(中曾根康弘) 총리의 야스쿠니신사 참배, 1986년의 제2차 역사 교과서 문제, 2000년대 초반 고이즈미 총리에 의한 지속적인 야스쿠니신사 참배 등이 직접적인 원인으로 작용했다. 즉 국교 수립 이후 중·일 양국 관계는 지속적으로 발전해오다가 역사 인식을 둘러싸고 중국 측이 강하게 반발하면서 냉각기를 맞았다고 할 수 있다.

그림 2-2 중국외교의 정상회담 네트워크

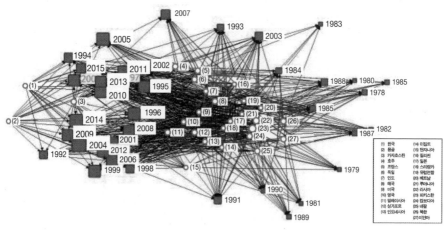

자료: Jai-Chul Heo, "Analysis of Modern China's Summit Network," ≪中蘇硏究≫, Vol. 41, No. 3(2017), p. 196의 그래프를 일부 변형.

한편 2012년 이후의 냉각기는 기존의 두 차례와는 전혀 다른 모습을 보여 주고 있다. 중국 지도자의 방일이 전혀 이뤄지지 않았을 뿐만 아니라 일본 지도자의 방중도 전혀 이뤄지지 않았다.* 이와 같은 데이터는 2012년 이후의 중·일 양국 관계가 1972년 국교 정상화 이후 최악의 상황에 놓여 있다는 것을 말해주고 있다. 양국 관계가 이렇게 최악의 상황으로 빠지게 된 데에는 2010년 센카쿠 열도에서의 중국 어선과 일본 해상 보안청 순시선의 충돌 사건, 그리고 그 연장선에서 2012년 일본이 센카쿠 열도를 국유화하고 중국이 이에 강력하게 반발한 것이 직접적인 원인이라고 할 수 있다. 하지만 더 근본적인 원인은 중국의 부상에 따른 상호 인식의 변화라고 할 수 있다.

이와 같은 사실은 네트워크를 통해 본 중국의 주요 외교 파트너를 통해서도 확인할 수 있다. 〈그림 2-2〉와 〈표 2-1〉은 중국이 지난 60여 년간 진행

---

* 다만 2018년에 들어서 양국 관계에 긍정적인 변화가 발생하여 리커창 총리가 2018년 5월에 일본을 방문했고, 아베 총리도 같은 해 10월에 중국을 방문했다.

표 2-1 중국의 시기별 주요 외교 상대국

(단위: nDegree)

마오쩌둥 기간		덩샤오핑 기간		장쩌민 기간		후진타오 기간		시진핑 기간	
국가	수치	국가	수치	국가	수치	국가	수치	국가	수치
미얀마	0.046	북한	0.107	러시아	0.179	러시아	0.175	러시아	0.12
캄보디아	0.033	일본	0.065	일본	0.112	독일	0.102	카자흐스탄	0.065
파키스탄	0.032	파키스탄	0.057	태국	0.112	카자흐스탄	0.101	독일	0.053
구 소련	0.031	태국	0.057	프랑스	0.104	한국	0.093	벨라루스	0.048
베트남	0.024	영국	0.052	베트남	0.097	미국	0.08	멕시코	0.048
네팔	0.017	싱가포르	0.051	서독	0.096	영국	0.079	인도	0.047
스리랑카	0.015	말레이시아	0.05	쿠바	0.095	캄보디아	0.073	페루	0.046
북한	0.015	캄보디아	0.038	한국	0.091	일본	0.073	베트남	0.043
인도네시아	0.015	이탈리아	0.038	싱가포르	0.088	인도네시아	0.069	프랑스	0.042
인도	0.014	덴마크	0.037	말레이시아	0.086	이탈리아	0.069	한국	0.041
소말리아	0.013	이란	0.035	카자흐스탄	0.081	파키스탄	0.069	싱가폴	0.041
아프가니스탄	0.013	노르웨이	0.034	파키스탄	0.075	라오스	0.065	미국	0.039
알바니아	0.011	루마니아	0.034	우크라이나	0.075	북한	0.062	인도네시아	0.037
이집트	0.011	방글라데시	0.033	캐나다	0.074	투르크메니스탄	0.062	스리랑카	0.036
기니	0.011	스웨덴	0.033	미국	0.071	호주	0.061	덴마크	0.034
라오스	0.01	이집트	0.032	아르헨티나	0.066	브라질	0.061	루마니아	0.034
튀니지	0.009	구 소련	0.032	호주	0.065	프랑스	0.061	세르비아	0.034
가나	0.009	프랑스	0.028	남아프리카공화국	0.063	태국	0.061	남아프리카공화국	0.034
프랑스	0.009	네팔	0.028	우즈베키스탄	0.062	남아프리카공화국	0.059	말레이시아	0.033
말리	0.009	미얀마	0.027	이집트	0.06	베트남	0.054	파키스탄	0.033

자료: Jai-Chul Heo, "Analysis of Modern China's Summit Network," ≪中蘇研究≫, Vol. 41, No. 3(2017), p. 199의 표를 일부 변형.

해온 정상회담을 그래프 및 표로 나타낸 것이다. 〈그림 2-2〉는 중국공산당의 정치국 상무위원들이 외국의 정상들과 진행한 정상회담을 연도와 국가를 두 개의 노드(node)로 하는 투모드(two-mode) 네트워크로 나타낸 것이다. 그리고 〈표 1-1〉은 이러한 투모드(two-mode) 네트워크를 원모드(one-mode) 네트워크로 변환한 뒤, '표준화 액터 연결정도 중심성(standardized actor degree centrality)'을 산정해 이를 기준으로 시기별 중국의 주요 외교 상대국을 도출한 것이다.

양국 사이에 평화우호조약을 체결한 이후인 덩샤오핑 시기와 장쩌민 시기에 일본은 중국이 두 번째로 빈번히 정상회담을 진행한 중요 국가였다. 그리고 후진타오 시기에 들어서 고이즈미 총리의 야스쿠니신사 참배로 양국 관계가 냉각됐지만, 일본은 여전히 중국에 중요한 외교 파트너였음을 알 수 있다. 하지만 2012년 일본이 센카쿠 열도를 국유화하고 중국과 일본에서 민족주의 성향이 농후한 시진핑 주석 및 아베 총리가 각각 지도자로 등장하면서 중국의 외교에서 일본의 위상은 현저히 낮아졌다.

2) 미디어 네트워크 속의 중·일 관계

언론은 국가 간의 관계에서 중요한 역할을 한다. 언론 보도는 정부의 외교 정책 수립 과정에서 직접적으로 행위자 역할을 해 다른 국가와의 관계 설정에 영향을 줄 뿐만이 아니라, 특정 국가에 대한 일반 대중의 인식 형성에도 영향을 끼쳐 간접적으로 외교 정책에 영향을 준다. 이에 따라 중·일 양국의 언론에서는 중·일 관계를 어떻게 묘사하고 있는지 의미 네트워크 분석을 통해 살펴봤다.

이를 위해 일본에서는 ≪요미우리신문≫, ≪아사히신문≫, ≪마이니치신문≫을, 중국에서는 ≪인민일보≫, ≪광명일보≫, ≪법제일보≫, ≪베이징

표 2-2 '중·일 관계'에 관한 중국 언론의 기사에서 자주 나타난 단어와 출현 빈도

(단위: 회)

단 어	출현 빈도	단 어	출현 빈도
중일	3616	경제	750
일본	3832	정치	718
중국	2260	인민	570
중일관계	2047	합작	570
발전	1422	국가	534
문제	1274	정부	484
관계	1081	화평	484
세계	804	아베	446
역사	782	중요	426
우호	776	공동	360

일보》, 《해방일보》, 《광저우일보》*를 분석 대상으로 선정했다. 그리고 이들 신문의 보도를 대상으로 2000년 1월 1일부터 2016년 5월 31일 사이에 '중·일(일·중)관계'를 제목에 포함하고 있거나 주제로 한 기사를 선별해 텍스트 마이닝을 위한 분석 자료로 삼았다.**

---

* 일본의 《요미우리신문》과 《아사히신문》, 《마이니치신문》은 모두 종합지이면서 전국지로서, 일본 ABC협회에 따르면 2015년 1월부터 6월 사이의 평균 발행부수(도쿄 본사 기준)가 각각 607만 1728부와 424만 551부, 147만 2344부로 일본에서 가장 많다. 또한 중국의 《인민일보》와 《광명일보》, 《법제일보》, 《베이징일보》, 《해방일보》, 《광저우일보》도 모두 일간지로서 중국의 주요 매체들이다. 이 중 《인민일보》는 중국공산당 중앙위원회 기관지로서 중국에서 가장 권위 있는 신문으로 평가받고 있고, 《광명일보》는 중국공산당의 중앙선전부가 직접 지도하는 신문이다. 한편 《법제일보》는 중공중앙 정법위원회 기관지이고, 《북경일보》와 《해방일보》, 《광주일보》는 각각 수도 베이징과 최대 경제도시 상하이, 그리고 남방의 최대 도시 광저우를 대표하는 일간지이다.

** 중국어 기사의 경우는 중국어 의미 네트워크 분석도구인 ChiWords.Exe와 ChiTi.exe로, 일본어 기사의 경우는 TTM(Tiny Text Miner)을 사용해서 텍스트 분석을 실시했다. 그리고 이렇게 해서 얻은 분석 결과를 Ucinet와 NetDraw를 통해 가시화했다.

표 2-3 '일·중관계'에 관한 일본 언론의 기사에서 자주 나타난 단어와 출현 빈도

(단위: 회)

단 어	출현 빈도	단 어	출현 빈도
중국	3807	경제	237
일본	2397	고이즈미 총리	231
일중관계	1527	센카쿠 열도	223
야스쿠니 참배	906	발전	191
문제	589	기업	184
정부	452	미국	179
역사	423	교류	178
개선	336	염려	162
회담	302	인식	153
악화	275	아시아	153

분석 기간 동안 중국 언론에서는 '중·일 관계' 관련 기사가 총 118건 검색됐고, 일본 언론에서는 832건이 검색됐다. 이 기사들을 대상으로 텍스트 마이닝을 실시한 결과 〈표 2-2〉와 〈표 2-3〉과 같은 단어들이 자주 등장한 것으로 드러났다.

먼저 중국 언론에서는 '중·일'이나 '일본', '중국'과 같이 예상되는 단어들 이외에 '역사', '우호', '경제', '정치', '협력(合作)', '아베' 등의 단어들이 자주 등장한 것이 눈에 띈다. 특히 '역사'가 가장 자주 언급된 것으로 보아 중국 언론이 중·일 관계 문제에서 역사 문제를 매우 중시하고 있다는 것을 엿볼 수 있다.

반면 일본 언론에서는 '역사' 이외에도 '야스쿠니 참배(靖国参拜)', '센카쿠 열도(尖閣諸島)'와 같은 단어들이 높은 순위로 집계되어, 중국 언론보다 더 다양한 문제들이 언급되었음을 알 수 있다. 또한 지난 약 15년간 중·일 관계와 관련한 기사에서 가장 많이 등장한 인물은 중국 언론에서는 아베 총리였고 일본 언론에서는 고이즈미 총리였다.

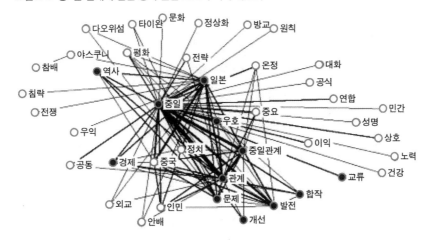

그림 2-3 중·일 관계에 관한 중국 언론 보도의 의미 네트워크

이렇게 집계된 주요 단어들이 서로 어떻게 연결되어 사용되었는지를 분석하기 위해 주요 빈출 단어를 대상으로 의미 네트워크를 구성해봤다. 중국 언론의 의미 네트워크에서 눈에 띄는 것은 '중·일 관계'와 연결된 '문제'라는 노드가 '역사'라는 노드와 굵은 라인으로 연결되어 있다는 점이다. 물론 '문제'는 '댜오위다오(釣魚島, 일본명 센카쿠 열도)'와도 연결되어 있지만, 라인의 굵기에서 '역사'쪽이 더 굵은 것을 알 수 있다. 이는 앞서 언급한 바와 같이 중국 언론에서는 중·일 관계와 관련한 여러 문제 중에서 '역사' 문제가 가장 많이 언급되었다는 것을 뜻한다. 사실 '센카쿠 열도' 문제나 '야스쿠니 참배' 문제 등도 엄연한 의미에서 '역사' 문제에 속한다는 점을 감안하면, 중국 언론은 중·일 관계의 핵심 문제를 가장 포괄적 개념인 '역사' 문제로서 접근하고 있는 듯 보인다. 실제로 '역사 문제를 정확히 인식하고 처리하는 것은 중·일 관계의 중요한 정치적 기초'[7]라는 제목의 기사는 이와 같은 경향을 잘 보여준다.

반면 일본 언론에서는 '역사'뿐만이 아니라 '야스쿠니 참배'와 '센카쿠 열도'도 '중·일 관계' 및 '문제' 등의 노드들과 비교적 강하게 연결되어 있어 중국

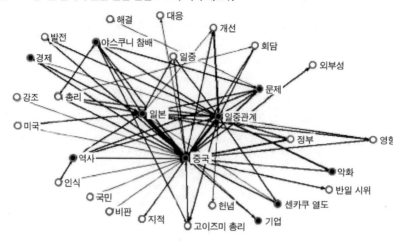

그림 2-4 중·일 관계에 관한 일본 언론보도의 의미 네트워크

언론과 차이점을 보였다. 또한 일본 언론에서는 중국 언론과 달리 '미국'이라는 단어가 자주 등장했는데, 이 '미국'이라는 노드는 네트워크에서 '일본'과 비교적 강하게 연결되어 있었다. 이는 일본 언론이 중·일 관계와 관련한 사항을 보도하는 데 미국과의 동맹 관계를 자주 언급했기 때문이다. 예를 들어 '아시아투자은행: 여당 일부에 가입론, 중·일 관계 개선 의도'[8]나 "'국가 전략을 생각한다' 이념형 외교 구축 시, 중·일 관계의 악화를 막아야"[9] 등의 기사에서는 중·일 관계에 관한 기사임에도 미국 요소가 중요하게 언급됐다.

이와 같이 중·일 양국의 언론 보도를 통해서 21세기 들어 양국 사이의 관계에 가장 큰 영향을 주고 있는 것이 역사 문제인 것으로 나타났다. 또한 미국이 중·일 관계에 영향을 끼치는 중요한 존재라는 것을 언론보도를 통해 엿볼 수 있었다.

3. 중·일 관계의 핵심 현안

1) 역사 인식 문제

(1) 역사 교과서 문제

앞서 네트워크 분석에서도 드러났듯이 중·일 관계에 영향을 끼치고 있는 가장 큰 현안 중의 하나가 역사 인식을 둘러싼 마찰이다. 이러한 마찰은 다양한 사건을 계기로 촉발되어왔는데, 대표적인 것이 역사 교과서 문제와 야스쿠니신사 참배 문제라고 할 수 있다.

1982년 양국 사이에 처음으로 역사 교과서 문제가 발생했다. 당시 일본의 역사 교과서 검정 과정에서 어느 출판사의 교과서 기술 내용 중 "화베이(華北)로의 침략"이라는 표현을 문부과학성(우리의 교육부에 해당)이 "화북으로의 진출"로 바꾸었다는 보도가 계기가 됐다. 문부과학성이 해당 내용을 수정했다는 사실은 나중에 오보인 것으로 드러났지만, 이 과정에서 문부과학성이 오랜 기간 '침략'이라는 표현에 대해 수정 의견을 나타내왔고, 실제로 일부 교과서가 '동남아시아로의 침략'을 '동남아시아로의 진출'로 표현을 바꿨던 사실이 드러났다.[10] 이에 대해 중국과 한국은 강력하게 반발했고, 결국 일본이 "'역사 교과서'에 대한 미야자와 기이치(宮澤喜一) 관방장관 담화"*를 발표하고 '근린제국조항(近隣諸国条項)'**을 교과서 검정 기준에 추가하면서 마찰은 일단락됐다.

하지만 4년 후인 1986년 역사 교과서 문제가 재발했다. '일본을 지키는 국

---

* 아시아의 근린제국(近隣諸国)과 우호 및 친선을 만들어나가기 위해 역사 교과서를 둘러싼 비판에 충분히 귀를 기울이고, 정부의 책임에서 시정을 하겠다는 내용이 담겼다.

** 근린(近隣)의 아시아 제국(諸國)과 관련한 근현대 역사적 사실을 다루는 과정에서 국제이해와 국제협조의 관점에서 필요한 배려를 할 것이라는 내용이다. "近隣のアジア諸国との間の近現代の歴史的事象の扱いに国際理解と国際協調の見地から必要な配慮がされていること".

민회의'가 편집한 고등학교 일본 역사 교과서가 문부과학성의 검정을 통과한 것에 대해 중국 외교부가 항의를 한 것이다. 동시에 문부과학성 대신(大臣)이 "일·한합병은 한국 측에도 일정 정도의 책임이 있고, 생각해볼 점이 있다"고 발언한 것이 한국과 중국에서 비판을 불러일으켰다.[11]

한편 역사 교과서를 둘러싼 마찰은 1990년대 중반, 일본 정계의 민족주의 경향이 현저해지면서 지속 및 심화됐다. 일본 정계에서는 전후(戰後) 50년을 맞은 1990년대 중반에 들어서면서 '전후는 끝났다'라는 인식과 함께 끝난 전후에 대한 재정의, 더 나아가 태평양전쟁을 '침략 전쟁'이 아닌 '복합적 전쟁'*이라고 하는 등 역사 수정주의 움직임이 나타났다. 그리고 이러한 움직임은 역사 교과서 문제의 정치 쟁점화, 정치가의 야스쿠니신사 참배, 타이완파 의원의 재결집 등으로 가시화됐다.

이렇게 정계의 민족주의 대두를 배경으로 1995년에는 '자유주의 사관 연구회', 1996년에는 '새로운 역사 교과서를 만드는 모임'이 만들어졌다. 이 모임은 당시의 교과서를 "일본의 근현대사 전체를 범죄사라고 단죄하며 글을 쓰고 있다", "자학(自虐) 사관이다"라고 비판하며 새로운 역사 교과서를 제공할 것이라고 주장했다.

최근 들어 일본 사회의 우경화가 심화되면서 이 모임이 만든 역사 교과서의 채택률이 조금씩 높아지고 있고, 난징 대학살의 희생자 수에 대한 중·일 사이의 의견 차이가 부각되면서 역사 인식을 둘러싼 양국 사이의 마찰이 지속되고 있다.

---

* 중국이나 동남아시아에 대해서는 침략 전쟁이었지만, 미국과 프랑스, 네덜란드에 대해서는 제국주의 전쟁이었기 때문에 일본만이 나쁜 것은 아니었다고 주장한다. 또한 소련의 만주 침공은 중립조약을 위반한 불법이었다고 하는 등 일본이 참전했던 제2차 세계대전을 '복합적 전쟁'이었다고 인식한다.

(2) 야스쿠니신사 참배 문제

한편, 야스쿠니신사는 1869년(메이지 2년)에 메이지 일왕의 뜻에 따라 만들어진 도쿄 쇼콘샤가 시초로 1879년(메이지 12년)에 지금의 야스쿠니신사로 명칭을 바꿨다. 야스쿠니신사는 '나라를 위해 생명을 바친 영령을 달래고, 그 업적을 오래도록 후세에게 전하기 위한 목적'으로 만들어졌다. 즉 나라를 위해 죽은 군인과 군속들이 이 신사의 신(神)이 되는 것이다.[12] 그런데 1978년 야스쿠니신사에 도조 히데키(東條英機) 전 총리를 비롯한 A급 전범 14명의 위패가 합사(合祀)되었고, 이 사실이 알려지면서 일본 총리나 각료의 공식 참배 여부가 정치 쟁점으로 떠올랐다.

총리의 이름으로 야스쿠니를 참배한 것은 나카소네 야스히로(中曽根康弘)가 처음이었다. 1985년 나카소네 총리가 처음으로 야스쿠니신사를 참배하자 중국 대학생들의 반일 시위 등 중국 측의 강렬한 반발이 일어났다. 이에 나카소네 총리는 다음 해 고토다(後藤田) 담화를 발표하고 '국제 관계를 중시하고, 근린 제국의 국민감정도 적절히 배려하지 않으면 안 된다'고 하며 야스쿠니 참배를 단념했다.

하지만 앞서 언급했듯 1990년대 중반에 들어서 일본 정계의 민족주의 색채가 농후해지면서 이것이 야스쿠니 문제에도 영향을 끼쳤다. 1996년 4월, 자민당의 '함께 야스쿠니를 참배하는 국회의원 모임'과 신진당의 '야스쿠니신사 참배 의원 연맹' 소속의 국회의원 120명이 집단으로 야스쿠니를 찾아 참배하는 일이 발생했다. 게다가 7월에는 1986년 이후 멈췄던 총리의 야스쿠니 참배를 하시모토 류타로(橋本龍太郎) 총리가 재연했다.[13]

그 후 고이즈미 준이치로 총리가 2001년 취임 때부터 야스쿠니신사 참배를 지속해 주변 국가들과 마찰을 일으켰다. 따라서 중·일 간 정상회담도 과거처럼 정상적으로 진행될 수 없었다. 고이즈미 총리의 퇴임 이후, 중국 및 한국과의 관계를 고려해서 총리에 의한 야스쿠니 참배가 자제되어왔으나, 대신 개인 자격에 의한 공물 봉납이나 각료 및 국회의원들의 참배는 여전히 이어지고 있어 중·일 갈등의 단골 메뉴가 되고 있다.

중·일 관계의 악재가 되고 있는 일본 총리의 야스쿠니 참배는 크게 3가지의 쟁점이 있다. 첫째, 참배가 일본 헌법이 금지하고 있는 정치지도자의 '종교활동'에 해당하는지의 여부, 둘째, A급 전범을 합사(合祀)하고 있는 야스쿠니신사에 대한 참배가 과거 전쟁을 긍정하는 행위로 해석될 수 있는지의 여부, 셋째, 야스쿠니신사 참배가 일본의 문화이고 내정에 관한 문제이므로 외국이 간섭할 문제가 아니라는 주장에 대한 논쟁이다.

먼저 일본 헌법 20조 3항은 다음과 같이 규정하고 있다. "국가 및 그 기관은 종교 교육 및 그 밖의 어떤 종교적 활동도 해서는 안 된다(国及びその機関は宗教教育その他いかなる宗教的活動もしてはならない)." 그런데 과거 나카소네나 하시모토, 고이즈미, 아베 총리 등은 현직 내각 총리대신(수상)의 신분으로 야스쿠니를 공식 참배해* 위의 조항에 위배되는 것이 아닌가 하는 논란을 불러일으켰다. 이를 의식한 탓인지 2012년 취임한 아베 신조 총리는 2013년 12월 26일 야스쿠니신사를 공식 참배한 이후, 직접 참배는 자제하는 대신 대리인을 통해 '자민당 총재 아베 신조'라는 자격으로 공물 봉납만을 하고 있다.

야스쿠니신사에는 현재 14명의 A급 전범과 1000여 명에 가까운 B, C급 전범이 합사되어 있다. 이들이 합사되어 있는 야스쿠니신사를 총리가 참배하는 것이 과연 적절할까? 총리의 야스쿠니신사 참배에 찬성하는 사람들은 다음과 같은 논리를 내세우고 있다. ① A급 전범이라고 하는 말이 일본의 국내법에 근거하고 있지 않다, ② 도쿄 재판은 국제법을 무시한 부당한 재판이었다, ③ 대일 강화 조약 11조의 '수락'은 형의 집행을 구속하는 것에 불과하고 도쿄 재판 그 자체를 인정한 것이 아니다, ④ 국가가 '공무사(公務死)'라고 인정해 A급 전

---

* 참배를 단행한 총리 본인의 직접적인 언급은 물론 참배 시에 공용차를 사용하고 비서를 대동하는 등의 행위는 사적 행위가 아닌 공적 행위를 의미한다고 해석할 수 있다.

범을 일반 전몰자와 같이 '쇼와 순난자(昭和殉難者)'로 합사한 바 있다, ⑤ 정부가 1953년부터 '전범자'를 국내적으로 범죄자로 인정하고 있지 않다는 것을 이유로 A급 전범이라고 하는 개념 자체를 부정하고 있다.[14] 물론 야스쿠니신사를 참배하는 총리들은 이 정도까지 공식적으로 이야기하고 있지는 않다. 단지 자신들은 A급 전범이 아닌 국가를 위해 목숨을 바친 사람들 전체를 위해 참배를 하고 있기 때문에 A급 전범자를 숭배하거나 침략 전쟁을 긍정하는 것이 아니라고 주장한다. 하지만 문제는 우리가 그들의 머릿속에 들어가서 그들의 본의를 확인할 수 없다는 것인데, 결국 국가를 대표하는 사람이 전범자가 합사되어 있는 신사를 찾아 참배하는 행위 자체를 두고 그들의 역사 인식을 판단할 수밖에 없다.

마지막으로 야스쿠니신사 참배를 내정이나 문화의 문제로 치부할 수 있는가이다. 야스쿠니신사를 당당히 참배한 고이즈미 전 총리는 "일본에서는 살아서 어떤 일을 했더라도 죽으면 모두 같아지지만, 중국에서는 악인이 죽으면 어떤 곳에 가더라도 악인이다. 이러한 사생관(死生觀)의 차이를 서로 이해하는 것이 필요하다"라고 하면서 이른바 문화 상대주의의 관점에서 야스쿠니신사 참배를 정당화했다. 하지만 전쟁은 단순한 문화 행위가 아니며, 특히 A급 전범은 다른 나라를 침략해 수많은 인명 살상과 재산 피해를 가져온 장본인들로서 단순히 문화의 차이로 그 죄를 덮을 수 있는 대상이 아니다. 게다가 야스쿠니 참배 문제는 일본 국내 문제가 아닌 국제적인 이슈가 된 이상, 국제적인 상식의 관점에서 문제를 바라볼 필요가 있다.

2) 영토 분쟁 문제*

중국의 급격한 경제 성장과 일본의 장기 경기 침체, 일본 국내 정치의 우경화 현상으로 양국 관계가 소원해진 가운데, 양국 관계를 질적으로 변화시킨 결정적인 사건이 발생한다. 센카쿠 열도를 둘러싼 영토분쟁이 그것이다. 그 동안 누적되어온 양국 관계의 부정적 요소들이 이 사건으로 표출되었고, 동시에 이 사건을 통해 양국의 대립은 더욱 첨예하고 전면적으로 전개됐다.

2010년 9월 7일 오전, 센카쿠 열도 부근에서 양측의 충돌이 발생했다. 센카쿠 열도 부근을 순찰 중이던 일본 해상 보안청 순시선이 이 지역에서 어업 행위를 하고 있던 중국 어선을 발견하고 불법 어업 행위로 규정해 단속하려 했으나, 중국 어선이 이에 불응하고 도주하는 과정에서 일본 순시선과 중국 어선 사이에 충돌이 발생했다. 상호 간의 인명피해는 없었으나, 중국 어선의 선장 및 선원들이 일본 측에 의해 공무 집행 방해 혐의로 체포됐다. 이에 중국정부는 센카쿠 열도는 중국의 고유한 영토로 일본은 이 지역에서 어떠한 법 집행 활동도 할 수 없으며, 더욱이 중국 어선과 인원의 안전을 해하는 어떠한 행위도 취해선 안 된다고 주장하며 강력 반발했다.

이에 13일 일본 정부는 선장을 제외한 모든 선원을 중국으로 돌려보냈으나 선장에 대해서는 계속해서 조사를 진행했다. 이에 중국은 거듭해서 무조건 선장을 돌려보낼 것을 요구했고, 이에 일본이 응하지 않자 급기야 19일에는 일본에 대한 대응 조치로서 성부(省部)급 이상의 교류 중단, 항공 노선 증편과 관련한 교섭 중지, 중·일 석탄 종합 회의 연기, 중국 국민의 일본 여행을 자제시키는 등의 조치를 단행했다.

결국 24일 일본의 나하(那覇) 지방검찰청은 중국 어선 선장의 행위에 계획

---

*   이 내용은 주로 다음의 문헌을 발췌했다. 허재철, 『미디어 보도와 동북아 지역 안보』(서울: 경인문화사, 2013), 183~190쪽.

성이 인정되지 않고, 또한 중·일 관계를 고려해 선장을 처분 보류로서 석방할 것을 발표했다. 일본 정부도 이러한 결정을 받아들여, 25일 마침내 중국인 선장은 구속 17일 만에 중국으로 송환됐다.

그러나 중국인 선장이 귀국했는데도 중국 정부는 이 사건에 대한 일본 측의 불법성을 주장하며 사죄와 배상을 촉구했고, 이후에도 이 사건이 양국 관계에 지속해서 악영향을 끼쳤다.

이렇게 센카쿠 열도 어선 충돌사건이 전개되는 과정에서 양국 정부 사이의 대립뿐만이 아니라 양국 국민의 반일, 반중 시위가 끊임없이 일어나는 등 민간 차원에서의 대립도 격화되는 양상을 보였다.* 센카쿠 열도 어선 충돌 사건 하나가 중·일 관계 전체에 심각한 악영향을 끼치는 사태로까지 발전했던 것이다.**

한편 2012년 4월, 이시하라 신타로(石原愼太郎) 당시 도쿄도지사가 미국의 한 강연회에서 중·일 간에 영토 분쟁 중인 센카쿠 열도를 도쿄도가 구매해 영토주권을 확실히 지키겠다고 선언했다. 이것이 중국인들의 감정을 자극해 양국 사이의 대립이 고조되던 가운데, 2012년 8월 15일 중국 홍콩의 활동가들이 센카쿠 열도에 상륙해 영유권을 표시하려 했다. 하지만 일본 해상 보안청이 14명 전원을 체포하는 사건이 발생했다. 비록 모두 강제 추방 형식으로 바로 중국으로 돌아갔지만, 이후 일본 정부도 센카쿠 열도에 대한 국유화 방침을 확정하며 영유권 확보를 강화했다. 이를 계기로 중국에서는 연일 반일 시위가 이어졌고, 양국의 외교관들이 초치(招致)되고 국교 정상화 40주년 행사가

---

*   일본 효고현에서는 효고중화동문학교에 대해 '학교를 폭파하겠다'는 협박전화가 걸려와 휴교를 하는 등 일본인의 반중 정서가 격화됐고, 중국에서도 일본 총영사관 외벽에 맥주병을 던지거나, 중국의 대형 건강식품 회사가 일본에 대한 항의의 뜻으로 예정되어 있던 1만 명 사원의 일본 여행을 취소시키는 등 민간 차원의 대립도 격렬하게 펼쳐졌다.

**   일본 《요미우리신문》과 중국 신화사 계열의 주간지가 공동 실시한 여론조사에 따르면 어선 충돌 사건 발생 이후, 일본인은 90%, 중국인은 81%가 '중·일 관계가 나빠졌다'고 인식했다.

취소되는 등 험악한 분위기가 조성됐다. 심지어 9월 18일의 '9·18사변' 81주년을 앞두고 중국에서는 반일 감정이 최고조를 이뤄 중국 주요 대도시에서는 대규모 반일 시위가 벌어졌고 일본 대사관 및 일부 일본계 상점이 물질적인 피해를 입기도 했다.[*]

이렇게 양국 관계에 심각한 영향을 끼친 센카쿠 열도는 1945년 제2차 세계대전 종전 당시, 일본이 사실상 실효 지배를 하고 있었다. 하지만 1960년대부터 중국과 일본이 센카쿠 열도를 둘러싸고 영유권 주장을 하면서 분쟁이 가시화되기 시작했다.[**] 1972년 중·일 국교 정상화 당시에는 센카쿠 열도 문제를 차후에 조건이 성숙될 때 해결하기로 하고 우선 국교 정상화를 추진하는 데 성공했으나, 이 문제는 지금껏 해결되지 못하고 양국은 영유권을 둘러싸고 첨예한 대립을 계속하고 있는 것이다.[***]

이와 같은 센카쿠 열도를 둘러싼 영유권 분쟁은 복잡한 역사적, 정치적, 지리적 배경이 있는데, 여기서 나타난 핵심 쟁점은 〈표 2-4〉와 같이 정리할 수 있다.[****]

---

[*]   일본 내각부가 11월 24일 발표한 '외교에 관한 여론조사' 결과에 따르면 중국에 '친밀감을 느끼지 않는다'고 대답한 일본인의 비율이 전년 대비 9.2% 증가한 80.6%로 나와 1978년 같은 조사를 실시한 이래 가장 높은 수치를 보였다. 이 조사에서는 9월 센카쿠 열도 국유화로 중국에서 반일 시위가 연일 발생했던 것의 영향을 받은 것으로 분석했다. http://www8.cao.go.jp/survey/h24/h24-gaiko/index.html(검색일: 2017.9.15).

[**] 1969년 UN 산하의 '극동경제 위원회'가 섬유탐사팀을 만들어 동아시아 지역에 대해 탐사활동을 벌인 후 「Emerry 보고서」를 발표했다. 이 보고서에 따르면 한반도 남해와 동중국해 주변의 대륙붕에는 상당량의 석유자원과 천연가스가 매장되어 있다고 해 이를 계기로 센카쿠 열도를 둘러싼 일본과 중국의 분쟁은 본격적으로 시작됐다.

[***] 1972년 국교정상화 당시 센카쿠 열도 논쟁을 잠시 접어두고 후세에게 문제 해결을 넘기자고 한 합의가 있었는지에 대해서는 중국과 일본 사이에 이견이 존재하기도 한다.

[****] 센카쿠 열도를 둘러싼 중·일 양국의 자세한 입장은 다음의 자료를 참고할 것. 일본 외무성 홈페이지, "尖閣諸島の領有権についての基本見解", http://www.mofa.go.jp/mofaj/area/senkaku/index.html(검색일: 2017.9.20); 중국 국무원 판공실(中华人民共和国国务院新闻办公室), "钓鱼岛是中国的固有领土(白皮书)"(2012.9.25); 왕더수이(王德水), 「从国际法视角看中日钓鱼岛主权争端」, ≪海

표 2-4 센카쿠 열도 분쟁의 주요 쟁점 사항

역사적 사실과 관련한 쟁점

- 중국 고문헌에 센카쿠 열도가 언급되어 있는 것만으로 영유 의사 및 실효 지배를 인정할 수 있는가?

- 센카쿠 열도에 대한 영유권 주장을 누가 먼저 공식적으로 표시했는가?

국제법과 관련한 쟁점

- 1895년 1월 14일 일본에 의해 센카쿠 열도가 일본 영토로 편입되었을 때, 이것이 국제법적으로 효력이 있는가?

- 1895년 '시모노세키조약' 및 제2차 세계대전 이후 체결된 '대일강화조약', '오키나와 반환 협정' 등과 관련해, 중국이 과거 일본 측에 할양한 영토에 센카쿠 열도가 포함되는가?

지질학과 관련한 쟁점

- 동중국해(일본명: 동지나해)에서의 대륙붕을 획정하기 위하여 중국 측이 주장하는 '육지의 자연연장설'과 일본 측이 주장하는 '중간선 원칙'중 어느 것을 적용하는 것이 합당한가?

자료: 허재철, 『미디어 보도와 동북아 지역 안보』(경인문화사, 2013), 187쪽.

센카쿠 열도를 둘러싼 영토 분쟁은 앞과 같이 다양한 영역에 걸쳐 복잡한 학술적 쟁점을 내포하고 있다. 하지만 현재 이 분쟁은 부상하는 중국과 이를 견제하려는 일본 사이에서 양국의 자존심 대결 및 힘의 대결 양상으로 나아가고 있으며, 심지어 국내 정치 기반을 강화하기 위한 소재로도 활용되고 있어 해결이 쉽지 않은 상황이다.

洋开发与管理≫, 2007年 3期, pp. 65~69.

3) 기타 문제(경제, 군사)

중·일 갈등은 앞서 살펴본 역사 인식과 영유권을 둘러싸고 가장 첨예하게 전개되고 있지만, 군사 및 경제 영역 등 다양한 영역에서도 광범위하게 나타나고 있다.

중국은 막강한 경제력을 바탕으로 국방 예산을 큰 폭으로 증가시키고 있고,* 군사력 투사와 관련 깊은 항공모함, 전략 잠수함, 이지스 구축함 건조 및 5세대 전투기(J-20, J-31) 개발에도 힘을 쏟고 있다. 이에 대응해 일본은 헬기 항공모함, 이지스 구축함, 재래식 잠수함 등을 추가로 건조하고 있으며, 5세대 전투기(F-35)를 도입하고 자체 개발에도 나서고 있다.[15] '안보 딜레마'를 연상시키는 이와 같은 양국 사이의 군사력 경쟁은 양국의 전략적 인식이 변하지 않는 한 계속 이어질 것으로 보이며, 동북아 전체의 군비 경쟁을 촉발할 우려가 있다.

한편 경제 교류 및 협력이 감소하고 있고, 경제 주도권을 둘러싼 경쟁은 점점 치열해지는 모습을 보이고 있다. 양국은 전통적으로 '정냉경열(政冷經熱)'의 관계를 구축해왔지만, 최근 양국의 전략적 경쟁 및 대립은 양국 관계를 '정냉경냉(政冷經冷)'의 구도로 바꾸고 있다. 실제로 양국 간 영토 분쟁이 첨예화된 2012년, 양국 사이의 교역량이 전년 대비 3.3% 감소한 데 이어, 2013년 6.3%, 2015년 11.7%, 2016년 0.6% 감소한 것으로 나타났다.[16] 경제 교역뿐만이 아니라 경제 공동체 구상에서도 양국의 입장은 차이를 보이고 있다. 동아시아 경제 협력체 구상과 관련해 중국은 '동아시아 자유무역협정(EAFTA)'을

---

* 　중국의 국방비 증가율은 2011년 12.7%, 2012년 11.2%, 2013년 10.7%, 2014년 12.2%, 2015년 10.1%, 2016년 7.6%, 2017년 7%를 보여왔다["군사굴기 中국방비증가율 29년 만에 최저치? … 은폐성예산 주목", ≪연합뉴스≫, 2017년 3월 5일 자, http://www.yonhapnews.co.kr/bulletin/2017/03/05/0200000000AKR20170305021700089.HTML?input=1195m(검색일: 2017.9.20)].

주장하는 반면, 일본은 '동아시아 포괄적 경제 동반자 협정(CEPEA)'을 주장하고 있다. 또한 아시아 태평양 지역의 경제협력 구상에 대해서는 중국이 ASEAN+6, 16개국의 역내 무역과 서비스, 투자 자유화 실현을 목표로 하는 '역내 포괄적 경제 동반자 협정(RCEP: Regional Comprehensive Economic Partnership)'을 주장하는 반면, 일본은 동남아 4개국(싱가포르, 브루나이, 말레이시아, 베트남), 중남미 3개국(멕시코, 칠레, 페루), 오세아니아 국가(호주, 뉴질랜드) 및 일본, 캐나다 등이 참여해 무역 및 서비스, 지적재산권, 금융, 노동 분야 등의 관세·비관세 무역 장벽 철폐를 추구하는 '환태평양 경제 동반자 협정(TPP: Trans-Pacific Partnership)'을 주장하고 있다.[17]

이와 같이 양국 관계를 지탱해왔던 경제 영역에서의 교류 및 협력마저 최근 정치적 대립의 심화로 흔들리고 있다.

4. 중·일 관계와 한반도

1) 중·일 대립과 한국의 전략 가치

앞서 살펴본 내용을 종합해보면 중·일 관계는 크게 3가지 측면으로부터 영향을 받으며 변화해왔다고 할 수 있다.

먼저 국제정치의 구도, 특히 미국과 중국 사이의 관계 변화로부터 직접적인 영향을 받아왔다. 1972년 중·일 국교 정상화가 이뤄질 수 있었던 것은 그에 앞서 중국과 미국 사이에 관계 개선의 움직임이 있었기 때문에 가능했다. 또한 최근 중·일 관계가 전면적인 대립의 관계로 악화된 것도 급격히 부상하는 중국과 이를 견제하려는 미국 사이의 치열한 경쟁 관계가 중요한 요인으로 작용했다. 이와 같은 국제정치 구도, 특히 미·중 관계의 변화는 중·일 관계의 변화에 결정적인 영향을 끼치는 상위 요인라고 할 수 있다.

이와 함께 역사 교과서와 야스쿠니신사 참배 등 역사 인식을 둘러싼 마찰, 센카쿠 열도와 같은 영토 분쟁은 중·일 관계에 영향을 주는 중위 요인이라고 할 수 있다. 물론 이러한 중위 요인은 미·중 관계라는 상위 요인이 만들어놓은 큰 틀 안에서 중·일 관계에 영향을 끼쳐왔다. 미·중 관계가 우호 또는 협력적이고 중·일 양국이 전략적으로 서로를 필요로 할 경우, 이러한 중위 차원의 마찰은 양국 정부의 노력으로 그 수위가 조절되어왔다. 실제로 1980년대 초중반 역사 교과서 문제라든가, 2000년대 고이즈미 총리의 야스쿠니신사 참배 문제 등이 양국 관계에 악영향을 끼친 것은 사실이지만, 이것이 양국의 전면적인 교류 단절이나 대립으로 발전하지는 않았다. 표면적으로는 비난이 오고 가더라도 수면 밑, 또는 민간 사이의 교류는 정상적으로 작동해왔던 것을 알 수 있다.

한편 돌발적인 사건·사고들도 양국 관계에 영향을 끼치는 요인으로 작용해왔다. 고카료(光華寮) 사건이나 천안문 사건 등이 그 예라고 할 수 있다. 하지만 이러한 하위 층면의 요인들은 양국의 정치적 필요성에 따라 충분히 통제될 수 있는 수준의 문제라고 할 수 있다.

이른바 'G2' 시대라고 불리는 오늘날, 미·중 양국이 다양한 영역에 걸쳐 경쟁을 치열하게 펼치고 있다. 그리고 2012년 일본 정부의 센카쿠 열도 국유화에 따라 중·일 양국 사이의 영토 분쟁 또한 첨예하게 전개되고 있다. 이러한 상위 요인과 중위 요인이 맞물리면서 현재 중·일 관계는 1972년 국교 정상화 이후 최악의 상황에 빠져 있다고 할 수 있다.

그렇다면 이와 같은 중·일 관계가 한국과 한반도에는 어떤 영향을 미칠까?

단기적인 관점에서 보면 중·일 사이의 대립은 한국의 전략적 가치를 상승시키는 효과를 낳고 있다. 중·일 양국의 입장에서는 한국을 자신의 편으로 끌어들여 세력을 확장시킬 필요가 있기 때문이다.

이를 위해 중국은 적극적인 경제 교류 및 협력을 통해 한국을 유인해왔는데, 우리 사회에서 '안미경중(安美經中)'이라는 말이 더 이상 낯설지 않게 된 것도 이러한 중국의 노력이 작용한 결과라고 할 수 있다. 이와 함께 중국은 '아시아 인프라 투자은행(AIIB)'과 '일대일로(一帶一路)'에 한국이 적극적으로 참여할 것을 독려해왔는데, 이 또한 경제 분야를 통해 한국과의 관계를 강화하려는 전략이라고 할 수 있다.

중국은 한국을 자기편으로 끌어들이는 전략과 동시에 한·일 양국의 접근을 견제하는 전략도 전개해왔다. 한국과 공통분모인 역사 문제를 강조함으로써 한국과 일본의 관계가 불편해질 수밖에는 없는 구도를 만들어온 것이다. 예를 들어 2014년 한국 정부와의 적극적인 협력 아래 하얼빈역에 항일운동의 상징인 안중근 의사 기념관을 건립한 일이나, 2015년 전승절(항일 전쟁 및 세계 반파시스트 전쟁 승전 70주년) 행사에 박근혜 대통령이 참석한 것을 의도적으로 부각시킨 일 등을 들 수 있다. 이는 중국 정부가 역사 문제를 중시한다는 의미 이외에도 역사 문제를 강조해 한·미·일 3각 협력 구도를 약화시키려는 전략이 내포되어 있다고 할 수 있다.

일본 또한 한국과의 관계 개선에 적극적이었다. 한·일 관계 발전의 가장 큰 걸림돌 중의 하나인 위안부 문제를 해결하기 위해 2015년 12월 한·일 위안부 합의에 적극적으로 나선 것이다. 사실 2015년 위안부 합의는 한·미·일 공조 강화를 위해 미국이 한·일 양국에 합의를 지속적으로 독촉한 것이 가장 주요한 동인이었다고 할 수 있다.* 일본의 아베 총리가 이러한 미국의 인식

---

* 대니얼 크라이튼 브링크 백악관 아시아 담당 선임 보좌관은 2015년 12월 16일, 국내의 한 언론사와의 인터뷰에서 '한·미·일 협력은 매우 중요하다'면서 "이것이 우리가 한국과 일본이 서로 유연성과 용기를 발휘해 과거사 해결을 위한 전향적 접근을 하도록 독려하는 이유"라고 밝히기도 했다. 또한 존 케리 당시 국무 장관과 수전 라이스 당시 백악관 국가 안보 보좌관은 합의 발표 당일 "한국과 일본 양국 정부가 민감한 과거사 이슈인 일본군 위안부 문제와 관련해 합의를 도출한 것을 환영한다"고도 했다. 이와 같은 여러 정황을 보면 한·일 위안부 합의 도출을 위해 미

에 동조하고, 자신의 지지 기반인 보수 우익 세력의 불만을 감수하고서라도 위안부 합의에 나선 것은 그만큼 중국 견제를 위해서는 한국과의 관계 발전 이 필요하다고 판단했기 때문으로 평가된다. *

2) 중·일 관계 개선과 한반도 평화 발전

이렇게 단기적으로는 중·일 사이의 대립이 한국의 전략적 가치를 높여주 고 있는 것은 사실이다. 하지만 좀 더 장기적인 관점에서 보면 결코 중·일 사 이의 대립이 우리의 국가 이익에 부합하는 것은 아니다.

가와이 마사히로(河合正弘) 등이 실시한 연산 일반 균형(CGE) 분석에 따르면 센카쿠 열도에서 중·일 사이의 심각한 군사적 분쟁이 일어날 경우, 한국 경제 의 GNP가 0.97% 감소하는 것으로 나타났다. 반대로 중·일 사이의 경제 협력 이 순탄하게 이뤄져 한·중·일 사이에 FTA가 체결될 경우, 한국의 GNP는 6.51% 증가하고 더 나아가 RCEP가 체결될 경우 한국의 GNP는 6.75% 증가 하는 것으로 분석됐다.[18] 이렇게 중·일 관계가 우호적으로 발전해가는 것이 장기적으로 한국의 국익에도 부합한다고 할 수 있다.

중·일 관계 개선이 우리의 국익 증가로 이어지는 선순환 구조는 단순히 경 제 영역에 국한된 이야기는 아니다. 중·일 관계 개선에 따른 동북아의 정치 환경 변화 또한 우리에게 이익을 줄 수 있다.

국이 상당한 역할을 했다는 것을 알 수 있다["미국 '위안부 합의'에 반색 … 한·미일 안보협력 드라 이브 가속", ≪연합뉴스≫, 2015년 12월 29일 자, http://www.yonhapnews.co.kr/bulletin/2015 /12/29/ 0200000000AKR20151229012100071.HTML?input=1195m(검색일: 2017.9.21)].

* 2015년 한·일 위안부 합의에 대해 한국 국내에서 불만의 목소리가 매우 높았지만, 일본 보수 우익 세력들도 합의 내용에 대해 불만을 표시했다. 예를 들어 일본의 우익 네티즌이 주로 활동하는 '2ch' 라는 사이트에는 한국은 물론 미국과 아베 정권에 대해 불만을 나타내는 글들이 다수 올라왔다. https://daily.2ch.net/test/read.cgi/newsplus/1451484739/-100(검색일: 2017.9.21).

2012년을 전후해 비슷한 시기에 집권한 중국의 시진핑 주석과 일본의 아베 총리는 그동안 비교적 안정적으로 국정을 운영해왔다. 시진핑 국가주석은 적극적인 반부패 운동과 '중화민족의 위대한 부흥'을 모토로 강력한 권력 기반을 구축해왔고, 아베 총리도 아베 노믹스와 적극적인 외교 전개 등을 바탕으로 전후 세 번째로 긴 장기 집권(2019년 2월 현재)을 유지하고 있다. 이렇게 중·일 양국의 지도자가 강력한 권력 기반을 유지할 수 있었던 데에는 다양한 요인이 복합적으로 작용했지만, 민족주의와 애국주의 심리를 정권 유지의 원동력으로 적극 활용한 점도 지적할 수 있다. 즉 중·일 양국의 대립이 심화되는 가운데 양국 국내에서는 민족주의 감정이 고양됐고, 양국 정부는 이를 정권 유지 기반에 적극적으로 활용해온 것이다.

이렇게 중·일 갈등이 심화되는 것은 결코 우리에게 도움이 되지 않는다. 왜냐하면 우리는 강한 민족주의 또는 보수 우익 성향이 강한 이웃 국가들을 계속 상대해야 하는 상황을 맞을 수 있기 때문이다. 예를 들어 중·일 갈등을 배경으로 일본에서 보수 우익 정권이 계속 집권할 경우, 우리는 독도 영유권 분쟁과 위안부 문제, 야스쿠니신사 참배 등을 둘러싸고 일본과 마찰을 이어갈 가능성이 크다. 그리고 이것이 양국의 경제, 사회, 문화 등 다방면의 교류에 부정적인 요인으로 작용하면서 우리 국익에 마이너스 요인이 될 수 있다. 중국과도 마찬가지다. 사드 배치와 서해 어업 협정, 이어도 관할권 분쟁 등을 둘러싸고 강력한 민족주의 성향의 집권 세력과 충돌이 불가피해질 수 있다.

이런 의미에서 중·일 관계가 우호적으로 발전해가는 것이 장기적으로 우리의 국익에 도움이 된다고 할 수 있다.

한편 한반도 평화 체제 구축에 있어 가장 시급한 북핵 문제를 해결하기 위해서도 중·일 관계의 개선이 필요하다.

북핵 문제의 핵심은 북미 사이의 적대관계이고, 북미 사이의 현저한 국력 차이로 북한은 자위를 위한 가장 효율적인 수단으로서 핵무기를 선택했다고 할 수 있다.[19] 이런 상황에서 북한이 핵무기 개발을 중단하도록 하기 위해서는 핵무기를 대신할 수 있는 대체제가 필요하다. 즉 체제 보장의 수단으로서 핵무기 이상으로 북한이 신뢰할 수 있는 무엇인가가 제시될 필요가 있는 것이다. 이에 대해서는 다양한 방안이 논의될 수 있겠지만, 장기적 측면에서는 유럽과 같은 집단 안보 체제도 생각해볼 수 있다. 그런데 이러한 집단 안보 체제는 관련국들 사이에 고도의 신뢰가 형성되어 있을 때만 가능하다. 따라서 경제와 사회, 문화 등 비정치적인 영역에서 먼저 신뢰를 구축하고 이를 정치와 안보의 영역으로 확장시켜나가는 노력이 필요하다. 그리고 이를 위해서는 무엇보다 미·중 및 중·일 사이의 신뢰 구축이 선행되어야 하는데, 이런 의미에서 우호적인 중·일 관계의 구축은 북핵 문제 해결 및 한반도의 평화 체제 구축에도 도움이 된다고 할 수 있다.

이와 같이 중·일 관계가 한반도에 미치는 영향을 생각해보면, 우리는 중·일 관계에 대한 방관자 또는 관찰자에 머물 것이 아니라 중·일 관계의 우호 발전을 위해 우리가 어떤 역할을 할 수 있을지에 대해서도 진지한 고민을 시작할 필요가 있다.

참고문헌

1. 국문

이상숙. 2009. 「북미관계의 구조와 북한 핵 문제」. ≪북한학연구≫, 5권 1호, 39~65쪽.

장달중. 2009. 「한반도의 냉전 엔드게임(Endgame)과 북미대립」. ≪한국과 국제정치(KWP)≫, 25권 2호, 1~30쪽.

허재철. 2013. 『미디어 보도와 동북아 지역 안보』. 서울: 경인문화사.

NEAR 재단 편저. 2015. 『한·일관계, 이렇게 풀어라』. 서울: 김영사.

≪연합뉴스≫. 2015.12.29. "미국 '위안부 합의'에 반색 … 한·미일 안보협력 드라이브 가속". http://www.yonhapnews.co.kr/bulletin/2015/12/29/0200000000AKR201512290 12100071.HTML?input=1195m(검색일: 2017.9.21).

_____. 2017.3.5. "군사굴기 中國방비증가율 29년 만에 최저치? … 은폐성예산 주목". http://www.yonhapnews.co.kr/bulletin/2017/03/05/0200000000AKR201703050 21700089.HTML?input=1195m(검색일: 2017.9.20).

2. 일문

国分良成 外 3名. 2013. 『日中関係史』. 東京: 有斐閣アルマ.

中国研究所. 『中国年鑑』(1956-2016). 東京: 中国研究所, 毎年.

宮下明聡. 2017. 『戦後日本外交史』. 東京: ミネルヴァ書房.

毛里和子. 2006. 『日中関係: 戦後から新時代へ』. 東京: 岩波新書.

≪毎日新聞≫. 2015.4.1. "アジア投資銀: 与党一部に加入論 日中関係改善へ思惑", 東京 朝刊, p. 5.

≪読売新聞≫. 2005.1.3. "[国家戦略を考える] (2) 理念型外交 ﾞ構築の時 日中関係の悪 化防げ(連載)", 04頁.

야스쿠니신사 홈페이지. http://www.yasukuni.or.jp/history/index.html(검색일: 2017. 9.13).

일본 내각부 홈페이지. "外交に関する世論調査". http://www8.cao.go.jp/survey/h24/

h24-gaiko/index.html(검색일: 2017.9.15).

일본 외무성 홈페이지. "尖閣諸島の領有権についての基本見解". http://www.mofa.go.jp/
    mofaj/area/senkaku/index.html(검색일: 2017.9.20).

JETRO. "2016年度の日中貿易". https://www.jetro.go.jp/ext_images/_Reports/01/
    aae9c90e6aaf01db/20160133.pdf (검색일: 2017.9.20).

2ch 커뮤니티. https://daily.2ch.net/test/read.cgi/newsplus/1451484739/-100(검색일:
    2017.9.21).

3. 중문

王德水. 2007. 「从国际法视角看中日钓鱼岛主权争端」, ≪海洋开发与管理≫, 2007年 3期, pp. 65~
    69.

张清敏·刘兵. 2008. 「首脑出访与中国外交」, ≪国际政治研究≫, 2008年 2期, pp. 1~20.

中华人民共和国国务院新闻办公室. 2012.9.25. 『钓鱼岛是中国的固有领土(白皮书)』.

中华人民共和国外交部. 1988. 『中国外交概览』(1987年度). 北京: 中华人民共和国外交部.

黄大慧 主编. 2010. 『中国改革开放与东亚』. 北京: 社会科学文献出版社.

新浪网. 2003.10.13. "正确认识和处理历史问题是中日关系的重要政治基础". http://news.sina.
    com.cn/c/2003-10-13/0349905647s.shtml(검색일: 2017.9.5).

4. 영문

Jai-Chul Heo. 2017. "Analysis of Modern China's Summit Network." ≪中蘇研究≫, Vol. 41,
    No. 3.

제3장
시진핑 시기 중국의 신(新)북핵 정책 동향 및 시사점*

| 이영학 한국국방연구원 |

1. 서론

북한이 2016년 1월 6일 4차 핵실험을 감행한 데 이어서 불과 8개월만인 9월 9일에 또다시 5차 핵실험을 감행했다. 비단 핵실험뿐만 아니라 단·중·장거리 탄도미사일 및 잠수함 발사, 탄도미사일(SLBM) 발사 실험 등을 지속하면서 핵무기 투발 수단의 다종화를 통해 위협을 극대화하고 있다.

한국은 심각한 안보적·군사적 위협에 직면하게 되었고 미국을 비롯한 국제사회의 우려도 커지고 있다. 이러한 가운데 세계적 강대국으로 발전 중인 중국의 대응과 정책에 세계의 이목이 집중되고 있다. 이는 중국이 북한의 정치적·경제적·전략적 후원국으로 인식되면서 북한에 대한 다양한 레버리지를 갖춘 것으로 평가되기 때문이다.

중국은 북한의 핵·미사일 실험을 반대하고 4차 핵실험 이후 UN 안보리의 대북 제재 결의 2270호 채택에 찬성했으며, 5차 핵실험 이후에도 UN 안보리

이 장은 ≪中蘇硏究≫, 40권 3호(2016)에 게재된 필자의 논문을 단행본 출판을 위해 일부 수정한 것이다.

가 추가 조치를 취할 필요가 있다고 인식하고 있다. 동시에 북한의 비핵화를 실현하기 위해서 제재뿐만 아니라 대화와 협상을 병행해야 하며, 북핵 문제를 평화적으로 해결해야 한다고 강조한다.

그러나 최근 한반도 및 동아시아의 정세 변화에 따라 북·중 관계 개선 가능성, 한·중 간 사드 배치 갈등 및 미·중 간 남중국해 이슈를 둘러싼 경쟁 등 북핵 문제와 관련된 주요 안보 이슈로 중국의 북핵 대응과 정책의 변화 가능성에 대해 여러 논쟁이 벌어지고 있다. 이러한 논쟁들은 담론 수준에서 그치지 않고 한국의 외교 안보 정책에 직·간접적으로 영향을 주고받기 때문에 이에 대한 정확한 분석과 이해가 필요하다.

본 논문의 목적은 최근 중국의 북핵 대응 및 정책과 관련한 주요 이슈 논쟁에서 중국의 북핵 정책이 어떠한 동향을 보이는지, 특히 과거와 구별되는 어떠한 새로운 특징을 보이고, 그것이 무엇을 의미하는지를 분석함으로써 한국의 정책적 대응 방향을 결정하는 데 정확한 근거를 제공하는 것에 있다.

이를 위해 우선 북한의 4차 및 5차 핵실험과 잇따른 도발에 대해 중국이 어떠한 인식과 입장을 갖고 어떻게 대응했는지를 면밀히 고찰할 것이다. 그리고 중국의 대응 및 정책이 최근 북핵을 둘러싼 주요 이슈와 관련해 어떠한 특징을 보이는지를 과거와 비교해 살펴보고, 그것이 어떤 함의를 갖는지 분석할 것이다. 마지막으로 이러한 분석에 근거해서 한국의 정책적 대응 방향에 대한 시사점을 제시하고자 한다.

2. 북한의 4차 및 5차 핵실험과 중국의 대응

중국이 북한의 4차 핵실험 및 이후 전개된 상황에 대해 취한 대응과 북한의 5차 핵실험 이후 현재까지 보이는 대응은 매우 유사하다. 따라서 여기에서는 4차 핵실험 이후 중국이 표명한 공식 입장을 중심으로 중국의 대응을 살펴보되, 5차 핵실험 이후 중국의 대응 역시 함께 서술할 것이다. 중국의 대응을 면밀하게 고찰해 중국의 북핵 정책 동향을 파악하고 이를 통해 중국의 향후 정책 방향도 예측할 수 있을 것이다.

중국 정부는 북한의 4차 및 5차 핵실험 당일 공식적으로 반대 입장의 성명을 발표했다. 1월 6일 4차 핵실험 직후 중국 외교부는 "북한이 국제사회의 보편적 반대를 고려하지 않고 다시 핵실험을 진행했다. 중국 정부는 이에 대해 결연한 반대를 표명한다"고 천명했다.[1] 중국의 이와 같은 공식 입장은 과거 북한의 1차, 2차, 3차 핵실험 직후 발표된 공식 성명과 거의 유사하지만, 북한에 대한 표현이 더욱 강경해지고, 관련 국가에 대해 '냉정하게 대응할 것을 호소한다'는 문구를 삭제함으로써 과거보다 더욱 강경한 대응을 취할 것임을 예고했다. 또한 9월 9일 5차 핵실험 직후 발표된 공식 성명도 거의 유사한 표현으로 반대 입장을 표명하면서도 북한에 대해 안보리 관련 결의 준수를 촉구하고, 중국이 국제사회와 함께할 것이라는 문구를 추가해 중국이 향후 국제사회와 함께 안보리를 중심으로 문제 해결에 나설 것임을 시사했다.[2] 그러나 중국은 북핵 문제의 주요 해법으로 여전히 6자 회담을 강조하고 있다. 4차 및 5차 핵실험 반대 성명에서 중국은 6자 회담을 통해서 한반도 핵 문제를 해결해나갈 것임을 표명했고,[3] 이후에도 "6자 회담이 공전하던 기간에 북핵 문제가 반복해서 불거졌다"며 "현재의 상황이 6자 회담의 조속한 재개 및 6자 회담의 틀 안에서 한반도 핵 문제를 해결해야 할 중요성, 긴급성 및 필요성을 입증하고 있다"고 강조했다.[4]

한편 북한의 핵실험을 비판하고 추가 도발 가능성에 대해 경고하던 중국은 한·미의 강경한 대응 및 한반도 정세의 긴장 고조 가능성에 대해 우려를 표명했다. 북한의 4차 핵실험 직후 한·미 군 당국 간 미국 전략 자산의 한반도 전개가 논의되고, 한·미 정상과 외교 장관은 전화 통화로 UN 안보리의 '강력하고 포괄적인' 대북 제재 결의를 위해 긴밀하게 협력하기로 했으며, 한국은 대북 확성기 방송을 재개하기로 결정했다. 중국은 이러한 정세 변화에 대해 우려를 표명하면서 북한뿐만 아니라 "관련 각 국가가 냉정하게 대응해야 하며, 한반도 정세의 긴장을 고조시켜서는 안 된다"고 강조했다.[5]

이와 동시에 중국은 미국을 비롯한 국제사회에서 제기되고 있는 소위 '중국 책임론'에 대해서는 강한 거부 반응을 보이면서 '중국 역할론'에 대해서는 '공동 역할론'으로 대응했다. '중국 역할론'은 북한에 대해 가장 커다란 영향력이 있는 중국이 더욱 많은 역할을 해야 한다는 것이고, '중국 책임론'은 주로 기존의 UN 안보리의 대북 제재를 중국이 제대로 이행하지 않았고, 더 나아가 더욱 강력한 대북 제재를 중국이 반대했기 때문에, 북한의 핵실험 지속은 중국에 책임이 있다는 것이다.

중국은 외교부 브리핑과 언론 사설 등을 통해 '중국 역할론'에 대해서는 한반도 비핵화 및 동북아의 평화와 안정은 관련 각국의 공동의 이익이며 공동의 책임이기 때문에 공동의 노력이 필요하다고 강조했다.[6] 반면 '중국 책임론'에 대해서는 한반도 핵 문제의 원인 및 해결의 열쇠는 중국 측에 있지 않다고 항변하면서, 북한과 미국에 더욱 커다란 책임이 있기 때문에 미국이 한반도의 긴장 정세를 완화시켜 북한이 핵을 포기할 수 있도록 해야 한다고 주장했다.[7]

다른 한편 중국은 북한의 4차 핵실험 직후 한·미 등과 양자 및 UN 안보리 차원의 협의를 거쳐 현지 시각 3월 2일 UN 안보리의 대북 제재 결의 2270호 채택에 찬성했다. 중국은 북핵 관련 대북 제재와 협상 등 모든 조치 및 행동이 UN 안보리 결의를 중심으로 이루어져야 한다고 인식하기 때문에 안보리 결의에 대한 중국의 입장 및 대응을 면밀히 살펴보는 것이 매우 중요하다. 또한 북한의 5차 핵실험 직후에도 중국은 미국 등과 UN 안보리 차원의 대북 제재를 협의하고 있는데, 이는 2270호의 연장선상에서 논의될 것이기 때문에 2270호에 대한 중국의 공식 입장을 관찰해보면 새로운 결의에 대한 중국의 입장과 결의의 전반적인 틀을 어느 정도 예상해볼 수 있다.

UN 안보리의 대북 제재 결의 2270호에 대한 중국 정부의 공식 입장을 정리해보면[8] 첫째, 중국은 북한의 핵·미사일 실험에 반대하며, UN 안보리 결의 2270호의 강력한 대북한 제재 조치는 북한이 치러야 할 마땅한 대가임을 전제하고 있다. 안보리 결의 2270호가 채택된 직후 주UN 중국 대사 류제이(劉結一)는 "중국은 북한의 핵실험과 탄도미사일 기술을 적용한 위성 발사를 분명히 반대하며, 안보리 2270호 결의는 국제사회가 북한의 핵·미사일 능력 고도화에 대한 반대와 국제 핵 비확산 체제 수호에 대한 엄중한 태도를 표명한 것"이라고 설명했다. 왕이(王毅) 외교부장은 2월 12일 독일 ≪로이터 통신≫과의 인터뷰에서 "중국은 안보리가 새로운 결의를 채택해 강력한 조치를 취해 북한이 자신의 행동에 대해 필요한 대가와 상응하는 결과를 치르도록 할 것을 주장한다"고 언급했다. 중국의 국가 기간 통신사인 ≪신화사≫도 논평에서 "UN 안보리가 북핵 문제에 대해 결의를 채택해 북한에 대해 진일보한 제재 조치를 취했다. 이는 북한이 새로운 '핵실험' 및 '위성 발사' 행위에 대해 치러야할 필요한 대가"라고 평가했다.

둘째, 그러나 제재는 목적이 아닌 수단일 뿐이며 북한의 핵·미사일 능력 발전을 저지하고 한반도 비핵화를 실현하기 위해서는 대화와 협상을 통해 평화적으로 해결해야 한다고 강조하는 동시에, 제재가 북한의 민생과 인도주의적 수요에 영향을 주어서는 안 된다고 지적했다. 류 대사는 "결의는 대화와 협상을 통한 북핵 문제의 해결, 6자 회담 재개 및 9·19공동성명에 대한 지지를 재차 천명하고 있다"고 강조한 데 이어서 "제재는 목적이 아니며 안보리 결의 역시 근본적으로 한반도 핵 문제를 해결할 수 없기 때문에 이번 결의는 정치적으로 한반도 핵 문제를 해결하는 새로운 출발점과 디딤돌이 되어야 한다"고 강조했다. 중국 외교부 대변인도 3월 3일의 정례 브리핑에서 "2270호 결의의 목적은 북한의 핵·미사일 계획의 진일보한 발전을 저지하고, 한반도 비핵화를 추진 및 실현하며, 국제 핵 비확산 체제를 수호하는 것"이라고 설명하면서, 동시에 "이번 결의안이 북한의 민생과 인도주의적 수요에 영향을 미쳐서는 안 된다"고 지적했다. 4일 브리핑에서도 "북한의 석탄, 철광석, 철 등 광물자원의 대외 수출 금지 규정은 각국이 (북한의) 민생 목적이라고 인정하고 북핵·미사일 계획을 위한 자금과 관련이 없다면 (금지 규정에) 영향을 받지 않는다"고 설명했다.

셋째, 중국은 안보리 결의를 준수할 것이며, 성실하게 이행할 것을 천명했다. 시진핑 주석은 3월 31일 미국 워싱턴에서 개최된 핵 안보 정상회의 계기, 한·중 및 미·중 정상회담에서 'UN 안보리 결의를 전면적이고, 완전하며, 엄격하게 이행할 것'임을 표명했다.[9] 외교부 대변인도 3월 3일 "중국은 UN 안보리 상임이사국으로서 그간 상응하는 국제적 책임을 성실하게 이행해왔다"고 전제하면서, "2270호 결의를 준수할 것이고 각 국가 역시 전면적이고 충실하게 이행하기를 희망한다"고 천명했다.

넷째, 한반도 비핵화 실현과 평화 협정 기제로의 전환을 병행해 추진할 것을 제안하면서 이를 위해 관련 각국과 논의하고 함께 노력해나갈 것을 희망한다. 류 대사는 "중국은 관련 각 측이 한반도 비핵화와 평화 협정 기제로의 전환을 병행해 추진할 것을 촉구하며, 이는 한반도 비핵화의 방향성을 견지하면서도 관련 각 측의 주요 우려를 균형적으로 해결할 수 있고, 회담 재개의 돌파구를 조속히 마련하는 데 도움이 된다"라고 언급했다. 외교부 대변인도 정례 브리핑에서 '중국이 제안한 한반도 비핵화와 평화 협정 기제 전환의 병행 추진에 대해서 관련 국가와 긴밀하게 논의하기를 희망한다'는 입장을 표명했다.

이와 동시에 중국은 한반도에 사드 배치를 반대하며, 관련 각국이 신중하게 행동하기를 촉구한다는 입장을 강하게 주장하고 있다. 류 대사는 "중국은 한반도에 사드 미사일 방어 체계가 배치되는 것에 반대하며, 이는 중국과 역내 다른 국가의 전략적 안보 이익을 훼손하고, 한반도의 평화, 안보 및 안정 수호의 목표에 배치되는 것이며, 국제사회가 한반도 문제를 정치적으로 해결하려는 노력을 깨트릴 것"이라고 주장했다. 왕 부장은 특히 사드의 X밴드 레이더의 관측 범위가 한반도 방위의 필요를 넘어서 중국의 내륙까지 미치기 때문에 중국의 정당한 국가 안보와 이익이 훼손당하고, 심지어는 위협받을 수 있다는 우려를 표명했다. 왕 부장은 ≪로이터 통신≫과의 인터뷰에서 "항장이 검무를 추는 것은 패공을 죽이기 위한 것이다(項庄舞劍, 意在沛公)"*라는 고사성어를 인용해서 미국과 한국이 북한의 도발을 빌미로 중국을 견제하려 한다는 인식을 드러내며 경계한 바 있다.

종합해볼 때, 북한의 4차 핵실험 이후 중국의 북핵을 포함한 대한반도 정책 방침은 왕이 외교부장의 발언에 잘 드러나 있다.[10] 왕 부장은 중국이 한반도와 이웃한 국가로서 한반도의 안정에 중요한 책임이 있다면서 중국의 세 가지 기본 입장을 설명했다. 첫째, 북한의 핵무기에 반대할 뿐만 아니라 한반도에 핵이 있어서는 안 되고 둘째, 한반도에서 전쟁이나 혼란이 발생해서는 안 되며 셋째, 중국의 정당한 국가이익은 반드시 보장받아야 한다는 것이다. 특히, 세 번째 입장은 이번 북한의 4차 핵실험 및 미사일 발사를 계기로 한·미가 사드 배치를 위한 협의를 결정하면서 새롭게 추가한 것이다.

---

*   항장은 항우의 사촌으로서, 항우와 항장은 각각 미국과 한국을, 패공(유방)은 중국을 비유한 것이다.

3. 중국의 신북핵 정책 동향 및 특징

1) 대북 제재 지속 아래 대화 등 대북한 관리 노력 병행

중국은 UN 안보리의 대북 제재 결의 2270호를 성실하게 이행할 것을 천명한다. 그러나 일각에서는 미·중 간 전략적 경쟁의 심화와 북한의 전략적 자산으로서의 가치 때문에 중국이 안보리의 대북 제재를 제대로 이행하지 않을 것이라는 우려가 제기되고 있다. 특히 최근의 정세 변화에 따라 이러한 의구심은 더욱 확대되고 있다.

우선 지난 6월 1일 시진핑 주석이 리수용 북한 노동당 중앙위 부위원장을 접견한 것이 북·중 관계 개선의 신호탄으로 인식되면서 중국의 대북 제재 완화 여부에 대한 논쟁이 있었다. 또한 북·중 관계의 특수성에 대한 인식이 강하게 작용하고 있는데 중국은 북한의 핵실험을 반대하기 때문에 대북 제재를 이행하고는 있지만, 여전히 북한 체제의 안정을 최우선시하기 때문에 일정기간 경과 후에는 다시 북한과의 우호적 관계를 회복하면서 대북 제재를 제대로 이행하지 않을 것이라는 시각이 있다.

그러나 이러한 여러 의구심과는 달리 현재까지 중국은 대북 제재를 지속하는 것으로 평가되고 있다.* 중국은 북한의 비핵화를 실현하기 위해서는 제재와 협상을 병행해야 한다고 인식한다. 특히 대북 제재의 목적은 북한의 붕괴가 아니라 북한이 비핵화를 위한 협상 테이블에 복귀하도록 하는 것임을 명확하게 밝힌다.[11] 소위 '채찍'과 '당근'의 투 트랙 접근법이라고 할 수 있다. 즉 대북 제재를 통해서 북한이 핵 보유를 고집할 경우 막대한 비용이 든다는 것을 깨닫도록 압박하는 동시에 협상을 통해서 북한이 핵을 포기할 경우 얻을

---

* 여기에서 의미하는 대북 제재는 UN 안보리 대북 제재 결의 2270호에서 규정하고 있는 제재 조치를 가리킨다.

수 있는 이익을 제시함으로써 북한 스스로 손익계산을 통해 비핵화를 선택하도록 하는 방법론이다.

만약 시 주석의 리수용 접견 수용이 북한의 비핵화보다는 북·중 관계의 전면적 개선을 중시한 것이라면 6월 이후 중국의 대북 제재가 이행되지 않았어야 한다. 그러나 2016년 4월부터 본격화한 중국 상무부의 대북 수출입 제재를 살펴볼 때, 중국의 대북 제재 효과가 6월과 7월 현재까지도 이어지고 있는 것으로 분석되고 있다.[12] 또한 6월 6일에서 7일까지 중국 베이징에서 개최된 제8차 미·중 전략 경제 대화에서 중국은 미국의 요구를 받아들여 대북 제재 이행을 점검하는 데 동의했으며,[13] 6월 28일 베이징에서 개최된 한·중 총리 회담에서 리커창(李克强) 총리는 "중국의 리수용 방중 수용이 대북 제재의 완화를 의미하지 않는다"고 밝힌 바 있다.[14]

여기에서 중국의 대북 제재를 조금 더 구체적으로 살펴볼 필요가 있다. 중국 상무부가 4월 5일 공표한 대북한 수출입 금지 25개 품목의 2016년 1분기 및 2분기 수출입 통계를 비교 분석한 결과, 중국이 북한에서 수입한 티타늄과 황금석은 큰 폭으로 감소했으나, 철광석(적철광) 및 생철 등의 대북 수입은 큰 폭으로 증가했고, 석탄(무연탄)의 대북 수입은 감소했으나 그 폭이 미미한 수준에 불과했다.* 철광석, 철, 석탄, 티타늄, 금 모두 UN 안보리 대북 제재 결의 2270호에서 규정한 대북 교역 금지 품목이지만 철광석, 철, 석탄은 민생 목적의 교역이 가능하기 때문에 중국은 2270호의 대북 제재 예외 조항(민생 목적의 교역 허용)을 활용해서 철광석, 철, 석탄 등을 수입한 반면, 예외 조항 적용 대상이 아닌 티타늄과 금은 교역을 금지한 것으로 해석할 수 있다. 이는

---

* 티타늄의 대북 수입액은 1분기 25만 달러에서 2분기 0으로, 금은 554만 달러에서 49만 달러로 대폭 감소했으나, 적철광은 842만 달러에서 2303만 달러로, 생철은 261만 달러에서 599만 달러로 대폭 증가했고, 무연탄은 2억 5027만 달러에서 2억 3452만 달러로 소폭 감소했다. 한국무역협회 홈페이지(http://stat.kita.net/stat/istat/cts/CtsItemImpExpDetailPopup.screen) (검색일: 2016.11.10).

중국의 대북 제재가 철저하게 UN 안보리의 대북 제재 결의 2270호에 근거해 이행되고 있음을 방증하는 것이다.

따라서 이러한 정황을 종합해볼 때, 시진핑 주석을 포함한 중국의 최고위급 외교안보 인사들이 북한의 고위급 인사들과 회담하거나 접촉하는 것을 북·중 관계의 전면적 개선으로 인식해 중국이 대북 제재를 불이행하거나 완화할 것으로 판단하는 것은 적절치 않다. 오히려 중국이 북한의 비핵화를 위한 또 다른 수단인 대화와 협상을 진행하면서 북한을 안정적으로 관리해나가려는 시도로 이해하는 것이 더 적절하다고 할 수 있다.

시진핑 시기 전반적인 북·중 관계를 통해 살펴볼 때에도 시진핑 지도부는 이전 후진타오(胡錦濤) 지도부에서 북한의 핵실험에 대한 반대에도 대북 제재보다는 협상 및 북한 체제 지원에 초점을 맞추던 것과는 달리 2012년 말 집권 이후 줄곧 북한의 비핵화를 가장 중요한 대북한(대한반도) 정책의 원칙으로 고수해왔다.[15] 이에 따라 미·중 간 전략적 경쟁의 심화에도 북핵 문제 만큼은 미국과 협력을 강조하면서 북한의 비핵화를 압박해왔고, 이로써 북·중 관계는 냉각되었다.

그러나 시진핑 지도부는 2015년 10월 북한 노동당 창건 70주년를 계기로 류윈산(劉雲山) 중국공산당 정치국 상무위원의 방북을 통해 양당 및 양국 간 관계를 개선하고 북한에 대해 적극적으로 관여하는 등 대북 정책의 변화를 시도했다. 류 상무위원은 김정은 제1비서를 면담하고 시 주석의 친서를 전달하면서 비핵화의 중요성을 강조하면서도 고위급 교류와 경제협력 확대를 천명했다.[16]

이는 중국이 북한의 비핵화를 추구하면서도 북한 김정은 정권의 핵·미사일 실험 및 대남 도발로 인한 한반도 정세 불안정을 방지하는 등 북한을 관리하기 위한 시도로 해석할 수 있다. 그러나 이러한 가운데 사전 통보도 없이 감행한 북한의 4차 핵실험은 중국 지도부에 당혹감과 분노를 불러왔으며, 해

동의 조짐을 보이던 북·중 관계는 더욱 냉각되었다.[*] 그러나 또다시 일정 기간 경과 후, 시진핑 지도부는 리수용 방중을 수용함으로써 대화를 통해 북한을 관리해나가되, 대북 제재를 지속해 북한을 비핵화의 협상 테이블로 복귀시키기 위해 노력했다.

이런 상황에서 북한이 또다시 5차 핵실험을 감행했고, 중국은 UN 안보리에서 추가 대북 제재를 논의하면서도 10월 1일 국경절 행사를 북한과 중국에서 개최하는 한편, 북한의 수해에 대해 인도적 지원을 제공하면서 북한을 관리하기 위한 노력을 지속하고 있다.[17]

2) 북핵 대응과 한국 내 사드 배치에 대한 대응의 분리[**]

중국은 북한의 4차 핵실험 이후, 대북 제재를 포함해 북핵 문제에 대한 대응을 논의하는 자리에서 한·미의 한국 내 사드 배치를 반대한다는 입장을 강조해왔다. 2016년 7월 8일 한·미의 한국 내 사드 배치 결정 및 9월 30일 사드 배치 부지 최종 결정 이후, 중국은 강력하게 반발하고 있다. 한·미의 사드 배치를 자국에 대한 견제로 인식하는 중국이 이에 대한 대응책으로서 북한을 견인할 필요가 있으며, 이를 위해 UN 안보리의 대북 제재 결의를 포함해 국제사회의 대북 제재 공조에서 이탈할 수 있다는 우려가 제기되고 있다.

---

[*] 중국 외교부 대변인은 4차 핵실험 당일인 1월 6일 정례 브리핑에서 이전과 달리 핵실험 실시를 사전에 통보받지 못했다는 민감한 사실을 공개했으며, 왕이 중국 외교부장도 6일 저녁에 개최된 중국 외교부 신년 초대회에서 지재룡 주중 북한대사가 있는데도 면전에서 핵실험을 공개적으로 비판했다. 外交部, "2016年 1月 6日 外交部發言人華春瑩主持例行記者會"(2016.1.6), http://www.fmprc.gov.cn/web/fyrbt_673021/t1329896.shtml(검색일: 2016.1.7); "中 왕이 외교부장, 北 핵실험 당일 저녁 北 지재룡 대사 면전서 北 공개 비판", ≪조선일보≫, 2016년 1월 7일 자.

[**] 여기에서 말하는 중국의 북핵 대응은 UN 안보리가 규정한 2270호상의 대북 제재에 대한 중국의 이행을 의미한다. UN 이외의 다른 차원, 즉 한·미·일 등과의 대북 제재 공조에 대한 중국의 정책 동향은 포함하지 않고 있음을 밝혀둔다.

실제로 이러한 우려가 현실로 나타나기도 했다. 7월 8일 한·미의 사드 배치 결정 이후, 북한은 7월 9일에 SLBM을 발사한 데 이어서 7월 19일 스커드 및 노동미사일 3발을 발사했고, 8월 3일에도 노동미사일을 발사했다. UN 안보리는 북한의 미사일 발사를 규탄하는 언론 성명 채택을 추진했지만, 중국이 한반도 사드 배치에 반대한다는 문안을 넣자고 요구하면서 합의가 불발되었다.[18]

중국이 한·미의 한국 내 사드 배치를 저지하기 위해 북한의 미사일 발사 등 추가 도발에 대해서 '미국이 주도하고 한국이 희망하는' 대북 규탄을 저지함으로써, 북핵 대응과 사드 배치에 대한 대응을 연계한 것이다.* 더 나아가 중국 내 일부 언론 및 전문가들은 북한의 미사일 발사가 한·미의 사드 배치 때문이라고 주장하면서 향후 대북 제재에서 중국과 한·미 간 협력이 어려울 수 있고, 심지어 북·중 혈맹으로 회귀할 수도 있다면서 다분히 감정이 개입된 협박성 주장도 했다.[19]

그러나 최근 중국은 북핵 대응과 사드 대응을 분리해 다루고 있다. 북한은 8월 17일 영변 핵시설에서 무기급 플루토늄과 농축 우라늄을 생산하고 있다고 밝힌 데 이어서 8월 24일 SLBM을 발사해 500km 비행에 성공했다. 중국 외교부 대변인실은 북한의 재처리 주장에 대해 한반도의 비핵화를 강조하면서 관련 당사국들이 한반도의 긴장 국면을 조성하지 말아야 한다는 입장을 밝혔다.[20] 또한 일본 도쿄에서 개최된 제8차 한·중·일 외교장관 회의에 참석한 왕이 외교부장은 북한의 SLBM 발사에 대해 "사태를 더욱 긴장시키고 복잡하게 하므로 바람직하지 않다"고 언급한 데 이어서[21] 한·일 외교장관과 함께 이

---

* 2016년 8월 중순 필자가 중국에서 개최된 학술회의에서 만난 한 중국 전문가는 이에 대해 "미국이 중국의 안보 이익을 침해하는 상황에서 중국은 미국이 원하는 사안에 대해 협력하지 않으려고 한 것"이라고 말하면서도 이는 일시적인 현상일 뿐이며, 중국은 이미 천명한 바대로 안보리 결의 2270호를 성실하게 이행해나갈 것이라고 설명했다.

번 도발을 '용인할 수 없는 도발'이라고 규정하고, 이에 대해 UN 안보리를 포함한 국제사회의 대응을 주도하고 북한에 대해서는 도발 행동 자제와 안보리 결의 준수를 강하게 요구하기로 했다.[22] 이와 동시에 중국은 UN 안보리에서 북한의 SLBM 발사를 강력하게 규탄하고 이에 대해 중대한 조치를 취하기로 합의했다.[23]

또한 7월 8일 한·미의 사드 배치 결정 이후에도 중국이 북한을 견인하려는 시도도 보이지 않았다. 7월 11일 북한과 중국 간의 '조중 우호 협력 및 상호 원조 조약' 체결 55주년 및 7월 27일 북한의 정전협정 체결 기념일에 중국은 고위급 대표를 북한에 파견하지 않았으며,[24] 7월 27일 아세안지역포럼(ARF) 의장성명에도 북핵 실험 및 미사일 발사에 대한 우려를 표명하는 데 동의했다.[25]

한편 이와 동시에 한국에 대해서는 여러 경로를 통해 사드 배치에 대한 반대 입장을 표명하고 심지어 보복 가능성까지 내비치고 있으며, 러시아와 함께 반대 입장을 공조하면서 전략적 협력을 강화하는 한편, 자국의 군사적 대응 조치를 강화하기 위해 노력하고 있다.

중국의 이러한 변화, 즉 북핵 대응과 사드 대응을 연계했다가 분리해 다루는 구체적인 원인은 조금 더 따져보아야 하겠지만*, 근본적으로는 중국이 북핵 이슈를 사드 이슈 같은 한반도의 전략적 이슈와 구분해 바라보기 시작했기 때문으로 보인다. 북핵 이슈는 중국이 한·미와 협력해서 함께 해결해나가야 할 이슈로 인식하고 있는 반면에 한반도의 전략적 이슈, 즉 한국 내 사드 배치나 북한 급변 시 한·미의 군사적 개입과 같은 문제들은 미·중 간 전략적 경쟁의 틀로 바라보면서 견제하는 것이다.

---

* 일본 언론들은 중국이 9월 초 항저우에서 개최될 예정인 G20 정상 회의의 성공을 위해 협력적 태도를 보인 것이라고 보도했다. "日 언론, '중국, G20 성공 개최 위해 北 규탄 안보리 성명에 동의'", ≪연합뉴스≫, 2016년 8월 28일 자.

지난 후진타오 정부는 한반도의 전략적 이슈를 북핵 이슈와 연계했다. 즉 미국이 북핵 문제를 활용해서 아시아에서 자국의 전략적 입지를 강화하고 중국을 견제하려 할 경우, 중국은 북한의 전략적 가치를 더욱 중시하면서 비핵화를 위한 대북 압박 정책보다는 포용과 지원 위주의 정책들을 실행했다. 2009년 북한의 2차 핵실험 이후 글로벌 금융위기에 따른 미·중 간 상대적 국력 격차의 축소를 배경으로 미·중 간 갈등이 확대되면서 중국은 북한의 지정학적 가치를 다시 주목하면서 압박보다는 지원 위주의 대북한 정책을 실행해 나갔던 것이 그 예이다.[26]

그러나 북한의 4차 및 5차 핵실험 직후, 미국이 '중국 책임론'을 제기하고 사드의 한반도 배치를 본격적으로 추진하자 중국은 이를 미국이 북한의 핵·미사일 실험을 빌미로 역내 동맹 체계를 활용해서 자국에 대한 견제를 강화하는 것으로 인식해 한·미의 사드 배치를 저지하기 위한 직접적 대응을 하면서도 북한의 비핵화를 위한 대북 제재는 유지하고 있다.

이처럼 시진핑 지도부가 과거와 달리 북핵 이슈와 한반도의 전략적 이슈를 구분해 분리 대응하는 이유는 우선 중국이 미국의 대중국 견제에 대응할 수 있는 충분한 능력과 수단을 갖추었고, 양국 관계가 과거와는 달라져야 한다는 인식에 기반한 것으로 보인다. 이제는 과거처럼 미국의 견제에 대응하기 위해 중국의 비핵화 요구를 거부하면서 안보 이익까지 손해를 끼치는 북한을 견인할 필요성을 못 느끼고 있는 것이다. 이미 한·중 간 전략적 협력 관계를 강화해왔기 때문에 한국에 대한 설득 및 압박 수단을 갖고 있고, 러시아와 함께 전략적·군사적 공조를 강화할 수 있으며, 자체적으로 군사적 대응 능력도 갖추는 등 다양한 수단을 구비하고 있기 때문이다. 둘째, 한국 내 사드 배치로 큰 장애물이 생겼지만 이는 중국과 한국 간의 일이고, 북한의 핵 보유 자체가 중국에 위협이 되기 때문에 이는 타협할 사안이 아니라고 인식하고 있다. 즉 한국 내 사드 배치로 북·중 관계가 더 가까워질 필요는 없다는 것이다.* 셋째, 중국이 현재 '책임 있는 강대국'으로서 자국의 위상을 제고하려는 노력을 중시하는 상황에서 국제사회와 약속한 대북 제재를 성실하게 이행해야 한다는 인식이 있기 때문이다. 넷째, 중국이 북한에 의해 연루되는 상황은 미국이 현재 중국을 압박하려는 의도에 오히려 휘말릴 수 있고, 한국을 압박하기 위해 북한 카드를 활용하는 것 역시 대단히 조심스럽기 때문이다.[27]

3) 미·중 '신형대국관계' 시험대로서의 북핵 협력

미·중 관계는 경쟁과 협력이 공존하는 관계로 인식되고 있다. 미국은 오바마 행정부 등장 이래 '아태 재균형' 정책을 추진하면서 안정적·생산적·건설적인 대중국 관계 구축을 목표로 하는 동시에[28] 중국에 대한 견제를 강화해왔다. 중국 역시 미·중 간 '신형대국관계(新型大國關係)' 구축을 통해 상호 간 '핵심이익' 존중 및 협력을 강조하고, 양국 간 이견은 관리 및 통제해나갈 것을 주장하면서도 미국의 견제에 대한 대응에 만반의 준비를 하고 있다.

중국은 대미 관계에서 층차(level), 영역 및 이슈에 따른 협력과 견제의 분화를 추구하는 것으로 보인다. 미·중 간 경제 분야를 중심으로 한 양자 관계와 글로벌 이슈에 대해서는 협력을 강화하되, 지역 이슈 중 자국의 이해가 첨예하게 걸린 남중국해 이슈에 대해서는 군사적 대응도 불사하는 등 강경한 입장을 고수하는 반면, 북핵 이슈에서는 협력을 추구한다.**

우선 중국은 미국과 긴밀한 경제적 협력을 추구한다. 지난 6월 제8차 미·

---

*   중국 외교학원의 쑤하오(蘇浩) 교수가 ≪서울신문≫과의 인터뷰에서 밝힌 내용이다. "中은 사드 본질을 '중국 감시'로 봐 … 對韓 보복 등 극단적 일은 없을 것", ≪서울신문≫, 2016년 7월 13일 자.

**   이와 관련 미·중 양국이 글로벌 이슈에 대해서는 '협력 속에 경쟁'을, 지역적·쌍무적 이슈에 대해서는 '경쟁 속에 사안별 협력'을 추구하는 복합적 관계를 유지하고 있다는 평가도 흥미롭다. "미·중, 미묘한 북핵 셈법 … 전략적 담합 경계해야", ≪통일한국≫, 2016년 7월 1일 자, http://unikorea21.com/?p=12564(검색일: 2016.8.5).

중 전략 경제 대화에서 중국은 투자 협정 체결, 철강 감산 및 위안화 적격 외국인 투자자 자격 부여 등 경제 분야에서 협력을 확대해나가기로 했다. 동시에 기후변화, 에너지 및 환경보호 등 글로벌 이슈에 대한 협력 역시 강화하고 있다.[29]

그러나 남중국해 이슈에 대해서는 영토주권 및 해양 권익을 강조하고, 인공섬 건설 및 일부 군사시설 설치를 강행하면서 미국의 '항행의 자유' 작전에 대한 군사적 대응도 불사하겠다는 의지를 보이고 있다. 필리핀이 상설중재재판소에 제기한 남중국해 영유권 분쟁에 관한 판결에 대해서도 불수용 입장을 밝히면서 자국의 입장을 지지해줄 국제사회의 우군을 확보하기 위한 총력전을 전개했다.

또 하나의 지역 핫이슈인 북핵 문제에 대해서 미·중 양국은 기본적으로 협력을 추구하고 있다.[30] 3월 31일 미국 워싱턴에서 열린 핵안보 정상회의 계기에 양국 정상은 회담을 갖고 북핵 문제를 논의했으며, 시 주석은 UN 안보리 결의의 이행을 표명했다. 6월에 개최된 제8차 미·중 전략 경제 대화에서 양국은 남중국해 이슈에 대해서는 첨예하게 대립했지만, 북핵 이슈에 대해서는 북핵 불용과 대북 제재의 전면적 이행에 대한 공조를 확인했고, 특히 양국의 전문가들이 대북 제재의 전면적이고 효과적인 이행을 점검하기로 합의했다.[31] 또한 중국 항저우에서 개최된 G20 정상회의 계기에 양 정상은 9월 3일 회담을 갖고 북한의 핵·미사일 위협을 재확인하고, UN 안보리 2270호 결의의 완전한 이행을 포함해 한반도 비핵화를 실현하기 위한 협력을 강화해나가기로 했다.[32]

실제로 미·중 양국은 북한의 4차 핵실험 직후부터 긴밀하게 의견을 조율하면서 협력하고 있다. 수전 라이스(Susan Rice) 미국 백악관 국가 안보 보좌관과 추이톈카이(崔天凱) 주미 중국 대사가 북핵 실험 수 시간 만에 백악관에서 만났다. 조시 어니스트(Josh Earnest) 백악관 대변인은 이와 같은 사실을 공개하면서 2015년 9월 미·중 정상회담에서 양 정상이 북핵 문제에 대해 합의를 이루었다는 사실을 상기시켰다.[33]

또한 양국 외교장관은 1월 7일 밤 전화통화를 하고, 양국이 취해야 할 다양한 선택과 방법에 대해 논의하고 향후에도 긴밀하게 협력하기로 했다.[34] 비록 존 케리(John Kerry) 장관은 중국의 대북 접근법이 작동하지 않았기 때문에 기존의 방식을 지속할 수 없음을 분명히 밝혔지만, 방점은 미·중 간 긴밀한 협의에 찍혀 있었다. 이후 양국 외교장관은 1월 27일에는 중국에서, 2월 12일에는 독일 뮌헨에서, 2월 23일에는 다시 미국에서 회동해 한반도 문제에 대해 협의했으며, 최근에는 7월 26일 미얀마에서 열린 아세안 지역 포럼 회의 계기에 북핵 문제를 논의했고, 8월 5일에도 전화 통화로 북한의 미사일 도발 등에 대해 논의했다.

라이스 보좌관도 7월 25일 중국을 방문해 시 주석을 예방하고 양제츠(楊洁篪) 외교 담당 국무위원과 회담한 후, "북한 문제와 관련해 우리와 중국 모두 한반도 비핵화에 전력을 기울이고 있다", "북한의 공세에 직면해 미국과 중국은 가장 강력하고 가장 통일된 전선을 구축하고자 양국 간에 남은 전술적 차이점을 좁히는 방안을 논의했다"고 밝힌 바 있다.[35]

다른 한편 최근 미·중 양국의 사법 당국 간에는 중국 기업의 대북 전략물자 불법 거래를 적발하고 처벌하는 데 공조가 이루어졌다. 9월 19일 미국 ≪월스트리트 저널(The Wall Street Journal)≫은 미 법무부 소속 검사들이 베이징을 두 차례 방문, 중국 당국에 훙샹(鴻祥) 실업 발전 유한 공사와 대표 마샤오훙(馬曉紅)의 북한 관련 범죄행위를 고지했고, 중국 당국이 해당 기업과 마 대표 등의 자산 일부를 동결했다고 보도했다. 이에 대해 중국 외교부가 사실을 확인해주면서 중국 관련 부문이 법에 따라 경제범죄 등 위법 행위에 대해 조사 중이라는 사실을 공개했다.[36]

그렇다면 중국은 왜 북핵 문제에 대해서 미국과 견제보다는 협력을 추구할까? 첫째, 북핵 이슈는 미·중 양국이 서로 '충돌하지 말고, 상호 존중하며, 협력해 윈-윈할 것'을 강조하는 소위 '신형 대국 관계' 구축에 가장 부합하는 이슈로 인식되기 때문이다.[37] 중국은 북한의 비핵화 목표가 국제 핵 비확산 체제의 수호와 한반도 및 동북아의 평화와 안정 유지 등 중국과 미국 모두의 이익에 합치하는 이슈이기 때문에 협력이 비교적 용이하다고 판단하고 있다.[38] 또한 실제로 북한의 비핵화를 실현하기 위해서는 핵심 당사국인 미국의 전향적인 입장과 정책이 필요하다고 인식하기 때문이기도 하다. 미국 역시 북한 핵 문제 해결을 위해서는 중국의 협력이 절대적임을 인지하고, 미·중 관계의 큰 틀을 고려해야 하는 미국은 중국의 입장을 상당 부분 수용해야 하는 처지이다.[39]

둘째, 앞에서 분석한 것처럼 중국이 북핵 이슈와 한반도의 전략적 이슈를 구분해 바라보기 때문이다. 시진핑 지도부는 과거처럼 미국이 북핵 문제를 활용해서 중국을 견제하더라도 한반도와 관련한 영역과 이슈에 따라서는 경쟁(견제)과 협력을 분화시켜나갈 수 있다고 판단하고 있는 것으로 보인다. 즉 북핵 문제에서는 미·중 간 협력을 해나가고, 한국 내 사드 배치와 같은 한반도의 전략적 문제에서는 견제해나가는 것으로 구분하는 것이다. *

---

* 중국 내 학자들은 미·중 양국이 한반도 비핵화와 비확산, 한반도의 평화와 안정을 수호하는 측면에서 공통된 인식과 이익을 갖고 있지만, 한반도 전략 목표의 우선순위, 북핵 문제 해결의 방법론, 북한 정권에 대한 태도 및 책임 구분 등에서는 양국의 구조적 모순과 전략적 이익의 차이 때문에 이익 충돌이 존재한다고 지적하고 있다. 王曉波·唐婉, "中美對朝政策中的共識和分岐及前景展望", ≪延邊大學學報(社會科學版)≫, 第49卷 第3期(2016), pp. 31~32; 王生·凌勝利, "朝核問題解決的'雙軌制'新思路探討", ≪東北亞論壇≫, 第3期 總第125期(2016), p. 19. 김흥규 교수도 "북한의 핵 문제를 핵 확산 방지와 지역 안정이라는 측면에서 미·중은 공동으로 협력하면서도 북핵 위기와 연관된 북한 문제, 한반도의 미래에 대해서는 서로 합의점을 찾지 못하고 있다"고 평가하고 있다. 김흥규, 「4차 북한 핵실험과 사드의 국제정치」, ≪통일정책연구≫, 25권 1호(2016), 25~58쪽.

4. 중국의 신북핵 정책 동향의 함의

상기한 중국의 신북핵 정책 동향은 중국이 대북한 '전략적 딜레마'에서 벗어나고 있음을 의미한다. 중국의 대북한 '전략적 딜레마'란 북한의 체제 안정을 통한 '전략적 자산' 유지의 필요성과 북한의 핵실험으로 인한 '전략적 부담' 간의 모순적 상황을 의미한다. 중국은 북한의 계속된 핵실험과 핵보유국 의지로 북한의 체제 안정과 북한의 비핵화라는 두 가지 상반된 목표를 동시에 달성하기 어려운 상황에서 어느 하나의 목표도 포기하기 어려운 전략적 딜레마 상황에 처해 있는 것이다.[40]

우선 북한의 핵실험 및 핵보유 의지는 국제 핵 비확산 체제를 위협하고, 동북아의 안보 불안과 불확실성을 증대시킨다. 한국, 일본, 심지어 타이완까지도 핵무장을 추진할 수 있고, 미국의 역내 미사일 방어 체제 강화에 명분을 주며, '중국 책임론' 및 '중국 역할론'이 제기되고, 핵 안전 및 환경오염에 대한 중국 내 우려가 점증하고 있다. 그러나 이와 동시에 미·중 간 전략적 경쟁의 심화를 배경으로 한·미 동맹과 한·미·일 삼각 안보 협력이 대중국 견제를 위해 활용될 수 있다고 인식하는 중국에 북한 체제의 유지는 전략적 완충지대로서 중요하다. 또한 북한 급변 사태 발생 시 대량 난민 유입은 동북 지역의 안정과 발전에 막대한 충격을 줄 것이다.

이처럼 전략적 딜레마 상황에 처해 있던 중국은 과거 북한이 감행한 세 차례의 핵실험을 반대하면서 대북 제재에 참여했으나, 이러한 제재가 북한의 체제 유지 및 안정에 위협이 될 수 있음을 우려했다. 따라서 중국은 '강력한' 대북 제재에 반대하면서 대북 제재가 북한의 체제 유지 및 안정에 위협이 되지 않는 선에서 이루어지도록 노력했다.

실제로 2009년 북한의 2차 핵실험 강행 이후, 중국은 UN 안보리의 대북 제재 결의 1874호에 찬성했다. 그러나 2008년 8월 김정일 위원장의 건강 악화 이후 북한 내부의 권력 승계 과정과 북한 체제 안정에 대한 우려로 중국은 북한의 핵 관련 활동에 대한 제재를 북한에 대한 무상 원조 및 북한과의 정상적 경제 무역 거래와 구분해야 함을 강조했고, 이후 북·중 간 경제 무역 교류는 대폭 증가했다.

이에 따라 UN 안보리 결의 1874호에 대한 대북 제재 이행보고서에서 중국은 "결의 이행은 북한의 발전과 건설, 외부와의 정상적 교류 및 인민의 정상 생활에 영향을 주어서는 안 되며, 각국과 북한과의 정상적 관계에도 손해를 끼쳐서는 안 된다"고 명시했다.[41] 또한 2013년 북한의 3차 핵실험 이후 채택된 UN 안보리 결의 2094호에 대한 대북 제재 이행 보고서에서도 중국은 "결의 이행이 북한의 민생, 발전 및 외부와의 정상 교류에 영향을 주어서는 안 되고, 북한 인민에 불리한 인도주의적 결과를 가져와서도 안 되며, 각국과 북한과의 정상 관계에 손해를 끼쳐서도 안 된다"고 적시했다.[42]

그러나 북한의 4차 핵실험 이후, 중국 정부는 역대 가장 '강력하고 실효적'이라고 평가받는 UN 안보리 결의 2270호에서 규정한 대북 제재를 이행하고 있으며, 이러한 대북 제재가 북한의 체제 유지 및 안정에 위협이 되지 않도록 관리하기 위한 노력을 하고 있다.[43] 다시 말해 중국이 북한의 비핵화 목표를 추구해도 북한의 체제 안정이라는 또 다른 목표를 저해하지 않을 수 있게 된 것이다. 이것은 중국이 '전략적 딜레마'에서 벗어나게 되었음을 의미한다.

왕이 외교부장이 2016년 3월 전국 인민 대표 대회의 기자회견에서 표명한 북·중 관계에 대한 정책 방향성 역시 중국이 대북한 '전략적 딜레마'에서 벗어나서 북한의 비핵화와 북한의 체제 안정을 동시에 추구하고 있음을 시사하고 있다. 왕이 부장은 북·중 관계를 "깊은 우호적 전통이 있는, 국가와 국가 간 정상적 관계"라고 규정했다. 동시에 중국은 정을 중시하면서도 원칙을 추구하기 때문에 북한과의 전통적 우호를 중시해 북한이 추구하는 발전 및 안보를 지지하고 도울 수 있지만, 북한의 핵·미사일 계획 추진 행태에 대해서는

끌려가지 않을 것임을 분명하게 밝힌 바 있다.[44]

그렇다면 중국은 어떻게 대북한 '전략적 딜레마'에서 벗어날 수 있게 되었을까? 첫째, 중국은 강력한 대북 제재를 이행하는 동시에 북한의 체제 유지에 필수적인 분야(민생 및 인도주의적 수요)를 제재의 예외 조항으로 반영함으로써 강력한 제재를 이행해도 북한의 체제 안정이 위협받지 않도록 했다.

중국은 미국, 한국 및 UN 안보리 차원에서 대북 제재의 수위를 논의하는 과정에서 '강력하고 포괄적인 제재'를 주장하는 한·미와 달리 '합당한 대응', '적절한 제재'를 주장했고, 최종적으로 '강력하고 실효적인' 대북 제재에 합의했다. 실제로 UN 안보리 결의 2270호는 70년 UN 역사상 전례를 찾아보기 어려울 정도로 비군사적 조치로는 가장 강력하고 실효적인 제재 결의로 평가받고 있다. 기존의 안보리 대북 제재 결의가 북한의 대량살상무기(WMD) 개발에 집중적으로 초점이 맞춰져 있었던 것에 비해 금번 결의는 무기 거래, 제재 대상 지정, 확산 네트워크, 해운·항공 운송, WMD 수출 통제, 대외 교역, 금융거래, 제재 이행 등 광범위한 분야에 걸친 강력한 제재 조치들이 다수 포함되어 있다.[45]

또한 중국 상무부는 4월 5일에 안보리 결의 2270호에 근거해 북한으로부터 수출입을 금지하는 품목 25종을 발표하고 시행에 들어갔으며,[46] 2016년 6월 14일에는 핵·미사일이나 화생 무기 등 WMD로 전용될 수 있는 군민 양용 품목 및 기술 40여 종을 대북 수출 금지 목록에 추가했다.[47]

그러나 중국은 이와 동시에 2270호 결의에 북한의 대중국 석탄, 철광석, 철 수출이 북한의 민생을 위한 것이고, 이것이 북한의 핵·미사일 계획을 위한 자금으로 활용되지 않는다면 수출 금지 규제를 받지 않을 수 있다는 예외 조항을 반영시켰다. 여기에는 다른 제재의 예외 조항에서 명시한 구체적인 적용 기준이나 대북 제재 위원회의 감독 기능을 통한 적용상의 제한도 없다. 오직 중국의 판단에 따라 북한의 대중국 광물자원 수출이 가능하다. 광물자원은

북한의 대중국 수출액의 53%를 차지할 정도로 북·중 교역에서 매우 커다란 비중을 차지한다.[48]

실제로 대니얼 러셀(Daniel Russel) 미국 국무부 동아태 담당 차관보가 중국이 북한으로부터 구매하는 석탄 등의 경제활동이 북한에 도움을 주기 때문에 대북 제재 효과를 감소시키고 있다고 지적한 데 대해, 중국 외교부는 북·중 간 석탄 등 광물 무역은 관련 결의 규정 및 중국 국내의 관련 법령에 부합한다면서 일축했다.[49]

이처럼 중국은 강력한 대북 제재로 북한의 체제나 정권의 불안정성이 야기될 경우, 예외 조항을 적용해 북한 체제의 불안정성을 방지할 수 있을 뿐만 아니라 더 나아가 중국은 정세의 변화를 관찰하며 자국의 전략적 목표를 실현하기 위한 수단으로서 이러한 예외 조항을 활용할 수도 있을 것이다. 일각에서는 이러한 규정 때문에 중국의 대북한 레버리지가 훨씬 더 강력해졌다는 평가도 나오고 있다.[50]

2016년 북한의 4차 핵실험 이후 채택된 UN 안보리 결의 2270호에 대한 중국의 대북 제재 이행 보고서에서도 중국의 강력한 대북 제재 이행과 북한 체제 안정을 함께 중시하는 중국의 입장이 잘 드러나 있다. 같은 보고서에는 지난 이행 보고서와 달리 '결의 이행이 북한의 발전 및 외부와의 정상적 교류에 영향을 주어서는 안 된다'는 내용이 삭제되어 있는 반면, 북한의 민생 및 인도주의적 수요가 중국의 대북 수출입 제재의 예외 조항으로서 명시되어 있다.[51]

결국 이러한 중국의 북핵 정책 동향이 과거와 분명히 달라진 점은 북한의 발전 및 외부와의 정상적 교류에 영향을 줄 수밖에 없을 정도로 '강력하고 실효적인' 제재를 가하면서도 민생 및 인도주의적 수요를 중국의 대북 수출입 제재 적용의 예외로 명시함으로써 북한 체제의 불안정 사태를 방지하면서 관리해나가겠다는 의지를 보여주고 있는 점이라고 할 수 있다.

그림 3-1 북한의 연도별 교역 및 대중국 의존도 추이

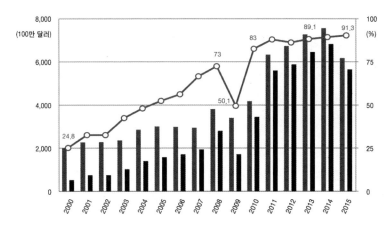

둘째, 중국은 북한의 절대적인 대중국 교역 의존도를 토대로 북·중 관계를 관리해나가려 한다. 북·중 교역 규모는 2000년 4억 9000만 달러에서 2015년 57억 1000만 달러로 약 12배 확대되었고, 같은 기간 연평균 증가율은 17.8%에 달한다. 북·중 교역 확대에 따라 북한의 대중국 교역 의존도 또한 2000년 24.8%에서 2015년 91.3%로 3배 이상 확대되었고,[52] 북한은 이제 중국과의 교역이나 원조 없이는 생존하기 어려운 상황이 되었다.

이처럼 중국은 북한의 대중국 교역의 절대적 의존을 토대로 북한 체제의 안정을 지원하면서 북한이 핵·미사일 실험 및 대남 군사적 도발을 중단하고 경제 발전을 위한 개혁 개방을 채택하도록 권고하는 등 대북 관리를 위해 노력하고 있다. 앞에서 언급한 것처럼 중국은 2015년 10월, 류 상무위원의 방북을 통해 냉각되었던 양당 및 양국 간 관계 개선을 시도하면서 경협 확대를 천명하는 등 대북한 관리를 위해 노력한 바 있다. 또한 5월 6일 북한의 노동당 대회 종료 이후 중국 측에서 축전을 보냈고, 북한의 4차 핵실험 이후 중단했던 북·중 간 고위급 교류를 재개하면서 6월 1일 시 주석이 리수용 부위원장을 접견했다. 또한 7월 11일 북·중 간 '조중 우호 협력 및 상호 원조 조약' 체

결 55주년에 양국이 서로 축전을 교환했다. 북한의 5차 핵실험 이후에도 중국은 국경절 행사를 북·중 양국에서 교차 개최했고, 북한의 수해에 대한 인도주의적 지원을 제공했다. 이러한 여러 정황들은 중국이 북한의 비핵화를 추구하는 동시에 북한의 체제 안정을 지원하는 등 북·중 관계를 관리해나가려는 중국 지도부의 의지를 방증하는 것이라 할 수 있겠다.[53]

5. 결론: 한국의 정책적 시사점

4차 북한 핵실험 이후, 중국은 역대 가장 '강력하고 실효적인' UN 안보리 결의 2270호에서 규정한 대북 제재를 이행하면서도 북한 체제의 불안정 사태를 방지하면서 북·중 관계를 관리해나가고 있으며, 이러한 중국의 행태는 북한의 5차 핵실험 이후 현재까지도 지속되고 있다. 이는 중국이 대북한 '전략적 딜레마'에서 벗어나고 있음을 의미한다. 이에 따라 중국은 이전과는 다른 새로운 북핵 정책 동향을 보이고 있다. 첫째, 대북 제재를 지속하면서도 대화 등 대북한 관리 노력을 병행하고, 둘째, 북핵 대응과 한국 내 사드 배치에 대한 대응을 분리해 접근하며, 셋째, 미국과는 '신형 대국 관계' 구축을 위한 시험대로서 북핵 협력을 추구한다.

향후에도 중국은 자신이 제시한 대북 제재의 목표, 즉 북한의 비핵화 협상 테이블로의 복귀를 달성할 때까지 대북 제재를 지속할 것으로 전망된다. 따라서 중국 지도부가 북측 고위급 인사들과 대화 및 협상을 진행한다고 해서 북한의 비핵화 의지를 확인하지 않은 채 대북 제재를 완화하지는 않을 것이다. 그런데도 북한이 비핵화를 수용할 수도 있다는 레토릭을 갖고 협상 테이블에 나와서 한·미가 수용하기 어려운 요구를 주장할 때, 중국이 이를 어떻게 인식할 것인지, 이에 대해 우리가 어떻게 대응해야 할 것인지도 사전에 고민할 필요가 있다.

또한 한반도 및 동북아의 안보 정세에 가장 커다란 영향을 미칠 한국 내 사드 배치에 대해서 중국이 UN 안보리의 대북 제재 및 한·미와의 공조 등 북핵에 대한 대응과 연계할 것인지 여부는 주의 깊은 관찰이 필요하다. 앞에 서 분석한 것처럼 중국은 북핵 대응과 사드 대응을 연계하다가 다시 분리해 다루기로 방침을 정했으며, 향후에도 이러한 방침이 유지될 가능성이 높아 보인다.

그러나 한국 내 사드 배치에 대한 중국의 위협 인식이 고조될 경우 중국이 북한의 비핵화 목표를 포기하지는 않더라도 자국의 안보 우선순위에 따라 북 핵 대응보다는 사드 대응에 집중하려 할 수 있다. 이 경우 UN 안보리 결의 2270호에서 규정하는 대북 제재의 틀은 유지하되, 한국과의 대북 제재에 대 한 협력이 어려워질 개연성이 크다.

결국 우리의 당면 목표가 북한의 비핵화를 실현하기 위해 대북 제재를 강 화하면서 협상을 모색하고, 이를 위해 중국 등 국제사회와 공조를 유지하는 것이라면 가장 중요한 대중국 정책 방향은 중국이 한국 내 사드 배치를 저지 하기 위해 대북 제재를 실질적으로 완화시키거나 한·미 등 국제사회와의 대 북 제재 공조에서 이탈하지 않도록 하는 것이다.

이를 위해서는 첫째, 중국을 향해 한국이 사드 배치를 결정하게 된 심각한 안보·군사적 위협과 이에 대한 우려를 충분히 전달하고, 중국의 입장 및 우려 를 최대한 해소하기 위해 노력하며, 이를 위해 이미 구축된 각 급의 다양한 전 략 채널을 적극 활용해 전략적 소통을 강화할 필요가 있다. 둘째, 중국이 UN 안보리의 대북 제재 결의 2270호를 이행하는 데 대해 평가하고, 대북 제재의 실효성을 높이기 위한 국제 공조 차원에서 미·중 간 합의처럼 한·중 간에도 대북 제재 이행 점검을 위한 회의를 주기적으로 개최할 것을 제안할 필요가 있다. 특히 중국이 대북 제재의 예외 조항으로 적용할 수 있는 소위 '민생' 목적에 대한 엄격한 기준과 객관적인 증거들을 요구할 필요가 있다. 셋째, 북핵 이슈뿐만 아니라 한반도의 전략적 이슈에 대해서도 미국과 중국이 견제가 아닌 협력을 추구하도록 노력해야 하며, 한·중 양자 차원에서도 전략적·경제적·인문적 가치가 있는 이슈를 더욱 개발하고 발전시켜나갈 필요가 있다.

참고문헌

1. 국문

김재천. 2016. 「4차 북한 핵실험과 전략적 인내의 종언: 미국의 대북정책 변화 분석」. ≪통일정책연구≫, 25권 1호, 1~23쪽.

김흥규. 2016. 「4차 북한 핵실험과 사드의 국제정치」. ≪통일정책연구≫, 25권 1호, 25~58쪽.

신종호. 2016.7.1. "미·중, 미묘한 북핵 셈법… 전략적 담합 경계해야". ≪통일한국≫.

이영학. 2013. 「북한의 세 차례 핵실험과 중국의 대북한 정책 변화 분석」. 『국제정치논총』, 53집 4호. 191~223쪽.

_____. 2016. "딜레마에 빠진 중국, 다음 행보는?'. ≪통일한국≫, 2월 호, 통권 386호 (2016a). 24~27쪽.

_____. 2016. 「UN 안보리 대북제재 결의 2270호에 대한 중국의 입장 평가 및 이행 전망」. ≪주간국방논단≫. 1613-2호(2016 b).

이용화·이해정. 2016. 「2000-2015년 북·중 교역 변화 분석(현안과 과제)」. 현대경제연구원.

≪뉴스1≫. 2016.8.27. "UN 안보리, 北 미사일 발사 규탄 … '중대한 조치' 합의".

≪서울신문≫. 2016.7.13. "中은 사드 본질을 '중국 감시'로 봐 … 對韓 보복 등 극단적 일은 없을 것".

≪연합뉴스≫. 2015.10.10. "中류원산 김정은과 회동 … '6자 회담 재개·한반도 비핵화' 강조".

_____. 2016.6.7. "美中, 남중국해 평행선 … 대북제재 이행은 공동 점검키로".

_____. 2016.7.11. "中 '북·중 우호조약 55주년 맞아 북한과 축전교환'".

_____. 2016.7.27.a. "美국가안보좌관 '美-中, 가장 강력하고 통일된 대북전선 구축'".

_____. 2016.7.27.b. "ARF 의장성명 발표 … '北 핵실험·로켓발사 우려'".

_____. 2016.8.9. "中 전문가 사드 배치시 北·中 혈맹 회귀할 수도 경고".

_____. 2016.8.10. "中, 사드 빌미 北도발 안보리 대응 무력화 시도에 비판론 대두".

_____. 2016.8.22. "중국, 北 재처리 주장에 '한반도 비핵화' 강조".

_____. 2016.8.24.a. "中 7월 대북 수출 올해 최대폭 '뚝' … 전년比 27.6%↓".

_____. 2016.8.24.b. "中 왕이 '北 SLBM 발사 바람직하지 않다 … 관계 각국 자제해야'".

_____. 2016.8.24.c. "한·중·일 '北미사일 도발에 대한 국제사회 대응 주도'".

_____. 2016.8.28. "日 언론, '중국, G20 성공 개최 위해 北 규탄 안보리 성명에 동의'".

_____. 2016.9.20. "WSJ '미·중, 북핵 연계 의심 中 흥상 그룹 제재 공조'".

_____. 2016.10.2. "北中, 국경절 계기로 관계복원 조짐 ⋯ '기념식에 대사 교차 참석'".

≪조선일보≫. 2016.1.7. "中 왕이 외교부장, 北 핵실험 당일 저녁 北 지재룡 대사 면전서 北 공개 비판".

_____. 2016.6.29. "中 총리, 리수용 방중 허용했다고 북 제재 완화 아니다".

≪중앙일보≫. 2016.7.19. "사드가 불편한 중국, 안보리 대북 규탄성명도 '사보타주'".

외교부. 2016. "UN 안보리 대북한 제재 결의 2270호 채택-70년 UN 역사상 비군사적 조치로는 가장 강력하고 실효적인 제재 결의". 외교부 보도자료 16-131호(2016). http://mcms.mofa.go.kr/webmodule/htsboard/template/read/korboardread.jsp ?boardid=235&typeID=6&tableName=TYPE_DATABOARD&seqno=358802(검색일: 2016.3.3).

≪통일한국≫. 2016. "브렉시트와 사드, 한반도 안보의 지각변동". http://unikorea21.com/ ?p=12762(검색일: 2016.8.5).

한국무역협회. http://stat.kita.net/stat/istat/cts/CtsItemImpExpDetailPopup.screen(검색일: 2016.11.10).

2. 중문

李大光. 2016.7.28. "薩德系統幷非是萬能盾牌". 『中國網』.

楊希雨. 2015. 「中美關係中的朝核問題」. ≪國際問題硏究≫, 第3期.

王生·凌勝利. 2016. 「朝核問題解決的'雙軌制'新思路探討」. ≪東北亞論壇≫, 第3期 總第125期. pp. 15~28.

王俊生. 2016. 「中朝'特殊關係'的邏輯:複雜戰略的産物」. ≪社會科學文摘≫, 第3期. pp. 52~53.

王曉波·唐婉. 2016. 「中美對朝政策中的共識和分岐及前景展望」. ≪延邊大學學報(社會科學版)≫, 第49卷 第3期. pp. 30~38.

王曉波·唐婉. 2016.3.3. "中國代表說涉朝決議應成爲政治解決朝鮮半島核問題新起點".

張墨寧. 2016. 「朝核危機: 短暫緊張後終要回到談判桌-專訪中國國際問題硏究院硏究員楊希雨」. ≪南方窓≫, 第6期. pp. 87~89.

張蘊岭. 2016. 「朝鮮半島問題與中國的作用」. ≪世界知識≫, 第11期.

陳向陽. 2016. 「中國須以'創造性的危機管理'重掌朝核問題主動權」. ≪求知≫, 4期, pp. 26~28.

≪中國網≫. 2016.8.11. "薩德讓韓國面臨重壓 議員擔憂中朝再結血盟".

≪環球時報≫. 2016.7.8. "社評: 反制薩德, 建議國家采取五項行動".

≪環球時報≫. 2016.8.11. "社評: '薩德'沖垮了安理會圍繞朝核的團結".

≪人民日報≫. 2015.10.10. "劉云山會見金正恩轉交習近平總書記親署函".

≪新華社≫. 2016.3.2. "新華國際時評: 制裁有必要 無核是目的".

商務部. 2016.4.5. "商務部 公告2016年第11號 關于對朝鮮禁運部分礦産品淸單公告". http://www.mofcom.gov.cn/article/b/c/201604/20160401289770.shtml(검색일: 2016.4.7).

_____. 2016.6.14. "商務部 工業和信息化部 國家原子能機構 海關總署 公告 2016年 第22號 關于增列禁止向朝鮮出口的兩用物項和技術淸單 公告". http://www.mofcom.gov.cn/article/b/c/201606/20160601338628.shtml(검색일: 2016.6.15).

外交部. 2016.1.6.a. "外交部聲明". http://www.fmprc.gov.cn/web/zyxw/t1329851.shtml(검색일: 2016.1.7).

_____. 2016.1.6.b. "2016年1月6日外交部發言人華春瑩主持例行記者會". http://www.fmprc.gov.cn/web/fyrbt_673021/t1329896.shtml(검색일: 2016.1.7).

_____. 2016.1.7. "2016年1月7日外交部發言人華春瑩主持例行記者會". http://www.fmprc.gov.cn/web/fyrbt_673021/t1330170.shtml(검색일: 2016.1.8).

_____. 2016.1.8. "2016年1月8日外交部發言人華春瑩主持例行記者會". http://www.fmprc.gov.cn/web/fyrbt_673021/t1330394.shtml(검색일: 2016.1.9).

_____. 2016.2.13. "王毅接受路透社專訪談敍利亞和半島核問題". http://www.fmprc.gov.cn/web/wjbzhd/t1340285.shtml(검색일: 2016.2.13).

_____. 2016.2.26. "發展中的中國和中國外交-王毅在美國戰略與國際問題研究中心的演講". http://www.fmprc.gov.cn/web/wjbzhd/t1343410.shtml(검색일: 2016.2.27).

_____. 2016.3.3. "2016年3月3日外交部發言人洪磊主持例行記者會". http://www.fmprc.gov.

cn/web/fyrbt_673021/jzhsl_673025/t1344941.shtml(검색일: 2016.3.3).

_____. 2016.3.4. "2016年3月4日外交部發言人洪磊主持例行記者會". http://www.fmprc.gov. cn/web/fyrbt_673021/jzhsl_673025/t1345231.shtml(검색일: 2016.3.4).

_____. 2016.3.8. "外交部部長王毅就中國外交政策和對外關係回答中外記者提問". http://www. fmprc.gov.cn/web/wjbz_673089/xghd_673097/t1346052.shtml(검색일: 2016.3.9).

_____. 2016.4.1.a. "習近平會見韓國總統朴槿惠". http://www.fmprc.gov.cn/web/zyxw/ t1352414.shtml(검색일: 2016.4.2).

_____. 2016.4.1.b. "習近平會見美國總統奧巴馬". http://www.fmprc.gov.cn/web/zyxw/ t1352415.shtml(검색일: 2016.4.2).

_____. 2016.6.8. "第八輪中美戰略與經濟對話和第七輪中美人文交流高層磋商成果吹風會". http:// www.fmprc.gov.cn/web/zyxw/t1370614.shtml(검색일: 2016.6.9).

_____. 2016.8.24. "王毅談中方對朝鮮半島問題的'三個反對'和'三個堅持'". http://www.fmprc.gov. cn/web/wjbzhd/t1391386.shtml(검색일: 2016.8.25).

_____. 2016.9.12. "2016年9月12日外交部發言人華春瑩主持例行記者會". http://www.fmprc.gov. cn/web/fyrbt_673021/t1396827.shtml(검색일: 2016.9.13).

_____. 2016.9.20. "2016年9月20日外交部發言人陸慷主持例行記者會". http://www.mfa.gov. cn/web/fyrbt_673021/jzhsl_673025/t1398913.shtml(검색일: 2016.9.21).

_____. 2016.9.29. "2016年9月29日外交部發言人耿爽主持例行記者會". http://www.mfa.gov. cn/web/fyrbt_673021/t1402257.shtml(검색일: 2016.9.30).

_____. 2016.9.30. "2016年9月30日外交部發言人耿爽主持例行記者會". http://www.mfa.gov. cn/web/fyrbt_673021/t1402832.shtml(검색일: 2016.10.1).

_____. 2016.9.9. "外交部聲明". http://www.mfa.gov.cn/web/zyxw/t1396145.shtml(검색 일: 2016.9.9).

3. 영문

China Daily. 2016.8.5. "THAAD destroys united approach to DPRK."

New York Times. 2016.3.2. "UN Security Council Adopts Toughest North Korea Sanctions Yet."

Tom Donilon. 2013.3.11. "The United States and the Asia-Pacific in 2013." *The Asia Society*. New York.

UN. 2009. "Note verbale dated 3 August 2009 from the Permanent Mission of China to the United Nations addressed to the Committee." http://www.un.org/ga/search/view_doc.asp?symbol=S/AC.49/2009/23(검색일: 2013.3.3).

____. 2013. "Note verbale dated 29 October 2013 from the Permanent Mission of China to the United Nations addressed to the Committee." http://www.un.org/ga/search/view_doc.asp?symbol=S/AC.49/2013/25(검색일: 2016.3.3).

____. 2016. "Note verbale dated 20 June 2016 from the Permanent Mission of China to the United Nations addressed to the Chair of the Committee." http://www.un.org/ga/search/view_doc.asp?symbol=S/AC.49/2016/34(검색일: 2016.8.12).

U.S. Department of State. 2016.1.7. "(John Kerry) Remarks before the Daily Press Briefing." http://www.state.gov/secretary/remarks/2016/01/251041.htm(검색일: 2016.1.8).

White House. 2016. "Press Briefing by Press Secretary Josh Earnest, 1/6/2016." https://www.whitehouse.gov/the-press-office/2016/01/06/press-briefing-press-secretary-josh-earnest-162016(검색일: 2016.1.8).

_____. 2016. "Readout of the President's Meeting with President Xi Jin Ping of China." https://www.whitehouse.gov/the-press-office/2016/09/03/readout-presidents-meeting-president-xi-jinping-china(검색일: 2016.9.5).

제4장
일대일로 프로젝트의 개념적 이해와 동북아 경제협력*

| **최필수** 세종대학교 |

1. 서론

이 글의 목적은 일대일로의 현황을 비판적으로 검토하고 개념화해 체계적인 전망을 하는 데 있다. 중국의 일대일로가 점점 본궤도에 오르고 있다. 2013년 처음 언급된 이래 2015년 '5통(通)'이라는 개념과 함께 6대 경제회랑이 발표됐으며, AIIB(Asian Infrastructure Investment Bank, 아시아 인프라 투자 은행)와 실크로드 펀드가 설립됐고, 2016년까지 전 세계 42개 국가가 일대일로 관련 협력 문건에 서명했다. 2017년 5월에 열린 일대일로 정상회의는 이제 5년 차에 접어든 일대일로의 위상을 대외적으로 공고히 한 행사였다.

그런데 2013년에 일대일로만 탄생한 것이 아니다. 한국의 유라시아 이니셔티브, 러시아의 신동방정책, 몽골의 초원의 길과 같은 굵직한 정책들이 모두 비슷한 시기에 탄생했다. 동북아 국가들의 이러한 정책들은 모두 사실상

---

*   이 글은 최필수의 「중·몽·러 경제회랑 고착화 막아야」, ≪나라경제≫(2017.7)와 「일대일로 프로젝트의 개념적 이해: 상업성과 전략성」, ≪한중사회과학연구≫, 15권 3호(2017)를 바탕으로 정리했다.

동일한 주제를 가지고 있다. 교통 인프라를 국제적으로 연계해 경제 발전을 도모하겠다는 것이다.

동북아 4개국의 국제 교통 인프라 개발 정책 중 가장 중요하고 실현 가능성이 높은 것은 중국의 일대일로이다. 한국의 유라시아 이니셔티브는 북한 문제에 대한 대응 방안이 추상적이었기 때문에 일부 성과에도 예고된 정체 상태에 머물러 있다.[1] 러시아와 몽골의 계획은 처음부터 외부 수요와 투자를 염두에 두었기 때문에 일종의 종속 변수가 된다. 반면 중국의 일대일로는 중국의 경제적 위상이나 영토적 범위에 따른 전면성(全面性)에서, 그리고 대외 투자 의향과 능력에서 타의 추종을 불허한다.[2]

이러한 중요성 때문에 일대일로가 담론화되던 시점부터 많은 연구들이 학계와 정책 연구기관에서 쏟아져 나왔다. 우리나라가 어떻게 대응을 해야 하는지에 대해서도 각기 다른 입장에서 다양한 의견들이 제시됐다. 그러나 기존 연구들은 빠르게 진화하는 일대일로의 현황을 업데이트하기에 바빴던 이유도 있겠지만 체계적인 분석을 제시하지 못했다. 초기에는 유라시아 이니셔티브와의 접점을 찾는다는 비현실적인 구상에 얽매여 많은 연구 자원을 소모했다. AIIB 설립에 즈음해서는 중국이 주도하는 국제개발자금에 힘입어 우리나라의 해외 건설이 도약할 것이라는 기대에 부응하는 담론들이 많았다. 더 최근에는 일대일로의 프로젝트들이 중앙아시아와 동남아 등지에서 답보 상태에 머물고 있다는 현상이 알려지면서 신중론이 득세하고 있다.

이러한 연구와 담론들은 모두 나름대로 일리가 있지만 종합적인 정리와 체계적인 평가가 필요한 시점이다. 바로 옆에서 일어나는 일대일로를 바라보고 있으면 아마추어적인 열광이나 섣부른 비관론에 매몰되기 쉽다. 이 장은 일대일로의 프로젝트들을 성질에 따라 체계적으로 분석하고 개념화해 종합적인 전망을 제시하고자 한다.

2. 일대일로 추진 동향과 평가

일대일로의 현황은 넓고 복잡하기 때문에 종합적인 이해를 위해서는 관찰 대상을 개념적으로 한정할 필요가 있다. 이 장은 세 가지 관찰 대상을 중심으로 일대일로를 비판적으로 개괄하고자 한다. '20개 대표 프로젝트', '6랑6로다국다항(B&R)', '6대 경제회랑'이 그것이다. 이들을 통해 일대일로의 개념이 어떻게 확장되고 어떻게 한정됐는지 살펴본 후 종합적인 전망을 위한 가설을 도출할 것이다.

1) 확장: OBOR에서 B&R로

일대일로는 백지에 그린 청사진이 아니라 기존에 활발히 이뤄지던 기업과 정부의 활동을 모아 담은 바스켓이다. 혹은 기존 활동에 대한 네이밍(naming)이다.[3] 일대일로라는 말이 등장하기 전부터 중국은 전 세계 신흥국을 대상으로 활발한 인프라 건설 및 산업 협력을 펼치고 있었고 그것이 가져오는 충격과 변화에 대해 중-아프리카, 중-중동, 중-동남아, 중-중앙아, 중-중남미 등 지역별로 이슈가 쏟아지고 있었다.[4] 즉 중국 기업, 자본, 정부가 해외에 진출해 인프라를 건설하고 경제 협력을 하는 현상을 일대일로라고 정의한다면, 그것은 2000년 해외진출[走出去] 전략에서 시작해 글로벌 금융위기 무렵 본격화됐다고 할 수 있다. 〈표 4-1〉에 나타난 중국의 해외건설 업종별 현황을 보면 이미 2008~2009년부터 교통 부문의 해외건설 신규 건수가 두 자리 수에 접어들었음을 알 수 있다. 세부 항목으로는 항공, 철도, 도로, 항만 등 다양한 교통 인프라에 대한 해외건설이 꾸준히 증가해왔다. 특히 최근으로 올수록 철도와 도로의 신규 건설이 특히 증가하고 있는 것을 확인할 수 있다.

일대일로가 청사진이 아니라 바스켓이라는 사실은 일대일로의 외연(外延)

표 4-1 중국 해외건설 업종별 신규 계약 건수 추이

	2005	2006	2007	2008	2009	2010	2011	2012	2013	2014	2015	2016
총건수	21	29	48	55	75	109	114	112	143	133	157	140
총액(10억 달러)	10.0	21.6	28.6	30.6	36.7	61.4	53.9	61.0	68.9	77.6	101	76.5
교통 부문 총액 (10억 달러)	4.2	7.9	2.0	9.1	11.0	6.6	17.8	21.2	17.6	29.9	39.2	31.6
농업	1	1	2	4	2	9	7	6	5	5	5	2
화학	1	0	0	0	0	1	2	0	1	3	3	4
에너지	5	13	20	15	29	50	36	40	46	42	47	53
환경	0	0	1	0	0	1	0	0	1	2	0	2
금속	2	1	5	2	2	5	8	5	5	5	8	3
기타	0	0	0	0	0	0	1	1	0	0	2	1
부동산	3	5	7	11	12	10	21	12	17	19	31	22
공업	0	2	1	3	5	5	3	3	15	1	3	4
관광	0	0	1	2	0	1	2	2	3	2	3	3
공익사업	2	0	2	3	2	5	1	6	8	5	4	3
교통 부문 건수	7	7	9	15	23	22	33	37	42	49	51	43
항공	2	2	0	0	1	2	6	1	5	10	4	2
철도	2	1	1	2	6	3	8	8	4	7	12	17
도로	3	4	5	7	11	14	10	20	22	19	27	15
항만	0	0	3	6	5	3	9	8	11	13	7	9

자료: China Global Investment Tracker(2017)를 이용해 저자가 정리.

을 함부로 제한할 수 없음을 시사한다. 실제로 2017년 5월 14일 일대일로 정상회담과 맞물려 개통된 일대일로 공식 홈페이지[5]에서 소개하는 대표 프로젝트들은 중앙아시아, 동남아시아, 중동, 서남아시아, 유럽, 아프리카, 중남미에 걸쳐 있다(〈표 4-2〉).

일대일로를 지칭하는 영문명이 초기의 OBOR(One Belt One Road)에서 B&R (Belt and Road)로 바뀐 것도 확장성을 담보하기 위한 것이라고 해석된다. 하나

표 4-2 일대일로 공식 홈페이지에 소개된 20개 대표 프로젝트

프로젝트명	개요	해당 국가	6대 경제회랑
MKR Electrification Project	철도 전철화	우즈베키스탄	O
PKM Project	고속도로 건설	파키스탄	O
Port Qasim Coal-Fired Power Plant	석탄발전소 건설	파키스탄	O
Kazakhstan Wheat Imported by COFCO	밀수입 계약	카자흐스탄	O
CRRC Rolling Stock Center	철도차량 제작	말레이시아	O
FHS Sintering Project	요결(燒結) 공정	베트남	O
China-Belarus Industrial Park	산업단지	벨라루스	O
CHEC's Bali Coal-Fired Power Plant	석탄발전소 건설	인도네시아	X
CEEC's Wassit Project	석유발전소 건설	이라크	X
AVIC: MA60 aircraft	항공기 제작 발주	네팔	X
Yanbu Aramco Sinopec Refining Co.	정유소 건설	사우디아라비아	X
KDU Teaching Hospital	학교 건설	스리랑카	X
Port of Piraeus	항구 건설	그리스	X
Hinkley Point C nuclear power project	원자력발전소 건설	영국	X
AA Light Rail Transit Project	경전철 건설	에티오피아	X
Djibouti Port-Park-City	도시 개발	지부티	X
Ethiopia-Djibouti Railway	철도 건설	에티오피아, 지부티	X
Husab Uranium Mine	우라늄 광산	나미비아	X
ECU911 System	도시보안 시스템 구축	에콰도르	X
Toromocho Copper Mine	구리 광산 개발	페루	X

자료: https://www.yidaiyilu.gov.cn/(검색일 2017.6.5)를 이용해 저자가 작성.

(One)라는 수량한정사로 묶기엔 일대일로의 외연이 너무 큰 것이다. OBOR에서 B&R로 바뀐 계기가 무엇인지는 특정하기 어렵다. 해상 실크로드가 기존 인도양 노선이었다가 남태평양 및 중남미로 빠지는 노선이 추가되면서 그랬을 수도 있다(〈그림 4-1〉). 중남미와 아프리카를 슬쩍 일대일로 담론에 포함하

그림 4-1 일대일로 6대 경제회랑 시의도

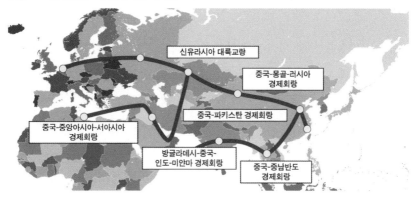

신유라시아 대륙교량

중국-몽골-러시아
경제회랑

중국-파키스탄 경제회랑

중국-중앙아시아-서아시아
경제회랑

방글라데시-중국-
인도-미얀마 경제회랑

중국-중남반도
경제회랑

자료: 김성애, "中 '일대일로' 2.0시대 ② 핵심 프로젝트 6대 경제회랑"(2017.5.29), KOTRA 홈페이지.

기 시작하면서일 수도 있다. 2015년 공산당 4중전회에서 일대일로가 서쪽 일
변도가 아니라 '동서 양방향 개방'임을 강조했을 때부터일 수도 있다. 중요한
것은 중국이 'B&R'이란 명칭으로 세계 어느 곳에서 벌어지는 무슨 일이건 다
일대일로에 포섭하고 있다는 것이다.

이것이 한층 더 세련된 레토릭으로 진화한 것이 '6랑6로다국다항(六廊六路多
國多港)'이다. 2016년 무렵부터 사용된* 이 개념은 다음 설명할 '6대 경제회랑
(6랑)'과 함께 '철로·도로·해운·항운·파이프라인·정보망(6로)', '여러 나라(多
國)', '여러 항구(多港)'를 포괄한다. B&R로 막연히 일컬어지는 현상들을 개념
화해 담고자 하는 노력의 일환으로 이해할 수 있다. 일대일로라는 이름으로
벌어지는 종합적인 일들을 포괄할 수 있는 개념 조작이 필요했던 것이다.
'6랑6로다국다항'은 현재 일대일로의 내용을 설명하는 가장 포괄적인 레토릭
이다.

---

* 2017년 5월 일대일로 정상회의에 맞춰 공표된 문건인 "共建一帶一路 : 理念 实践与中国的贡献"에
정식으로 등장하는 구문이지만, 이미 2015년 말에서 2016년 초 사이에 쓰이기 시작했다.

2) 한정: 6대 경제회랑

'6랑6로다국다항' 중 사실상 유일한 한정 대명사는 6랑이다. 그만큼 6대 경제회랑은 구체적이고 선별된 지역협력 이슈를 담고 있기 때문에 별도로 자세히 이해할 필요가 있다. 중국 지도부의 공식적인 컨트롤 타워인 일대일로 영도소조(領導小組)의 장가오리(張高麗) 부총리는 2015년 5월 '6대 경제회랑(〈표 4-3〉)'를 발표했다.[6] '중국-파키스탄', '방글라데시-중국-인도-미얀마', '중국-몽골-러시아', '유라시아 대륙교', '중국-중앙아시아-서아시아', '중국-인도차이나반도'가 그것이다. 이것을 발표한 당시에도 그랬지만 지금까지도 일대일로 정책 문건 중 가장 구체적인 내용을 담고 있는 계획다운 계획이어서 많은 연구자들이 이에 주목했다. 막연한 담론이 아닌 문서화되고 체계적인 '노선'을 기대하던 이들에게 6대 경제회랑은 분석하기 딱 좋은 대상이었다.

그러나 일대일로의 대표 정책인 듯 보이는 6대 경제회랑은 실상 일대일로의 외연을 대표하지 못한다. 〈표 4-2〉에서 확인할 수 있듯이 일대일로의 프로젝트들은 6대 경제회랑의 범위를 훌쩍 뛰어넘는다. 공식 홈페이지에서 소개하는 20개 대표 프로젝트 중 6대 경제회랑 국가에 해당하는 것은 7개에 불과하다. 또 6대 경제회랑의 프로젝트들 중 '방글라데시-중국-인도-미얀마'와 '중국-몽골-러시아'는 대표 프로젝트에 하나도 들지 못했다.

또한 6대 경제회랑은 진척 상태의 구체성에서 매우 다양한 층차가 있다. '중국-파키스탄'의 경우처럼 이미 결실이 드러난 것부터 '중국-몽골-러시아'처럼 세부적인 합의가 막 이뤄진 것, '중국-중앙아시아-서아시아'처럼 아직 개념에 가까운 것까지 다양하다.[7]

중국-파키스탄 경제회랑은 양국이 전통적인 맹방으로서, 인도양으로 빠르게 접근하려는 중국과 이로써 사회 수요를 창출하고 인도를 견제하려는 파키스탄의 이해관계가 잘 맞아 떨어진 경우다. 2016년 11월, 신장(新疆) 카스(略

표 4-3 **일대일로 6대 경제회랑 주요 노선**

구분	포함 국가	주요 노선	중점 조성 분야
중국-파키스탄 경제회랑	중국, 파키스탄	중국 신장카스-훙치라푸-파키스탄 소스트-쿤자랍-이슬마바드-라호르-카라치-과다르항	철도 및 도로, 석유 및 가스 수송관, 광케이블, 산업단지 등
방글라데시-중국-인도-미얀마 경제회랑	방글라데시, 중국, 인도, 미얀마	방글라데시 다카-중국 쿤밍-인도 콜카타-미얀마 만달레이	철도 및 도로
중국-몽골-러시아 경제회랑	중국, 몽골, 러시아	① 중국 징진지-후허하오터-몽골 울란바토르-러시아 울란우데-모스크바 ② 중국 하얼빈-창춘-선양-다리엔-만저우리-러시아 치타 ※ 양방향 구상 중	고속운송통로
신유라시아 대륙교량	중국, 러시아, 카자흐스탄, 키르기스스탄, 우즈베키스탄, 투르크메니스탄, 이란, 터키, 우크라이나, 폴란드, 독일, 네덜란드 등	중국 원강-정저우-시안-란저우-우루무치-카자흐스탄 악토가이-아리스-러시아 스몰렌스카야-브란스크-벨라루스 브레스트-폴란드 바르샤바-독일 베를린-네덜란드 로테르담	국제 철도간선
중국-중앙아시아-서아시아 경제회랑	중국, 카자흐스탄, 키르기스스탄, 타지키스탄, 우즈베키스탄, 투르크메니스탄, 이란, 터키 등	① 투르크메니스탄-우즈베키스탄 중부-카자흐스탄 남부-중국 아라산커우(기가동 노선) ② 투르크메니스탄-타지키스탄-키르기스스탄-중국 우차(건설 중 노선)	석유 및 가스 수송관
중국-중남반도 경제회랑	중국, 베트남, 태국, 말레이시아, 싱가포르 등	중국 난닝-베트남 하노이-빈-태국 콘캔-방콕-송클라-말레이시아 쿠알라룸프르-싱가포르	철도 및 도로

자료: KIEP 북경사무소, "'일대일로' 경제회랑 건설 추진 동향, 대외경제정책연구원 북경사무소 브리핑"(2015.8.6).

ff)에서 출발한 60대의 트럭이 15일 만에 파키스탄 과다르항에 도착함으로써 중국-파키스탄 경제회랑은 사실상 개통됐다.[8]

한편 '중국-몽골-러시아'는 2016년 6월 삼국 간 정상회담에서 구체적인 32개 프로젝트가 합의됐다(〈표 4-4〉). 이는 일대일로가 천명된 이래 처음으로 맺어진 다자간 협력 계획이라는 의미가 크다. 비록 2016년 11월 달라이 라마 (Dalai Lama)의 몽골 방문으로 중-몽 관계가 갑자기 경색되긴 했지만 이러한 정치적 경색이 해소된다면 향후 몇 년 사이에 새로운 진척이 기대된다. 그러나 20개 대표 프로젝트에 들지 못한 것에서 알 수 있듯이 큰 규모의 본격적인

표 4-4 중·몽·러 경제회랑 32개 프로젝트

교통 인프라	1. 중앙 철도 회랑	울란우데~울란바토르~베이징~톈진	현대화, 복선화, 전철화 타당성 조사
	2. 북부 철도 회랑	쿠라기노~자민우드~베이징~톈진	프로젝트 수행 연구 및 경제적 타당성 확보 시 착수
	3. 서부 철도 회랑	쿠라기노~키질~차간톨고이~우루무치	
	4. 동부 철도 회랑	보르쟈~솔로비옙스크~차오양~진저우	
	5. 두만강 교통 회랑	초이발산~장춘~훈춘~자루비노	확대 프로젝트 수행 연구 및 경 제적 타당성 확보 시 착수
	6. '프리모리예-1' 철도 교통 회랑	초이발산~만저우리~치치하얼~하얼빈~ 수이펀허~블라디보스토크~나홋카	
	7. 몽골 영토를 지나는 모스크바~베이징 고속철도 간선 건설 가능성 연구		
	8. 3자 물류 기업 설립 문제 협상 수행		
	9. 아시아 자동차도로 망 AH-3 노선	울란우데~카흐타/알탄볼락~다르한~울란 바토르~사인샨드~자민우드/얼롄~베이징 외곽~톈진	통과운송 집중 이용, 고속도로 건설의 경제적 타당성 연구
	10. 아시아 자동차 도 로망 AH-4 노선	노보시비르스크~바르나울~고르노알타이 스크~타샨타/울란바이슌트~홉드~야란타 이/타케쉬켄~우루무치~카쉬~훈키라프	건설 및 통과운송 집중 이용
	11. 동부 자동차도로 회랑	보르쟈~초이발산~츠펑/실린-호토~차오 양/청더~판진/진저우~톈진	프로젝트 수행 연구 및 경제적 타당성 확보 시 착수
	12. 아시아자동차도로 국제자동차운송(UNESCAP) 협정 서명 및 실현 촉진		
	13. (울란우데~톈진) 통과 교통 회랑	울란우데~다르한~울란바토르~사인샨 드~울란차브~베이징~톈진	통신 인프라 조성, 안전보장 및 기술관리
산업 부문 협력	14. 중·몽·러 경제회랑 시범지대 조성, 3국 간 생산협력 클러스터 조성 가능성 연구		
	15. 헤이룽장-러시아, 네이멍구-몽골 경제협력 시범지대 조성 타당성 조사		
국경 통과지점 현대화	16. 각국 철도 및 자동차 통과지점 현대화		
에너지 부문 협력	17. 몽골 및 러시아 전력망 현대화에서 중국 기업들의 참여 가능성 연구		

무역, 세관 업무, 검사, 검역 부문 협력	18. 2015년 7월 9일 자 중·몽·러 국경을 지나는 통과지점 발전 부문 협력에 대한 기본 협정, 3국 간 무역 발전 촉진을 위한 호의적 조건 조성 부문 협력에 대한 중·몽·러 세관 간 양해 각서 실행	
	19. 중·몽·러 세관 간 일부 상품에 대한 세관 통제 결과 상호인정에 대한 협정	
	20. 식품 안전 분야 협력에 대한 2015년 11월 3일 자 중·몽·러 공동성명 실행, 초국경 식품 무역 분야 감독 관련 협력 강화, 무역 조건 개선 촉진	
	21. 중·몽·러 조사·검역 기관 간 협력에 대한 기본 협정 서명 촉진	
환경 및 생태 보호 부문 협력	22. 자연보호특별구역에 대한 3자의 상호 이익적 협력을 촉진하는 접촉 강화 및 협의 수행, '다 우리야 중·몽·러 보호지역 활동 차원에서 상호 이익적 협력 활성화	
	23. 초국경 생태회랑, 야생 동식물 및 늪지대 학술탐사, 야생 동식물 보호 협력 강화	
	24. 생태·환경보호 부문 공동 통제 및 정보 교환 시스템 구축 가능성 연구	
과학기술 협력 및 교육	25. 교통, 환경보호, 생명과학, 정보통신기술 등 분야 학술·교육기관 간 협력 강화	
	26. 3자 과학기술 발전 정보 교환 진전, 연구원 교류 및 견습 촉진	
	27. 학생 상호 방문 규모 확대, 교육기관의 청년 교육 교류 진전	
인도적 협력	28. 초국경적 지방간 관광 노선 발전, 중·몽·러 관광 고리 조성	
	29. 중·몽·러 국제 관광 브랜드 'Great Tea Road' 개발	
	30. 3국 영화의 상업적 교환 진전, 공동 영화제작 발전	
농업	31. 2015년 9월 12일자 중·몽·러 검역기관 간 협력 의향에 대한 협약 시행	
의료 및 보건	32. 의료 및 보건에 관한 국제세미나 공동 조직, 국민 보건 부문 협력 수행	

자료: 제성훈 외, 「중·몽·러 경제회랑의 발전 잠재력과 한국의 연계방안」(대외경제정책연구원 전략지역심층연구, 2016), 71쪽.

협력은 아직 이뤄지지 않고 있다.

'중국-중앙아시아-서아시아'는 교통뿐 아니라 에너지 파이프라인까지 아우르는 구상인 데다가 중앙아시아 5개국, 서아시아 2개국, 터키까지 여러 나라를 걸치는 탓에 진전이 느리다. 중국은 이 국가들과 종합적인 합의에 이르지 못하고 다소 산만한 양자 간 협력 양해각서를 체결하는 중이다. 예를 들면 카자흐스탄과는 이미 2014년에 '빛의 길(光明之路)'이라는 구체적이고 포괄적인 경제개발 양해 각서를 체결한 반면, 타지키스탄, 키르기스스탄, 우즈베키스탄과는 '실크로드 경제벨트'에 관한 협력 문건에 합의했고, 터키, 이란, 사우디, 카타르, 쿠웨이트와는 일대일로 건설에 관한 비망록에 합의했다. 이런 국가들 간의 다양한 합의문이 일관적으로 작동해 결실을 맺기까지는 상당한 시간이 걸릴 것으로 예측된다.

3) 가설: 상업적 프로젝트와 전략적 프로젝트

이상 세 가지 개념적 관찰 대상, 즉 '20개 대표 프로젝트', '6랑6로다국다항(B&R)', '6대 경제회랑'을 통해 확장과 한정이라는 틀로 일대일로를 개괄했다. 여기서 자연스런 질문이 도출된다. 중국 정부는 왜 6대 경제회랑이라는 한정적인 개념을 강조하는가? 이 글은 이에 답하기 위해 상업적 프로젝트와 전략적 프로젝트라는 개념을 도입한다. 이 개념에 따라 세 가지 가설을 도출할 수 있다.

첫째, 일대일로 프로젝트와 정책들은 상업적인 차원에서 추진되기도 하고 전략적인 차원에서 추진되기도 한다. 이는 일대일로라는 레토릭이 등장하기 전 중국의 신흥국 진출에서 이미 포착된 현상이다. 최필수 외[9]는 해외건설 현장에서 중국 정부와 기업이 상업적인 프로젝트와 외교적·안보적인 프로젝트에서 각기 다른 행태를 보임을 지적한 바 있다. 상업적인 프로젝트에서 중국 정부는 중국 기업 간의 경쟁을 권장하고 철저히 수익성에 기반한 자금 지원을 실시한다. 반면 전략적인 프로젝트에서 중국 정부는 종종 특정 기업에 배타적인 사업권을 부여하고 타당성 조사에서 수익성을 덜 고려하곤 한다. 일대일로 레토릭이 등장한 후에도 이러한 구별된 접근법을 관찰할 수 있다. 20대 프로젝트 중 하나인 SINOPEC과 사우디 Aramco가 합작으로 건설하는 정유 공장은 상업적인 프로젝트인 반면, 몽골의 수출 물량을 톈진으로 이끌어내는 중·몽·러 경제회랑의 프로젝트는 전략적이다. 전자는 중국 기업의 상업적 이득을 전제로 하지만 후자는 몽골을 정치적으로 포섭하려는 목적에서 추진되기 때문이다. 몽골은 인구가 300만에 불과해 몽골을 개발한다고 해서 중국에 상업적 이익을 크게 가져온다고 하기 어렵다. 중국이 몽골에 경제적으로 탐내는 것은 광물자원일 뿐인데 타반 톨고이 광산 등 관련 프로젝트들은 이미 완성됐다.[10] 남아 있는 중·몽·러 개발 이슈들은 희박한 인구와 산업 인프라 등 여태껏 실현되지 않은 이유가 있는 것들뿐이다(〈표 4-4〉). 상업적 프로젝트와 전략적 프로젝트의 자세한 성격과 사례는 이어지는 절에서 다룬다.

둘째, 상업적 이니셔티브의 진척 속도가 좀 더 빠르다. 상업적 이니셔티브는 현실적 수요에 기반해 있으며 시간에 따른 자본비용을 최소화해야 하기 때문이다. 현실적 수요란 중국뿐 아니라 상대방 국가의 수요까지 포함한다. 파키스탄 과다르항 건설 프로젝트는 중국에 외교안보적 이익을 안겨줄 뿐 아니라 2억에 가까운 거대한 파키스탄 시장으로의 접근을 가능하게 하는 상업적 이익도 안겨준다. 파키스탄 역시 정부 재정이 부족한 상황에서 중국 자본으로 인프라를 개발함으로써 경제 개발의 모멘텀을 확보할 수 있다. 6대 경제회랑 중 가장 진척 속도가 빠른 이유가 있는 것이다. 사실 이러한 상업적 프로젝트들은 일대일로 담론 전에도 진행되어왔었고 심지어 일대일로 담론이 없었더라도 진행됐을 것이다. 과다르항 개발도 일대일로 담론과 관계없이 2002년부터 추진되던 것이었고 동남아 경제회랑이나 20대 대표 프로젝트 대부분이 일대일로 이전으로 기원을 잡을 수 있다.

셋째, 6대 경제회랑은 전략적 프로젝트를 다수 포함하고 있다. 6대 경제회랑 중 일부는 그것이 중요하기 때문에 선정되기도 했지만, 한정적 강조를 해야만 추진될 수 있는 전략적 프로젝트들이기 때문에 선정됐다는 뜻이다. 즉

그림 4-2 일대일로 프로젝트 개념도

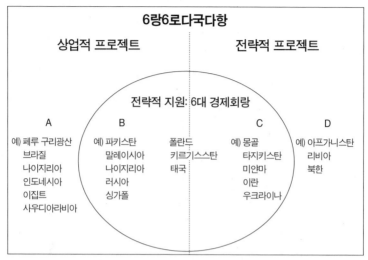

자료: 본문을 바탕으로 저자 작성.

일대일로가 없었어도 추진됐을 상업적 프로젝트와 달리 6대 경제회랑 중 일부는 일대일로가 없었으면 추진하기 어려웠을 것들이다. 20대 대표 프로젝트에 전혀 이름을 올리지 못한 '중·몽·러 경제회랑'과 '방글라데시-중국-인도-미얀마 경제회랑' 및 진척 속도가 느린 '중국-중앙아시아-서아시아 경제회랑' 같은 것이다. 이 세 번째 가설이 맞는다면 6대 경제회랑에 선정됐다고 해서 진척이 빠를 것이라고 기대해서는 안 되고 오히려 그 반대를 예상해야 한다. 상업적 모멘텀이 없었으므로 6대 경제회랑에라도 포함됐다고 이해해야 하는 것이다.

이 세 번째 가설을 그림으로 표현하면 〈그림 4-2〉와 같다. '6랑6로다국다항'이라는 일대일로의 전체 프로젝트들은 상업적 프로젝트와 전략적 프로젝트로 나눌 수 있고 6대 경제회랑에 속하는 것과 그렇지 않을 것으로 나눌 수 있다. 이 두 가지 범주에 따라 일대일로 프로젝트들은 네 가지로 구분된다. 상업적 프로젝트이나 6대 경제회랑에 속하지 않은 A, 상업적 프로젝트이고

6대 경제회랑에 속한 B, 전략적 프로젝트이고 6대 경제회랑에 속한 C, 전략적 프로젝트이고 6대 경제회랑에도 속하지 않은 D가 그것이다.

이런 프로젝트들의 진척속도와 실현가능성 순서는 B → A → C → D가 될 것이다. B는 상업적·정책적 지지를 모두 받으므로 실현이 가장 빠르다. 중-파키스탄 경제회랑이 그 예이다. A는 상업적 지지를 받으므로 그다음이다. 페루의 구리광산 개발이 그 예이다. C는 상업적 지지가 부족한 대신 정책적 지지를 받으므로 그다음이다. 중·몽·러 경제회랑이 그 예이다. D는 상업적·정책적 지지가 모두 없는 경우인데 아프카니스탄이 그 예이다. 여기서 A를 C보다 앞에 놓은 것은 상업적 지지가 정책적 지지보다 강하다고 전제했기 때문이다.

3. 일대일로 진행 현황 국가별 분석

1) 문제 의식과 분석의 틀

앞서 논구됐듯이 일대일로는 기존에 추진되던 중국 기업과 정부의 활동에 대한 이름 붙이기이다. 그러나 일대일로가 이름 붙이기에 불과하다고 함부로 폄하할 수는 없다. 최고 지도부가 새로운 이름을 붙이고 가장 적극적인 홍보를 하고 있으므로 새로운 모멘텀을 받아 더 활발히 진행될 개연성이 크기 때문이다. 그렇다면 2013년 일대일로 정책 발표 이후 어느 정도의 모멘텀이 주어지고 있는가?

만약 중국의 해외 진출이 2013년 이후 급증하고 있다면 위의 문제의식은 따로 검증할 필요가 없을 것이다. 그러나 앞서 기술했듯이 〈표 4-1〉에 나타난 중국의 해외건설 수주 및 매출 추이를 봐서는 일대일로의 효과를 관찰하기 힘들다. 교통 부문의 신규 건설 건수는 꾸준히 증가하고 있기는 하나, 2013년 혹은 2014년이 그 기점이라고 하기는 어렵다. 특히 2016년에는 건수와 금액이 모두 감소했다.

즉 일대일로 정책의 모멘텀이 어느 정도인지, 과연 있긴 있는 것인지 쉽게 판단하기 어렵다. 이에 대한 정확한 답을 하자면 개별 프로젝트를 하나하나 전수조사해야 한다. 즉 해당 프로젝트를 원래 추진할 것이었는지 일대일로 때문에 추진하는 것인지 판단해야 한다. 그러나 수천 개*에 달하는 프로젝트들을 일일이 관찰하는 것은 연구자의 역량을 벗어나는 일이다.

대안적으로 본고는 기존에 프로젝트가 몇 건 진행 중이었으며 2013년 이후 새로운 프로젝트가 몇 건 진행되고 있는가를 국가별로 관찰하고자 한다. 어떤 나라는 중국이 원래 많은 투자와 건설을 하고 있었다. 이런 나라는 일대일로 전략이 없었어도 중국의 진출이 활발했을 것이다. 반면 어떤 나라는 2013년 전에는 뜸했는데 그 후 투자, 건설 활동이 활발하게 나타날 수 있다. 이런 나라는 일대일로 덕분에 중국의 진출이 활발해졌다고 판단할 수 있다.

이를 앞서 설정한 상업적·전략적 프로젝트의 틀로 설명하면, 2013년 이후 상업적·전략적 프로젝트가 과연 각각 얼마나 진행되고 있는지 판단한다는 것이 된다. 만약 2013년 전에 어떤 나라의 중국 기업 활동이 뜸했으나 그 후 증가했다면, 이는 전략적 프로젝트 때문일 개연성이 크다.

2) 데이터와 방법론

중국의 투자와 해외건설 활동은 일관적인 데이터로 파악하기 힘들다. 먼저

---

* 　중국 상무부의 발표에 따르면 2016년 중국 기업은 일대일로 관련 61개 국가에서 8158건의 계약을 맺고 총 1260.3억 달러 규모의 건설 프로젝트를 수주했다. "2016年对'一带一路'沿线国家投资合作情况"(2017), http://hzs.mofcom.gov.cn/article/date/201701/20170102504429.shtml.

표 4-5 분석 대상 및 제외 국가

국가명	건수		액수	
	개	2013년 이후 비중	100만 달러	2013년 이후 비중
모리타니	6	0	1,010	0
시리아	4	0	4,060	0
타지키스탄(六)	5	0	1,610	0
아제르바이잔	3	0	750	0
아프가니스탄	2	0	3,270	0
리비아	1	0	2,600	0
사이프러스	1	0	130	0
보츠와나	4	0	1,440	0
토고	3	0	730	0
가이아나	4	0	920	0
피지	1	0	150	0
모리셔스	3	0	1,150	0
튀니지	1	0	110	0
불가리아	2	0	330	0
과테말라	1	0	700	0
북한	1	0	2,000	0
니카라과	2	0	530	0
헝가리	7	14%	6,100	22%
수단	20	15%	7,520	38%
페루	11	18%	18,170	54%
예멘	5	20%	1,710	30%
벨라루스	10	20%	4,980	17%
칠레	4	25%	2,860	7%
콜롬비아	4	25%	1,910	14%
투르크메니스탄(六)	4	25%	6,600	6%
모로코	4	25%	1,040	35%

국가명	건수		액수	
	개	2013년 이후 비중	100만 달러	2013년 이후 비중
우크라이나(六)	8	25%	7,360	6%
베트남(六)	37	27%	22,470	27%
차드	7	29%	7,970	3%
베네수엘라	27	30%	20,610	43%
남아프리카공화국	16	31%	10,960	16%
앙골라	25	32%	19,740	40%
쿠바	3	33%	5,100	2%
니제르	6	33%	5,880	5%
조지아	9	33%	1,460	29%
가봉	6	33%	1,720	19%
카메룬	21	33%	11,590	53%
자메이카	6	33%	2,090	31%
미얀마(六)	11	36%	6,950	40%
카자흐스탄(六)	29	38%	28,240	40%
카타르	13	38%	5,410	50%
사우디아라비아	46	39%	28,460	28%
오만	5	40%	1,700	39%
몽골(六)	10	40%	5,780	61%
멕시코	5	40%	1,520	65%
필리핀	10	40%	5,760	36%
이란(六)	24	42%	17,410	27%
인도네시아	71	42%	33,620	48%
트리니다드 토바고	7	43%	2,500	30%
가나	20	45%	6,940	37%
이집트	22	45%	19,470	74%
우즈베키스탄(六)	11	45%	4,910	28%
잠비아	30	47%	12,420	45%

국가명	건수		액수	
	개	2013년 이후 비중	100만 달러	2013년 이후 비중
에콰도르	21	48%	14,630	52%
알제리	33	48%	22,670	35%
콩고민주공화국	18	50%	13,830	46%
쿠웨이트	14	50%	6,450	60%
모잠비크	14	50%	9,270	69%
그리스	8	50%	6,610	25%
라이베리아	2	50%	270	59%
말리	6	50%	2,380	71%
코스타리카	2	50%	710	66%
바하마	2	50%	350	71%
세네갈	4	50%	2,450	80%
브루나이	4	50%	3,470	15%
아르헨티나	18	50%	22,060	46%
시에라리온	8	50%	5,280	55%
르완다	2	50%	240	50%
나이지리아	33	52%	38,650	56%
라오스	31	52%	19,390	51%
캄보디아	23	52%	8,670	50%
터키(六)	21	52%	12,750	54%
스리랑카	34	53%	13,840	65%
브라질	56	54%	51,700	46%
인도(六)	35	54%	20,190	40%
러시아(六)	58	55%	40,710	59%
태국(六)	16	56%	6,930	76%
이라크	21	57%	17,580	30%
에티오피아	38	58%	21,520	54%
싱가포르(六)	37	59%	19,720	52%

국가명	건수		액수	
	개	2013년 이후 비중	100만 달러	2013년 이후 비중
UAE	30	60%	15,180	41%
파키스탄(六)	60	60%	44,400	78%
마다가스카르	5	60%	1,720	83%
뉴질랜드	10	60%	2,990	61%
네덜란드(六)	11	64%	11,180	93%
적도기니	11	64%	2,770	56%
탄자니아	17	65%	9,330	85%
케냐	26	65%	13,520	46%
방글라데시(六)	29	66%	17,460	86%
콩고	21	67%	11,890	71%
남수단	9	67%	3,600	51%
베냉	3	67%	1,040	77%
루마니아	3	67%	2,520	48%
말라위	3	67%	810	38%
독일(六)	37	68%	19,470	74%
말레이시아(六)	63	68%	37,510	73%
짐바브웨	20	70%	9,410	86%
보스니아	4	75%	2,510	72%
우간다	12	75%	9,300	78%
지부티	4	75%	1,720	70%
체코	5	80%	1,630	94%
네팔	10	80%	2,740	88%
폴란드(六)	5	80%	1,190	92%
코트디부아르	5	80%	2,780	96%
파푸아뉴기니	11	82%	2,530	62%
세르비아	11	82%	4,610	87%

국가명	건수		액수	
	개	2013년 이후 비중	100만 달러	2013년 이후 비중
이스라엘	12	83%	13,450	88%
요르단	7	86%	5,320	98%
키르기스스탄(六)	7	86%	4,190	91%
기니	7	86%	5,400	92%
볼리비아	10	90%	3,640	95%
온두라스	1	100%	350	100%
상투메 프린시페	3	100%	950	100%
마케도니아	1	100%	400	100%
나미비아	4	100%	2,850	100%
에리트레아	1	100%	400	100%
몰타	1	100%	440	100%
몬테네그로	1	100%	1,120	100%
기니비사우	1	100%	200	100%
앤티가 바부다	2	100%	1,000	100%
크로아티아	1	100%	130	100%
몰디브	3	100%	700	100%
아이티	1	100%	240	100%
동티모르	2	100%	560	100%
파나마	3	100%	510	100%
바베이도스	1	100%	170	100%
라트비아	1	100%	110	100%

분석 대상 제외 국가(20개): 미국, 캐나다, 영국, 오스트레일리아, 프랑스, 일본, 이탈리아, 노르웨이, 스페인, 스웨덴, 대한민국, 오스트리아, 포르투갈, 타이완, 덴마크, 룩셈부르크, 아일랜드, 핀란드, 벨기에, 스위스

주: 국가 옆에 '육(六)'이 붙으면 6대경제회랑 국가라는 것을 뜻함.
자료: China Global Investment Tracker(2017) (검색일: 2017.1.25)를 이용해 저자 정리.

중국 정부가 공식 발표하는 중국 상무부의 대외투자 데이터는 홍콩, 케이맨 제도, 버진아일랜드 등 다수의 조세회피처가 그 목적지로 명기돼 있어서 총체적인 현황을 파악하기 힘들다. 가령 국가통계국이 발표한 2015년 중국의 대외투자 총액은 1457억 달러인데, 그중 62%인 898억 달러가 홍콩으로, 7%인 102억 달러가 케이맨 제도로 간 것이다. 여기에 버진아일랜드(1.2%)를 합치면 70%가 넘는 대외투자액의 실제 목적지가 묘연하다. 실제로 상무부에 따르면 2016년 53개 일대일로 대상국가에 대한 투자액 비중은 불과 8.5%에 불과하다. 상무부의 해외건설 매출액은 그나마 추이를 파악하는 데 도움이 된다. 그러나 중국의 해외건설은 종종 중국 측 국책금융기관의 파이낸싱을 끼고 진행되는 경우가 많은데 이러한 현상은 해외건설 매출액에 집계될 리가 없다.

본고가 채택한 데이터는 미국 AEI(American Enterprise Institute)가 집계해 발표하는 'China Global Investment Tracker'이다. 이 데이터는 언론에 나타난 1억 달러 이상의 모든 중국 기업 해외활동을 투자와 건설수주로 망라해 다루고 있다. 따라서 국가별 프로젝트의 성격과 명칭, 업종 등을 체계적으로 파악할 수 있으며 각 프로젝트의 종합적인 규모에 대해서 좀 더 입체적인 파악이 가능하다. 또한 2005년부터 2016년까지 일관적으로 집계해 추세를 파악하기 좋다는 장점도 있다. 그러나 '언론'에 등장한 '1억 달러 이상'이라는 제약조건이 있는 만큼 언론 보도의 정확성 문제와 소액 프로젝트의 누락 문제가 있을 수 있다. 본고는 이러한 제약을 감수하고 이 자료를 분석 대상으로 채택하고자 한다.

본고는 2005년부터 2016년까지의 누적치(가로축)와 2013년 이후의 비중(세로축)을 비교하는 방식으로 분석을 진행한다. 가로축은 중국에 그 나라가 얼마나 중요한 경제적 파트너인지를 종합적으로 보여주고 세로축은 일대일로 이후의 경제활동이 얼마나 늘어났는지를 보여준다. 이 글에서는 금액과 건수라는 두 가지 범주로 나누어 이상의 분석을 수행한다. 또한 6대 경제회랑 국가 21개와 나머지 국가 107개를 나누어 분석해 총 4개의 그래프가 등장한다.

데이터 분석에서 일부 국가를 선별했다. 본래 데이터는 총 148개국에 걸친 투자와 건설수주 기록을 담고 있는데, 이 중 일대일로와 직접적인 연관이 없다고 생각되는 20개의 국가를 제외했다(〈표 4-5〉). 그러나 이는 다분히 연구자의 주관적 판단이다. 앞서 언급했듯이 일대일로의 외연이 갈수록 넓어지고 있으므로 어떤 국가가 일대일로에 속하며 어떤 것은 아닌지 판단하기란 대단히 어렵다. 그럼에도 본고는 미국, 캐나다, 일본, 영국, 프랑스 등 일련의 선진국들은 일대일로의 일차적인 대상이 아니라고 판단했다. 이런 나라들에 대한 중국의 투자 데이터에는 주로 기업 인수합병(M&A) 사례가 많이 포함돼 있어서 일대일로와의 관련성을 찾기가 어렵다. 그러나 독일, 네덜란드 등은 선진국이지만 6대 경제회랑에 직접 올라 있기 때문에 분석대상에 포함했다.

3) 분석결과

〈표 4-5〉에 나타난 통계값을 〈그림 4-3〉~〈그림 4-6〉에 걸쳐 시각화했다. 〈그림 4-3〉와 〈그림 4-4〉는 비(非)6대회랑 107개국을, 〈그림 4-5〉과 〈그림 4-6〉은 6대경제회랑 21개국을 대상으로 했다. 각 그림의 1사분면은 과거 실적도 많고 2013년 이후의 실적도 많다. 2사분면은 과거 실적은 적으나 2013년 이후 실적이 많다. 3사분면은 과거 실적과 2013년 이후 실적 모두 적다. 4사분면은 과거 실적은 많았으나 2013년 이후 실적은 많지 않다. 분석 결과는 다음과 같다.

먼저 비6대회랑 107개 국가들이다. 이 중 1사분면에 등장한 나라로 브라질과 나이지리아가 있다. 인도네시아도 1사분면에 가까운 편이다. 2사분면에는

그림 4-3 프로젝트 전체 건수와 2013년 이후 건수(1077개국)

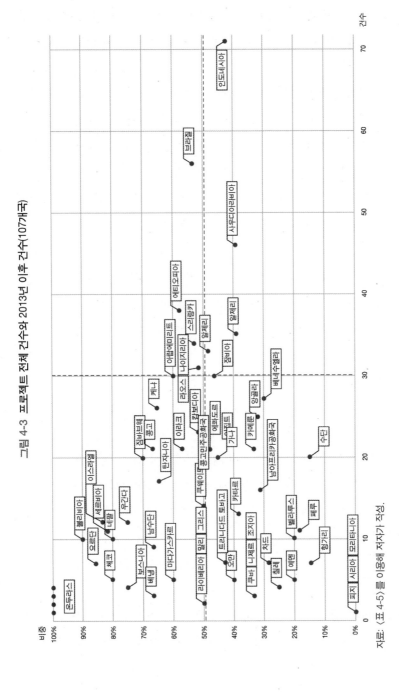

비중

자료: 〈표 4-5〉를 이용해 저자가 작성.

그림 4-4 프로젝트 전체 액수와 2013년 이후 액수(107개국)

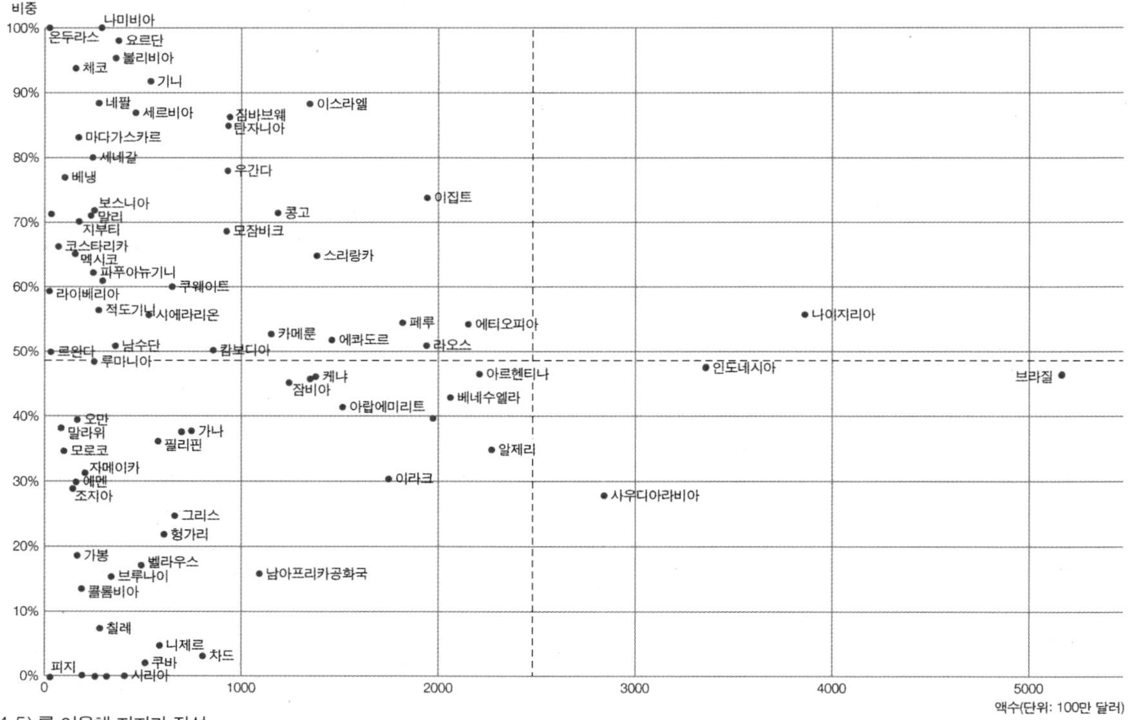
비중
100%
90%
80%
70%
60%
50%
40%
30%
20%
10%
0%
0
1000
2000
3000
4000
5000
액수(단위: 100만 달러)
나미비아
온두라스
요르단
볼리비아
체코
기니
네팔
세르비아
이스라엘
짐바브웨
탄자니아
마다가스카르
세네갈
우간다
베냉
이집트
보스니아
말리
콩고
지부티
모잠비크
코스타리카
멕시코
스리랑카
파푸아뉴기니
쿠웨이트
라이베리아
적도기니
시에라리온
나이지리아
카메룬
에콰도르
페루
에티오피아
르완다
남수단
캄보디아
라오스
루마니아
인도네시아
케냐
아르헨티나
브라질
잠비아
베네수엘라
아랍에미리트
오만
말라위
가나
필리핀
모로코
알제리
자메이카
예멘
이라크
조지아
사우디아라비아
그리스
헝가리
가봉
벨라루스
브루나이
남아프리카공화국
콜롬비아
칠레
니제르
차드
쿠바
피지
시리아

자료: 〈표 4-5〉를 이용해 저자가 작성.

그림 4-5 프로젝트 전체 건수와 2013년 이후 건수(6대경제회랑 21개국)

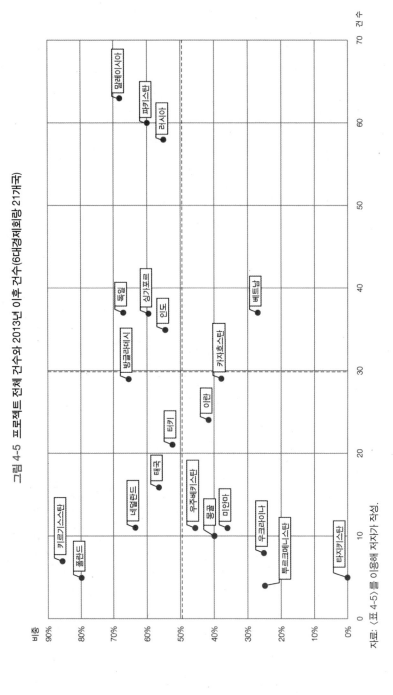

자료: 〈표 4-5〉를 이용해 저자가 작성.

그림 4-6 프로젝트 전체 역수와 2013년 이후 역수(6대경제회랑 21개국)

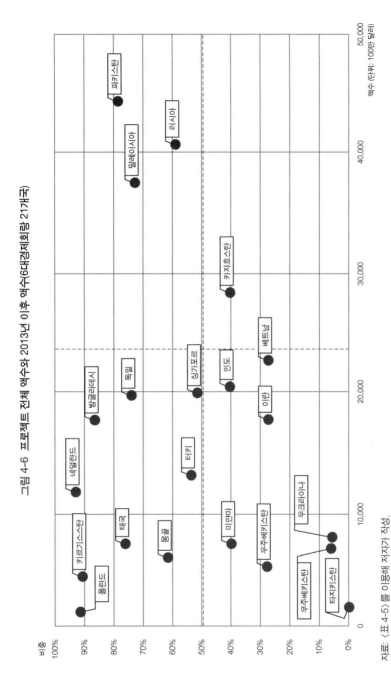

자료: 〈표 4-5〉를 이용해 저자가 작성.

많은 나라들이 분포해 있다. 그중 경제 규모가 비교적 큰 나라들을 꼽아보면 이집트, 이스라엘, 케냐, 체코 등이 있다. 1, 2분면의 나라들은 〈그림 4-3〉의 범주A에 속한다고 할 수 있다. 즉 상업적 성격이 강한데 정책적 지지는 약한 국가들이다.

비6대회랑 국가들 중 3사분면에는 소규모 개도국들이 많이 분포해 있다. 아프카니스탄, 리비아, 북한 등이다(공간제약으로 그림에 나타나지 않으나 〈표 4-5〉에 나타나 있다). 이들은 범주 D에 속한다. 상업적 성격도 약하고 정책적 지원도 강하지 않은 경우이다. 4사분면에는 사우디아라비아가 대표적이다. 과거에 많은 실적이 있었으나 최근 부진한 경우인데 A와 D 중간쯤이라고 해석된다.

6대회랑 21개국은 다음과 같이 나타난다. 먼저 1사분면에는 파키스탄, 말레이시아, 러시아가 확고히 자리 잡고 있다. 독일과 싱가폴도 1사분면에 가깝다. 이들은 〈그림 4-2〉의 범주 B에 해당하는 나라들이다. 즉 상업적 성격도 강하고 전략적 지원도 받고 있다. 2사분면에는 폴란드, 키르기스스탄, 태국, 네델란드 등이 뚜렷이 나타난다. 이들이 최근 실적이 좋은 것이 상업적 잠재력 때문인지, 전략적 지원 때문인지는 판단하기 어려우므로 범주 B와 C 사이에 속한다고 할 수 있다.

6대회랑 국가 중 3사분면에 오른 국가들은 타지키스탄, 미얀마, 이란, 우크라이나 등이 있다. 이들은 상업적 잠재력은 약하나 정책적 지지만 받고 있는 범주 C에 속한다. 4사분면에는 뚜렷한 나라가 없다. 즉 과거에 실적이 좋았던 나라들이 정책적 지원을 받으면 대체로 2013년 이후의 실적도 좋다고 해석된다.

4. 동북아 경제협력을 위한 시사점

1) 시사점

이상으로 일대일로의 프로젝트들이 상업적 성격과 비상업적 성격을 지니고 있으며 그들 중 어떤 것은 정책적 지지를 받고 어떤 것은 받고 있지 않음을 논구했다. 이는 곧 〈그림 4-3〉의 네 개 범주인데 각각에 속하는 프로젝트들을 중심으로 일대일로의 미래를 다음과 같이 전망할 수 있다.

먼저 상업적 프로젝트들의 수요는 쉽게 소진되지 않을 것이다. 카와이(Kawai)[11]에 따르면 동북아 지역만 해도 매년 629억 달러의 개발금융 수요가 있다. 최필수[12]는 이러한 개발 수요가 ADB로 충족되지 못하고 있으며 그것이 AIIB 설립을 합리화할 수 있다고 주장했다. 동북아만 해도 이렇다면 전체 유라시아 대륙에 걸친 개발 수요는 쉽게 소진되지 않을 것이다. 즉 A와 B 범주가 일대일로 프로젝트의 소스 역할을 할 것이다. 그중에서 6대 경제회랑에 속하는 파키스탄, 말레이시아, 러시아 등이 가장 빠른 일대일로의 결실을 볼 것이다. 그리고 6대 경제회랑은커녕 초기에 일대일로(OBOR)에도 포함되지 못했던 브라질, 인도네시아, 나이지리아 등도 일대일로 외연의 확장, 즉 6랑6로 다국다항에 힘입어 중국과 긴밀한 관계를 맺게 될 것이다. 사실 이 나라들은 이미 자원을 중심으로 중국과 경제적 동맹에 가까운 관계를 맺고 있다.

일대일로의 관건은 C 범주에 속하는 몽골, 타지키스탄, 미얀마, 이란, 우크라이나 등일 것이다. 이들은 빈약한 상업적 배경에도 중국 정부의 정책 드라이브에 따른 투자를 기대하고 있다. 그중에는 미얀마처럼 많은 인구를 보유했거나 이란처럼 자원을 보유한 잠재력이 큰 나라들도 있고 몽골과 타지키스탄처럼 인구와 자원이 부족한 나라도 있다. 개발하기에 따라 미얀마와 이란은 C에서 B로 진화할 가능성이 큰 반면 몽골과 타지키스탄은 좀 더 오랜 시간이 걸려 경제개발이 이뤄질 것이다. 앞서 살펴본 중·몽·러 경제회랑의 32개 프로젝트의 교통 관련 항목들은 대부분 타당성 조사 내지는 예비 타당성 조사 수준이다. 이것들을 실제로 수행해서 추진하기까지는 적잖은 시간이 소요된다. '중국-중앙아시아-서아시아'의 경우도 수많은 국가들의 다자간 합의가 전제가 되어야 프로젝트의 진전이 있을 수 있다. 역시 가까운 시일에 열매를 거둘 수 없다.

한편 아프카니스탄, 북한, 리비아 등은 지리적 인접성이 있음에도 중국의 일대일로와 상당히 멀리 떨어져 있다. 주로 정치적 불안을 겪고 있는 나라들이고 경제 규모도 작다. 공교롭게도 이들은 모두 AIIB의 회원국이 아니다. 이런 나라들까지 추슬러 아시아의 발전을 도모할 수 있다면 중국이 진정한 정치·경제적 리더십을 발휘했다고 할 수 있을 것이나 가까운 시일 내에 그럴 전망이 보이지는 않는다.

이러한 개념적 분석은 우리나라의 대응방안에도 많은 시사점을 준다. 즉 단기적으로 진행될 프로젝트는 신속하게, 장기적으로 진행될 프로젝트는 차분하게 접근해야 한다는 것이다. 가령 우리나라 기업이 일대일로의 현장에서 해외건설을 수주하거나 경제개발에 따른 비즈니스 기회를 포착하려 한다면 우선순위는 파키스탄, 말레이시아, 러시아 등 B 범주의 국가들이 될 것이다. 반면 몽골, 타지키스탄, 미얀마 등은 그보다 여유 있는 템포로 접근해도 괜찮다.

한편 C범주에 속하는 나라들이 중국과의 관계 발전이 더딘 것은 중국과 그 나라 사이의 관계 때문일 수 있다. 예를 들면 몽골과 미얀마는 모두 중국의 투자를 반기면서도 중국의 팽창을 부담스러워한다는 공통점이 있다. 이런 경우 우리나라는 독자적인 이니셔티브로 해당 나라에 접근해 중국보다 앞선 네트워크를 구축할 수 있다. 그런 나라에 대해서는 중국보다 앞서 나간다는 전략으로 발 빠른 대응이 필요할 수 있을 것이다.

2) 중·몽·러 경제회랑과의 연계 전략

2013년에 한국의 유라시아 이니셔티브, 중국의 일대일로, 몽골의 초원의 길, 러시아의 신동방정책이 나란히 탄생했다. 이들 중 우리를 제외한 나머지 셋은 일대일로의 '중·몽·러 경제회랑'이라는 다자간 협력체제로 거듭났다. 북한에 대한 대응방안이 추상적이었던 유라시아 이니셔티브는 결국 예고된 정체 상태에 머물러 있다.

일찍이 한국은 두만강개발계획(GTI)을 중국과의 협력 기제로 만들었고 GTI 교통노선은 중·몽·러 경제회랑의 프로젝트 중 하나로 설정돼 있다. 그렇다면 이대로 기다리면 GTI와 중국의 중·몽·러 경제회랑이 자연스레 맞물려서 우리의 숙원이 이뤄질 것인가? 불행히도 그렇지 않다.

중·몽·러는 13개의 교통 노선들을 포함하고 있고 이것들이 모두 실현되는 것이 아니라 서로 경쟁해 살아남을 것만 남을 것이다. 이 노선들 중 우리와 대륙의 접점인 두만강과 압록강의 경쟁력은 그리 강하지 않다. 몽골 입장에서 최단 출해 루트인 랴오닝(遼寧)의 진저우(錦州)나 러시아의 블라디보스토크가 두만강과 압록강을 대체할 강력한 후보이다. 진저우는 압록강의 서쪽에, 블라디보스토크는 두만강의 동북쪽에 자리 잡고 있어서 모두 한반도와 접점이 없다. 이대로라면 동북아의 교통망은 한반도에서 비껴난 채 굳어질 것이다.

혹자는 북한을 배제하고 남한이 해상으로 진저우나 블라디보스토크와 연계되면 그만이라고 생각할지 모르나, 이는 섬나라로서 남한을 고착시키는 고립주의적인 발상이다. 육상운송으로 유라시아 대륙과 연계되는 것은 교통의 효율성이나 산업연관효과 측면에서 우리가 포기할 수 없는 비전이다.

그렇다면 어떻게 해야 하는가? 중·몽·러 교통 노선 중 우리가 원하는 루트의 개발을 유도하는 것은 어렵지만 불가능하지 않다. 몽골 300만, 극동 러시아 640만보다는 북한 2500만, 남한 5000만이 훨씬 큰 시장이고 산업배후이기 때문이다. 한반도가 배후 수요지가 된다면 일대일로의 루트는 한반도로 흘러들 것이다. 중국의 동북3성 입장에서도 산업발전을 통해 뒤처지는 경제를 만회하려면 몽골이나 극동 러시아보다는 한반도와의 연계를 선호할 수밖에 없다. 결국 우리에게 주어진 시간은 많지 않으나, 우리에게 주어진 여건은 우호적이다.

관건은 대북정책의 변화이다. 두만강의 나진, 선봉이건 압록강의 신의주이건, 그곳이 대륙과의 접점이고 우리 물류 루트의 지향점이기 때문이다. 그러나 우리는 단시일 내에 극적인 변화를 기대하기 어려운 상황에서 막연한 대북 압박 전략을 쓰고 있다. 이러한 전략은 우리에게 시간이 많을 때만이 유효하다. 중·몽·러를 중심으로 우리를 배제한 채 동북아 개발이 고착될 수 있는 이 중요한 시점에서 기다리기 전략은 착오적이다. 우리는 우리의 경제력에 대한 자신감을 바탕으로 북한과의 국면 전환을 통해 중·몽·러 경제회랑을 적극적으로 이끌어와야 한다. 이를테면 경의선과 동해선이 개통된다면 중·몽·러 교통 루트의 우선순위는 두만강 위주로 바뀔 것이고, 없었던 압록강도 새로운 루트로 등장할 것이다. 일대일로가 단순한 서진(西進) 정책이 아니라 동서(東西) 양방향 개방이라는 중국 정부의 야심찬 선언도 중·몽·러 경제회랑과 한반도의 연계를 통해서 완성됨은 물론이다.

참고문헌

1. 국문

권기수·박영호·이효진·정재완·최필수. 2013. 「중국의 신흥시장 진출과 한국의 대응방안: 동남아, 중남미, 아프리카를 중심으로」. 대외경제정책연구원 연구보고서 13-19.

나수엽·박민숙·박영호·여지나·조충제·최필수. 2011. 「중국의 해외건설 현황 및 전망」. 대외경제정책연구원 국토해양부 연구용역보고서.

나희승·제성훈·최필수·Dolgormaa, Lkhagvadorj. 2016. 「중·몽·러 경제회랑의 발전 잠재력과 한국의 연계방안」. ≪대외경제정책연구원 전략지역심층연구≫, 16-01.

대외경제정책연구원. 2014. 「중국 一帶一路 구상 추진 현황 및 향후 전망」. 외교통상부 연구용역 보고서.

원동욱. 2016. 「일대일로와 유라시아 이니셔티브」. 성균중국연구소 엮음. 『일대일로 다이제스트』. 다산출판사.

최필수. 2015. 「AIIB 설립과 동북아 개발금융」. ≪한중사회과학연구≫, 통권 34호, 147~168쪽.

_____. 2017. 「一帶一路 프로젝트의 개념적 이해 - 상업성과 전략성」. ≪한중사회과학연구≫, 15권 3호.

_____. 2017.4. "중국의 일대일로 정책과 한반도 인프라 개발". 한국교통연구원 동북아교통물류지역연구시리즈.

_____. 2017.7. "'중·몽·러 경제회랑' 고착화 막아야". ≪나라경제≫.

한동훈. 2016. 「일대일로와 중국경제」. 성균중국연구소 편저. 『일대일로 다이제스트』. 다산출판사.

KIEP 북경사무소. 2015.8.6. "'일대일로' 경제회랑 건설 추진 동향". 대외경제정책연구원 북경사무소 브리핑.

_____. 2016.4.19. "중국의 일대일로 경제외교 행보 및 평가". 대외경제정책연구원 북경사무소 브리핑.

_____. 2017. 5.12. "중국의 일대일로 추진 현황 및 평가와 전망". KIEP 북경사무소 브리핑.

김성애. 2017. "中 '일대일로' 2.0시대 ② 핵심 프로젝트 6대 경제회랑". KOTRA 홈페이지. https://news.kotra.or.kr/user/globalBbs/kotranews/4/globalBbsDataView.do?s

etIdx=243&dataIdx=158915(검색일: 2017.7.21).

2. 중문

一带一路建设工作领导小组. 2017.5. "共建一带一路: 理念 实践与中国的贡献".

中国国家统计局. http://www.stats.gov.cn(검색일: 2018.3.20).

中国一带一路网. https://www.yidaiyilu.gov.cn(검색일: 2018.3.20).

中国进出口银行. 2009. 『中国对外投资项目案例分析』. 清华大学出版社.

≪财经≫. 2017.4.3. "瓜达尔港曲折起航".

China Global Investment Tracker. www.aei.org/china-global-investment-tracker(검색일: 2017.1.25).

3. 영문

Kawai, M. 2013. "Financing Development Cooperation in Northeast Asia." *ADBI Working Paper Series*, No. 407.

제5장
러시아의 신동방 정책과 동북아 경제협력

| 이상준 국민대학교 |

1. 서론

극동 시베리아 지역은 늘 러시아의 미래라는 수식어가 붙어 있었다. 그러나 극동의 열악한 자연환경으로 러시아인들은 극동에 투자하기보다는 수탈을 더 많이 했다. 국토의 통합성과 이동성을 위해 TSR을 건설하기는 했지만 식민화와 군수 목적으로 더 많이 사용했고 극동에서의 삶의 질을 개선하는 데 크게 기여하지는 않았다. 그래서 제정 러시아의 극동 진출은 식민 모국이 식민지를 개척하는 방식과 크게 다르지 않았다.

소련 시기 냉전에 돌입한 이후 철의 장막을 세우면서 극동 지역의 안보 중요성은 더욱 부각되었다. 블라디보스토크에는 극동 함대가, 하바롭스크에는 극동 사령부가 위치하면서 경제적인 측면은 도외시되었다. 그래서 블라디보스토크는 항구 도시의 개방성이라는 장점을 잃게 되었다. 소련 시기 극동 함대의 모항이었던 블라디보스토크는 폐쇄 도시로서 외국인들이 이곳을 방문하기 위해서는 특별한 허가를 받아야만 가능했다.

체제 전환을 시작한 이후 제정 러시아의 역사적 유산과 소련의 안보적 자산이 기능하는 가운데 극동 지역의 경제 침체는 더욱 심했다. 시장경제 개혁이 시작되고 군과 군수산업에 대한 지원이 큰 폭으로 줄어들면서 안보의 중심이었던 러시아 내 지역들의 경제 침체는 다른 지역에 비해 두드러졌다. 에너지를 생산하는 사할린 지역을 제외한 극동 지역도 예외는 아니었다. 극동의 인구는 800만에서 600만으로 크게 줄어들었다.[1] 푸틴의 집권 1, 2기였던 2000~2007년 러시아의 경제성장률이 연평균 7% 내외로 높았음에도 극동 지역의 성장률은 연 3% 내외에 불과했다.[2]

이러한 경제 상황에 영향을 받아 극동 지역 민심은 크게 이반했고 높은 지지를 받아 당선된 푸틴 대통령도 이 지역의 지지율은 낮은 편에 속했다.[3] 푸틴 대통령은 집권 3기를 시작할 명분과 낮은 지지율을 회복할 계기가 필요했다. 이러한 상황을 바꾸기 위해 러시아는 21세기 국제 질서의 변화를 적극 활용하기 시작했다.

러시아가 극동에 경제적 관심을 투영할 수 있었던 것은 냉전 체제의 종말과 더불어 오랜 기간 중·러 갈등의 원인이었던 국경 분쟁이 해결된 것이 직접적인 배경이 되었다. 또한 글로벌 경제구조의 변화도 기여했다. 가장 큰 변화 가운데 하나는 경제 중심이 유럽에서 점차 아시아 지역으로 이전하면서 2020년대에 이르면 아시아의 교역 규모가 유럽의 교역 규모를 넘어서게 될 것이라는 점이다. 2001년 기준으로 세계무역에서 유럽이 차지하는 비중이 아시아에 비해 월등히 높았지만 2020년에 이르면 유럽과 아시아의 비중은 거의 같게 된다.

다른 요인은 에너지 시장이다. 러시아는 그동안 에너지를 대부분 유럽으로 수출했으나 유럽이 탄화수소 연료의 비중을 낮추는 에너지 믹스 변화를 추구하면서 새로운 에너지 시장의 개척이 필요했다. 한편 동북아 지역은 다른 경쟁 지역인 북미 및 유럽과 비교해 경제 규모가 작은 것은 아니지만 에너지 자급이 가장 낮았던 이유로 에너지 시장에는 아시아 프리미엄이 존재한다. 이는 극동의 자원 판매 시장으로서 아태시장의 매력이 높다는 것을 의미한다. 동북아 지역으로 에너지 자원을 수출하면서 이 지역의 인프라를 구축한다면 러시아는 새로운 자원 시장을 확보하면서 극동 개발을 러시아 경제 발전의 새로운 동력으로 확보할 수 있다. 그리고 러시아의 아태 지역 진출을 활발히 하고 동북아에서 위상을 강화할 수 있게 된다. 2014년 우크라이나 사태로 촉발된 서구와의 갈등은 러시아가 극동 개발을 더욱 매진하게 하는 동인이 되고 있다.

러시아는 유럽을 주요 외교와 경제 협력의 공간으로 규정하면서 유럽 국가의 일원으로 정체성을 유지했다. 제정 러시아, 소련, 현대 러시아를 이어 이러한 경향은 지속되었다. 그러나 러시아가 유럽과의 협력 관계만으로는 강대국으로 재부상할 수 없다는 것을 인식하면서 유라시아 지정학의 중요한 축으로 부상하고 있는 아태 지역, 특히 동북아 지역 국가들과의 협력을 통해 국가 발전의 전기를 마련하기 위해 노력하고 있다. 러시아는 극동 개발을 통해 동북아 국가와의 협력을 강화하고 아태 지역 통합 과정 참여를 도모한다. 이는 안보적으로는 러시아가 바라는 다극 체제 형성과 동북아 다자안보협력 체제 조성에 기여하고 경제적으로 에너지 분야 협력을 확대할 수 있다. 러시아는 이를 통해 극동 개발을 다시 촉진하는 것이 가능하고 결국 러시아의 국익에 부합한다고 판단한다. 이런 측면에서 러시아 정부의 극동 개발은 국제 관계, 경제, 지역개발이 복합적으로 나타나는 전략이다.

2. 러시아 신동방 정책의 특징과 추진 체계

1) 러시아 신동방 정책의 배경 및 프로그램

러시아 극동 개발에 의한 아시아 중시 정책, 즉 신동방 정책은 푸틴 정부의 최우선 과제 가운데 하나이다. 푸틴 대통령은 2012년 12월 연례 국정연설에서 21세기 러시아의 진출 방향은 동쪽으로 향해야 한다고 강조하면서 동시베리아 및 극동 개발을 정부의 중요 국정 목표로 설정할 것을 발표했다.[4] 그리고 아시아 및 태평양 지역으로의 진출과 더불어 러시아 극동 개발이 러시아의 가장 중요한 지정학적 과제라고 여러 차례 언급했다.

극동 개발과 관련한 가장 큰 전환점은 APEC 정상회담이었다. 2012년 9월 8~9일 양일간 블라디보스토크에서 '발전을 위한 통합, 번영을 위한 혁신'을 주제로 개최된 APEC 정상회담 직후 11월 20일 VEB은행에 5조 루블(약 1590억 달러)의 92개 프로젝트가 제출되었다. 러시아 연방 정부는 2013년 4월 '극동 및 바이칼 지역 사회경제 발전 2025 계획'을 최종적으로 승인했다.[5]

극동 개발의 목표를 단계별로 세분화해 2020년까지 1단계에서는 대규모 에너지 프로젝트 수립, 외국인 투자 유치, 극동 지역 교통 인프라 구축, 채굴된 자원 심층 가공을 중점적으로 추진하고 2021~2025년까지는 세계경제에서 러시아의 주도적인 역할, 극동 바이칼 지역 경제 발전, 대규모 에너지 교통 물류 프로젝트 완료, 러시아 과학기술의 선도적 지위 확대 등을 달성할 계획이다.

극동 개발의 기본 목표는 신속한 경제 발전을 위한 기반 조성과 인구 증가를 위한 거주 여건의 조성이다. 이러한 목표를 달성하기 위해 인프라 전반에 대한 개선을 포함한다. 푸틴 대통령은 동방경제포럼에서 이러한 내용이 극동 개발의 핵심이라는 점을 분명히 해두었다. "극동에서 우리의 중요한 우선 과

표 5-1 신동방정책 주요 정책 개념 및 추진 경과

구분	주요 내용
주요 정책 개념	- 푸틴, 극동·동시베리아 개발을 제2대 전략 과제라고 강조(2012.4) - ≪Izvestia≫ 기고문 "새로운 유라시아 통합사업"(2011.10.4) - ≪Rossiskaya Gazeta≫ 기고문 '강한 러시아를 위한 국가안보'(2012.2.20) - ≪Moskovskie Novosti≫ 기고문 '러시아와 변화하는 세계'(2012.2.27) - '대외 정책 노선 실현 조치' 대통령령(2012.5.7) - 대외 정책 개념(2013.12)
추진 경과	- 극동 개발부 신설(2012.5) - 블라디보스토크 APEC 정상회의 개최(2012.9) - ESPO 송유관 전 구간 개통(2012.12) - '극동 및 자바이칼 지역개발 전략 2025' 수정(2013.4) - 시베리아의 힘 가스관 착공(2014.9) (2019년 12월 가동 시작) - 극동 지역 내 14개 선도 개발 구역 설정(2014.12) - 블라디보스토크 자유항 지위 부여(2015.7) - 동방경제포럼 창설 및 1차 포럼 개최(2015.9) - 동방경제 2차 포럼 개최 및 박근혜 대통령, 아베 총리 참석(2016.9) - 동방경제 3차 포럼 개최 및 문재인 대통령, 아베 총리 참석(2017.9) - 선도 개발 구역 18개로 확대, 자유항 5개로 확대(2017 연간)

제는 사회발전을 위한 적극적인 정책과 현대적인 수송 및 교육 인프라를 갖추는 것, 적절한 가격의 주택 건설, 양질의 의료 서비스 체계 구축, 경제적 자유를 확대하는 것이다." 또한 푸틴 대통령은 극동 개발을 위해 전력, 에너지 연결에 따른 역내 에너지 슈퍼링 구축, 교통 인프라 건설 및 유라시아 운송로 역할 강화, 디지털 경제 공간 구축, 루스키섬 국제 학술·교육 및 기술 클러스터 조성 등 4가지 발전 방안을 구체화했다.[6]

2014년부터 2025년까지 12년간에 걸쳐 집행될 예정인 새 연방 프로그램은 지금까지 나온 푸틴 정부의 극동 개발 핵심 방향을 모두 포함한다. 대규모 지역개발 프로그램으로서 총 예산이 약 10조 5000억 루블(약 3300억 달러)이 소요된다. 총예산 가운데 3조 8000억 루블(약 1200억 달러)은 연방 예산으로 충당하고, 나머지는 외국인 투자를 포함하는 민간 부문 투자 및 지방정부 예산으로 조달하고자 한다.

2) 신동방 정책의 실행 체계

러시아 정부는 극동 개발의 주요 프로젝트 상당수가 인프라 개발이라는 점에서 중장기 건설 기간이 소요될 수밖에 없어 단기간 가시적인 성과를 달성하기는 어려울 것이라고 판단하고 이를 체계적으로 추진하기 위해 정부 조직과 기구도 적극 창설했다. 극동 개발 목표를 달성하기 위해 2012년 5월 신설된 극동 개발부가 극동 개발과 관련된 투자 환경 개선 및 관련 업무를 수행하고 있으며, 2013년 8월 극동 연방관구 대통령 전권대표가 연방 정부 부총리를 겸직하면서 극동 개발에 대한 연방 정부의 의지를 강화했다. 극동 지역의 에너지, 교통 물류 인프라 확대와 경쟁력 있는 투자 유치 여건을 조성하기 위해 극동 개발과 관련된 연방 거버넌스 변화, 극동 개발 관련 조직 및 기구의 설립, 특혜적 법과 제도의 도입이 동시다발적으로 진행되고 있다(〈표 5-2〉 참조).

2014년 3월 선도 개발구역 운영, 대외경제협력, 인력 양성 등을 위한 하위 조직 단위들을 설립했다.* 첫째, 국내 시장뿐 아니라 수출을 위한 인프라 측면의 제약을 제거하고 지역 간 교통 접근성을 높이고 이를 위해 BAM(바이칼-아무르 철도)과 TSR(시베리아 횡단 철도)의 현대화를 추진한다. 둘째, 국내뿐 아니라 해외 투자를 유치하기 위한 여건을 조성해 극동 지역의 투자 매력도를 높이고 아태 지역 국가들의 성공적인 지역개발 모델을 적극적으로 적용한다. 특히 자원 개발, 인프라 구축, 건설, 교통 및 농업 개발, 원료-에너지 복합체에서 수출을 목적으로 원료 가공 및 현대적 생산 시설 구축 등 전통적인 분야와 새로운 분야에서 투

---

* "시베리아와 극동 지역개발은 21세기 우리 정부가 가장 우선시해야 할 과제이다", "나는 극동·시베리아 선도 사회 경제 개발 구역 네트워크를 만들 것을 제안한다. 여기에는 수출 목적이 포함된 비에너지 생산을 위한 특별 조건이 부가될 것이다". 푸틴 대통령 연례 국정 연설(2013.12.12), http://en.kremlin.ru/events/president/news/19825(검색일: 2018.2.27).

표 5-2 극동 및 연해주 주요 지역발전 조직 및 기구

기관명	설립 기관 및 연도	활동 내용
연해주 투자청	2012년 연해주 정부	기업운영 및 마케팅 컨설팅, 투자 및 법률자문, 시장조사
연해주 개발공사	2013년 연해주 정부	개발지역 선정, 투자계약 및 사업이행 지원
극동 개발부	2013년 연방 정부	연방 정부의 러시아극동 개발정책의 이행
극동 개발공사	2015년 극동 개발부	선도 개발구역 및 블라디보스토크 자유항 개발의 연방전권기관
극동자바이칼 개발기금	2011년 대외경제은행	극동·바이칼 지역 내 주요 인프라 및 혁신산업 금융지원
달리 보스톡	2014년 연방 정부	선도 개발구역 인프라 및 건물 건설의 허가와 운영

자료: 연해주 투자청(http://www.invest.primorsky.ru), 연해주 개발공사(http://www.cdprim.ru), 극동 개발부(http://minvostokrazvitia.ru).

자 프로젝트를 실현한다. 셋째, 선도 개발구역 설립을 통해 투자 및 비즈니스 수행을 위한 여건이 아태 지역 국가들의 핵심 업무 중심지와 비교해서도 경쟁력을 가질 수 있으며 역동적으로 성장하고 있는 아시아 시장을 겨냥한 제품 생산 업체 유치를 포함한 대규모 투자를 유인할 수 있도록 지역개발 정책과 관련 제도가 만들어져야 한다.

루스키섬은 2012년 9월 APEC 정상회담이 개최되면서 극동 개발의 상징적인 장소가 되었으며 2015년부터 매년 동방경제포럼을 개최하고 있다. 푸틴 대통령은 2013년 12월 연두교서에서는 극동 및 시베리아 지역에 수출 지향적인 비원료 산업의 기업을 위한 특별한 조건을 갖춘 선도 경제 발전 특별 구역을 설립할 것을 제안했다. 그리고 극동의 열악한 투자 환경을 고려해 러시아 전역에 지정되어 있는 경제특구보다 혜택이 크고 규제는 완화된 선도 사회경제 개발구역(TASED: Territories of Advanced Social and Economic Development, 이하 선도 개발구역)제도와 비자 면제 및 국경 통관이 완화된 자유항 제도를 도입했다.

표 5-3 **선도 개발구역, 자유항, 경제특구 세제혜택 비교표**

	기준세율	선도 개발구역	자유항	특별 경제구역
법인세	- 20% • 연방세 2% • 지방세 18%	- 1~5년 차: 면세 - 6~10년 차: 12% • 연방세 2% • 지방세 10%	- 1~5년 차: 면세 - 6~10년 차: 12% • 연방세 2% • 지방세 10%	- 1~5년 차: 2% - 6~10년 차: 12% • 연방세 2% • 지방세 10%
재산세	2.2%	- 1~5년 차: 면세 - 6~10년 차: 0.5%	- 1~5년 차: 면세 - 6~10년 차: 0.5%	1~10년 차: 면세
토지세	1.5%	1~3년 차: 면세	1~3년 차: 면세	1~5년 차: 면세
사회 보장기금	30%	1~10년 차: 7.6%	1~10년 차: 7.6%	- 2012~2017년: 14% - 2018년: 21% - 2019년: 28%

자료: 러시아 극동 개발부(http://minvostokrazvitia.ru).

선도 개발구역의 투자 환경은 지속적으로 개선되고 있다. 프로젝트의 특성, 그 규모, 이행 기간 등을 감안해 법인세 혜택 제공 절차와 수행 기간 연장에 대한 논의가 진행되고 있으며 행정적인 통제를 최소화하고 이 지역에 투자하는 외국기업들이 관련 혜택을 제대로 받을 수 있도록 개선하고 있다. 투자자 검증 절차를 간소화하는 것뿐 아니라 여러 해외 투자자가 어려움을 겪을 경우 극동 개발 공사가 투자자의 입장에서 소송을 제기할 수 있도록 했다.

러시아 정부는 외국인 투자 기업들이 투자 위원회에 참여해 투자와 관련한 모든 문제를 논의할 수 있게 하고 이것을 종합해 대통령에게 보고해 결과적으로 투자와 관련된 제도 개선책으로 삼고 있다.* 러시아 정부는 해외투자 유치 워킹 그룹을 운영하면서 외국인 기업들이 러시아 내로 투자하는 과정에서 겪는 복잡하고 까다로운 절차를 간소화하고 있다. 극동 러시아에서 활동하는 한국 기업들이 많은 관심을 두는 물류 분야에도 위원회를 운영해 투자

---

* 현재 삼성전자와 현대중공업이 러시아 투자위원회에 참여하고 있다. 기획재정부, "제1차 한·러 투자 촉진 실무 그룹 회의 보도 자료"(2016.3.4).

환경을 개선하고 있다.

선도 개발구역 및 자유항에서 법인을 설립한 이후 발생하는 세금 감면과 유틸리티 비용 감소도 적극적으로 지원한다. 극동 러시아 지역 인프라의 제약으로 선도 개발구역과 자유항으로 진출한 기업들은 법인 설립 이전 예상하지 못한 비용으로 수익성을 제대로 확보하지 못해 어려움을 겪는다. 이를 해소하기 위해 세제 혜택뿐 아니라 전기 요금 등 유틸리티 비용도 인하하고 있다. 2016년 9월부터 극동 전기 요금을 러시아 전체 평균 이하로 낮게 책정해 부과한다. 또한 극동에서 신규 생산에 필요한 운송, 에너지 및 기타 인프라 구축을 위해 러시아 정부 차원의 보조금을 투자자에게 직접 제공하거나 연간 5% 금리로 루블화 자금을 빌려주고 있다.

극동 지역의 금융 및 투융자 환경을 개선하기 위해 새로운 투자 시스템 '보스호트: Voskhod'도 도입했다. 외국인 투자자들은 보스호트를 통해 극동 지역 기업의 주식과 채권의 매매를 더 손쉽게 할 수 있게 되었다. 한국과 투융자 플랫폼을 조성했을 뿐 아니라 극동 투자 유치, 수출 지원청과 일본국제협력은행(JBIC)은 선도 개발구역 및 자유항에 대한 일본 투자자 유치를 위한 공동 금융정보플랫폼을 구축했다. 중국과는 2016년 러·중 농업 기금을 출범했고 이를 통해 농업과 식료품 수출을 지원한다.

그리고 극동 지역개발을 추진하는 데 필요한 예산을 확보하기 위해 대외경제협력은행(VEB)의 개발 펀드를 마련했다. 극동 지역의 투자 활성화에 큰 도움을 될 수 있도록 VEB가 직접투자 펀드(RDIF, 기금 100억 달러)와 극동 개발펀드(FEDF, 5억 달러)를 조성하도록 했다.

이와 같은 러시아 정부의 적극적인 노력 덕분에 우크라이나 사태 이후 러시아 경제성장률이 낮은 가운데 2016년 극동 지역의 공업 성장률은 5%를 상회했다. 푸틴 대통령은 제2차 동방경제포럼 기조 연설에서 제1차 동방경제포럼이 개최된 이후 지난 1년 동안 극동 지역으로 유치된 투자 금액이 약 1조

표 5-4 **러시아 직접 투자 펀드와 극동 개발 펀드 차이점**

구분	직접투자펀드(RDIF)	극동 개발펀드(FEDF)
목적	투자를 통한 수익성 추구	미손실 거래에 대한 투자(안정성 추구)
투자 형태	- 해외 직접투자 형식의 공동투자 - 지분 투자	- 비공공 부문에 대한 투자 - 지분, 대출, PPP 방식 투자
대상	- 성숙 기업에 대한 투자 - 러시아 연방 전역 프로젝트	- 초기 개발 단계 프로젝트에 대한 투자 - 극동·바이칼 지역에 대한 개발사업

자료: 극동 개발펀드(http://www.fondvostok.ru/en).

루블(약 150억 달러)에 이르고, 300건 이상의 투자 프로젝트가 착수될 수 있었기 때문에 이러한 성장이 가능했다고 밝혔다.

블라디보스토크 자유항 제도는 외국인 무비자 입국이 가능하게 하고 국경통과 전 과정을 한 번에 심사하는 단일 통관 체계를 도입하는 등 외국인 사업가들의 관심을 끌었다. 국경 검문소의 24시간 운영 시스템, 화물 전자 신고제 등도 포함되어 있다. 외국인의 무비자 입국에 대한 연방 안보국, 국경수비대, 재무부, 내무부 등 러시아 정부 내 유관 부처의 의견 차이와 관련 시스템 개발 미비로 당초 시행하기로 했던 시기가 몇 차례 연기되는 진통을 겪기도 했지만 자유항으로 입국하는 외국인들의 비자 발급 절차는 2017년 상반기부터 시행하고 있다. 러시아 외무성 인터넷 서비스를 통해서 모든 형식적인 절차가 이뤄지고 있으며 전자 비자도 받을 수 있다. 자유항은 블라디보스토크 항구 외에 하바롭스크 바니노항, 사할린주 코르사코프항, 캄차카주 페트로파블롭스크항, 추코트카주 페베크항 등 극동 지역 4개 항구로 늘어났으며 러시아 정부는 필요하면 더 늘릴 수 있다고 밝혔다.

이를 위해서 러시아 전역을 포함한 극동 러시아의 투자 환경은 계속 개선되었다. 세계은행의 DOING BUSINESS 러시아 순위가 불과 수년 전만 하더라도 124위였는데 2018년 백서에 따르면 38위로 수직 상승했다. 앞서 언급한 대로 극동 지역에는 해외투자자들에게 많은 혜택을 주는 선도 개발구역과 블라디보스토크 자유항 제도가 도입되었다.

3. 러시아 신동방 정책 성공의 필요충분조건으로서 동북아 경제협력

극동 개발은 러시아만의 노력으로 달성할 수 없다. 러시아는 러시아가 추진하는 극동 개발이 동북아 국가와의 협력으로 완결성을 이루는 것을 중요하게 생각한다. 극동 개발 재원의 상당 부분은 외국인 투자를 통해 조달해야 하기 때문이다. 즉 러시아 극동 개발은 인근 한·중·일 3국과의 협력이 강화되어야만 실현 가능성이 높아질 수 있다. 러시아는 동북아 국가뿐 아니라 아태지역 국가와의 협력에 대한 의지 역시 수차례 피력했다. 2015년 9월 개최된 제1회 동방경제포럼에서 푸틴 대통령은 "러시아의 자원과 아시아의 기술이 조화를 이룰 것이다. 우리는 아시아와 두터운 관계 형성이라는 전략적 목표를 갖고 있다"고 거듭 강조했다.[7] 러시아는 동북아 역내 국가들이 러시아 극동과 연관된 지정학적 과제가 있음을 활용해 이를 러시아 극동 개발에 끌어들이고자 한다. 중국, 일본, 한국의 지정학적 이해는 다음과 같다.

1) 중국의 지정학적 이해

극동 개발과 관련된 중국의 지정학적 이해는 동해로의 차항출해(항구를 빌려 동해로 진출) 전략과 연관되어 있는 동북3성 개발에서 시작한다.[8] 중국 동북3성 지역은 일본의 만주국 시절부터 중공업 중심지대로 발전해 사회주의 시기 중화학공업을 근간으로 하는 중국 경제의 핵심 지역으로서, '공화국의 적자'라는 별칭을 획득할 정도로 중국의 중요한 경제적 구심점이었다. 그러나 개혁 개방 이후 광동 지역을 필두로 남동부 연안 지역이 급속하게 발전하면서 동북 3성 지역은 상대적으로 낙후되었다. 중국은 상대적으로 소외된 이 지역을 동북 진흥 계획을 통해 재건하고자 한다.

개혁 개방 이후 지속된 동부 연해 지역 중심의 경제 발전 덕분에 번영을 누릴 수 있었지만 서부와 동북 지역 발전 없이는 2020년 샤오캉(小康) 사회 건설, 2050년 현대화를 완성할 수 없다. 중국은 서부 대개발과 일대일로를 연계하고 동북 3성 개발도 적극 추진해 이를 완성하고자 한다. 2016년 4월 26일 중국 국무원은 '동북 지구 등 노후 공업 기지의 전면적인 진흥 전략에 관한 약간 의견(中共中央國務院關於全面振興東北地區等老工業基地的若干意見)'을 발표했다.[9] 계획 입안 이후 10년간 지린성, 랴오닝성, 헤이룽장성 및 2006년 포함된 네이멍구의 경제는 빠르게 성장했다.

당초 중국 동북 지역개발에 관한 계획은 광역 두만강 개발계획(TRADP), 랴오닝 연해경제벨트 개발계획, 창지투(長-吉-圖, 창춘-지린-투먼) 개발계획으로 나뉘어 추진되었다. 그러나 동북아시아 5개국(중·러·북·한·몽)의 공동 개발 사업 광역 두만강 개발 계획은 관련 국가들의 이해관계가 쉽게 조정되지 않아 지난 20년간 별다른 성과를 내지 못했다. 중국은 자국의 동북 지역을 우선 개발하는 방식으로 동북 진흥 전략을 입안했고 랴오닝 연해경제벨트 개발계획과 창지투 개발계획을 우선적으로 추진하고 있다.

중국 정부의 신동북 진흥 전략은 2018년까지 137건의 핵심 프로젝트를 포함해 총 1조 6000만 위안(한화 약 270조 원)을 투자해 2020년까지 동북 지역의 산업을 첨단 수준으로 개선하고 이를 바탕으로 2030년까지 전면 진흥을 실현하려는 계획을 추진하고 있다. 혁신과 연구, 기술력 강화, 신형 공업화, 정보화, 도시화, 농업 현대화 등을 통해 주민 소득 증대와 경제 발전, 산업 구조 조정 추진 등 세부적인 계획들을 목표로 제시하고 있다.[10]

중국이 일대일로를 대외경제협력 전략으로 채택한 이후 동북 3성은 일대일로의 주된 공간인 유라시아 내륙지역과 아세안 지역에 비해 관심이 줄어든 상태이기는 하지만 동북 3성의 동해로의 접근성 확보에는 큰 관심을 두고 있다. 중국은 동북 3성 진흥 정책을 본격적으로 추진하면서 이 지역을 유라시아 대륙과 아태 지역 해양을 연결하는 랜드 브리지(land bridge)로 발전시키기 위해 동해로의 통로를 확보하고자 한다. 동북진흥정책은 동북 발전의 방향을 동북 연해 지역(랴오닝성)에서 동북 내륙의 중·러, 북·중 국경 지역으로까지 확대하는 데 있다.

중국의 북한 및 러시아 물류 협력은 차항출해 전략에 의해 추진되고 있으며, 지린성이 그 중심에 위치하고 있다. 중국이 러시아 극동에 관심을 보이는 지역은 프리모리에 1, 2가 연결되고 있는 러시아 극동의 자루비노항이다. 동북 3성 지역 수출입 물량의 80% 이상이 랴오닝성 다롄항과 잉커우항을 통해 선적되고 있으나 높은 물류비용과 시설 부족으로 신규 항만 확보가 필요한 실정이다.[11] 중국은 북쪽으로는 동시베리아와 북극해 자원을 연결할 수 있는 중·러 복합 물류 경로 개발에, 동쪽으로는 나진항과 자루비노항을 통한 운송로 확보에도 큰 관심을 보이고 있다. 그러나 북한 핵실험으로 나진, 선봉으로 출구가 봉쇄된 상황에서 중국 동북 3성의 개발은 극동 지역과의 연계성이 없이는 불가능하게 되었다.

지린성에서 보면 나진과 자루비노항이 다롄항에 비해 단거리이다. 중국은 2011년 나진항을 통해 석탄 운송 시험 프로젝트를 실시해 지린성 훈춘에서 상하이까지 톤당 운송 비용은 40~60위안 절감되고 시간은 5~7일 단축되는 것을 확인했다. 그리고 나진항이 북미 지역 서해안까지 연결될 경우 다롄항보다 약 2600km 거리가 줄어든다.[12] 훈춘에서 나진항까지 거리는 약 50km인데 중국은 2012년 9월 훈춘에서 북한 원정리를 거쳐 나진항에 이르는 고속도로를 확장 포장해 운송 능력을 증대했다. 훈춘-원정리를 이어주는 길이 549m, 왕복 4차선의 신두만강 대교를 2016년 11월에 완전 개통했다. 중국이

그림 5-1 중국의 북한, 러시아 물류 협력 운송로

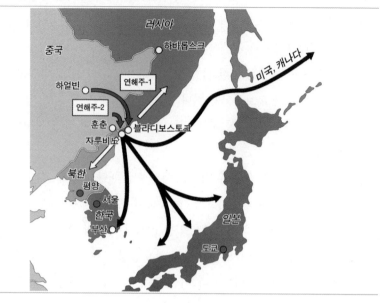

건설비 전액을 부담했으며 북한과 중국 간 통관 환경 개선에 기여할 것으로 기대하고 있다.[13]

동북3성개발과 차항출해 관점에서 중국은 러시아 극동으로의 출구 확보에 관심을 기울이고 있다. 〈그림 5-1〉에서와 같이 국제철도 운송로 프리모리예-1(연해주-1)과 프리모리예-2(연해주-2)를 건설해 동북 3성의 물류비용을 절감하고자 한다. 훈춘에서 자루비노항까지 거리는 62km이며, 남·북·중·러를 연결하는 복합운송이 가능하다. 프리모리예-1과 프리모리예-2 모두 중국의 쑤이펀허시, 두만강 일부를 개발해 국제 교통의 이용을 편리하게 하고 연해주 남부와 북한을 연결할 수 있게 만들어 동북아 국가들이 개발에 관심을 가질 수 있는 프로젝트이다. 특히 프리모리예-2는 바칼리노와 훈춘을 연결, 중국 화물운송이 가능하며 자루비노항에서 환적해 중국 북부와 러시아 연결이 가능하고 남부지역 운송 시 중국의 대련을 통해 운송하는 것보다 시간과

거리 단축이 가능하다.[14]

물론 이를 효과적으로 성사시키기 위해서는 철도와 도로의 현대화가 필요하다. 철도의 화물 처리량은 1000만 톤에서 1700만 톤으로 증대해야 하고 연계된 도로들도 정비해야 한다. 러시아 숨마 그룹의 중국 측 파트너인 차이나 머천트 그룹은 자루비노항에 조세와 관세 특혜 조건이 부여되고 운송 인프라 조성에 러시아 정부의 지원이 제공되길 기대하면서 총 16억 달러를 투자해 항만 현대화를 추진할 계획을 수립하고 있다.[15]

중·러 양국은 2018년까지 자루비노항을 연간 물동량 6000만 톤 규모의 수심 최대 20m의 다목적 대형 항만으로 공동 건설할 것으로 계획하고 있다. 또한 대형 선박의 접안과 더불어 다양한 물류 운송을 자루비노항을 통해 이용할 수 있을 것이라 기대하고 있다. 7억 달러는 훈춘·자루비노 구간 철도 및 도로 건설에 투자되고 최대 4억 달러를 투자해 훈춘시에 물류센터를 건립할 계획도 하고 있다. 자루비노 인근 국제물류공업단지(1600ha 규모) 조성 계획도 이미 수립되어 있다.

자루비노항은 제조업의 생산, 가공, 상품 운송 등의 기반이 될 수 있으며 메인 터미널, 곡류 터미널(최대 7000만 톤), 컨테이너 터미널(최대 200만 톤) 등 설계가 완료되었으며 물동량에 따라 증대 가능하다. 자루비노항에는 특수 곡물 터미널, 컨테이너 및 특수 알루미나 터미널과 함께 일반 해양 터미널도 조성할 계획이다. 총 계획 물동량은 최소 6000만 톤에서 최대 1억 톤이 될 전망이다. 항구 물동량 중 최대 60%는 중국 북부 지방에서 남부 지방으로 가는 통과 화물에 할당될 것이다. 철도 및 자동차 인프라와 국경도시 훈춘의 내륙항(dry port)을 고려한 프로젝트 비용은 총 30~35억 달러로 평가되며 숨마 그룹의 자체 투자 자금은 10~12억 달러로 평가된다. 설계 작업은 2015년 2월 시작되었다.[16]

또한 중국은 중·러 간 북극항로 대체 가능한 내륙 복합 운항로를 개발하고 있다. 중국은 연중 100일 이상 북극해의 바닷길이 열려야 상업적 이용이 가능하다고 판단하고 있으며 현재와 같은 기후 변화 추세라면 2020~2030년 사이에 북극항로를 상업적으로 이용할 수 있을 것으로 예측한다. 북극해 운송로를 개발하기 위해 야쿠츠크와 레나강을 따라 북극해로 진출하는 시베리아 종단 운송로를 이용하는 내륙 복합 운송 경로를 2025년까지 완공할 계획도 하고 있다.[17]

가스관 '시베리아의 힘'이 중·러 국경을 가로질러 이어지게 되면 중국은 러시아의 최대 석유·가스 수출 시장으로 발전할 가능성이 있다.[18] 러시아는 중국으로 석유·가스 수출 시장의 안정적인 증대를 위해 동시베리아·극동 지역의 석유·가스 상류 부문 개발 파트너로서 중국의 참여를 일정 부분 허용하고 있다. 중국은 이미 야말 가스전 개발에 지분 참여하고 있다. 러시아는 중국이 다른 국가에서 수입하는 석유·가스를 러시아에서 생산·공급(중국 지분 보유)하는 석유·가스로 대체하도록 하면서 동북아 에너지 시장에서 영향력을 증대하고자 한다.

이와 같이 중국과의 협력을 강화해 신동방 정책을 성공적으로 추진하고자 하지만 중국에 대한 의존도가 커지는 것을 바람직하게 판단하지는 않는다. 이러한 중국 딜레마를 극복하기 위해 동북아 지역에 위치한 미국의 동맹 국가인 한국과 일본과의 협력도 적극 추진하고 있다. 이들 국가와의 협력을 이끌어내기 위해서 한국과 일본의 지정학적 이해관계도 적극 활용하고 있다.

2) 일본의 지정학적 이해

일본은 극동 개발과 관련해 중국과는 차별화된 지정학적 이해관계가 있다. 21세기 들어서면서 일본은 보통국가를 지향했고 군사력을 증대하고 헌법을 개정했다. 러시아와의 관계 개선은 중국 견제의 전략적 목적, 에너지 및 자원 확보의 경제적 목적, 쿠릴 네 개 섬 반환에 의한 영토 문제 해결이라는 세 가

그림 5-2 일본의 대러 석유 수입 물량

(단위: 1만 kl)

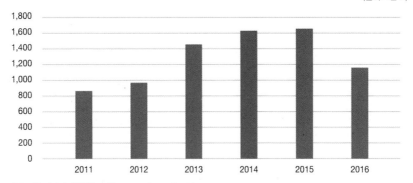

자료: 일본 에너지 자원청(http://www.enecho.meti.go.jp).

지 목적을 동시에 달성할 수 있는 전략적 의도에서 추진되고 있다. 쿠릴 열도의 반환과 북한과의 수교는 일본의 전후 체제를 완성하며 국제사회에서 일본의 위상을 제고하는 중요한 전략 과제이다.

일본은 사할린 에너지 프로젝트에 오랜 기간 투자했다. 사할린 오일-가스 프로젝트는 일본 기업이 러시아 에너지 분야에 투자한 대표적인 사례이다. 사할린 프로젝트는 사할린의 유전, 천연가스 개발 프로젝트로서 일본 기업의 투자가 활발한 분야이다. 일본 소데코는 사할린-1 프로젝트에 총 30%의 지분을 보유하고 있다.[19] 사할린-2 프로젝트 운영 회사인 사할린 에너지의 지분을 가즈프롬이 50% 보유하고 있지만 일본의 미쓰이와 미쯔비시도 각각 12.5%, 10% 보유하고 있다. 2009년 가동을 시작한 사할린-2 프로젝트의 세계 최대 LNG플랜트는 매년 1100만 톤의 액화 천연가스를 생산해 그 가운데 80%를 일본으로 수출하고 있다.[20] 2012년 완공된 ESPO(극동시베리아-태평양 석유 파이프라인)는 일본으로 러시아산 석유의 수출 가능성을 높였으며 2016년 러시아의 대일본 석유수출은 1000만 톤에 도달하고 있다. 2016년 1~9월 대비 2017년 1~9월 일본의 러시아산 원유 수입 물량은 9.64% 감소했으나 금액 기준으로는 6.03%

증가했다. 이는 전년 대비 평균 유가가 상승한 덕분이다((그림 5-2) 참조).

러시아 역시 극동 개발에 일본을 끌어들이려는 노력을 기울이고 있다. 그 이유는 일본과의 협력을 통해 지정학적, 전략적 관점에서 동아시아 역내 운신의 폭을 확대 가능하게 하고 대러 경제 제재에 참여하고 있는 일본의 대러 제재 강도를 완화하며 동시에 일본을 통해 미국과 관계 개선이 가능하다는 점을 우선적으로 들 수 있다. 그리고 러시아 극동 개발과 경제 현대화에 필요한 일본의 첨단 과학기술 유입과 일본 기업의 진출 활성화와 극동 시베리아와 일본 간 철도 및 도로, 에너지 망 연결로 동북아 역내 에너지 물류 시스템 역량 확충이 가능하고 이로써 극동 개발과 동북아 협력에서 과도한 중국 의존에 대한 부담을 완화하는 것도 중요한 배경이 되고 있다.

러시아의 이러한 노력에 화답이라도 하듯이 일본은 대러 제재에 참여하고 있지만 이를 우회해 협력할 수 있는 방안도 마련되어 있다. 일본은 세 차례 (2014년 8월, 9월, 12월) 대러 제재를 실시했으나 미국 및 EU와 다르게 일본과 러시아 모두에 이득이 되는 에너지 분야뿐만 아니라 금융 분야에서도 신규 융자는 제재를 하지 않고 있다. 북방 영토 문제의 해결을 우선시하는 일본으로서는 미국 및 EU와의 공조와 일·러 협력의 유지를 전략적으로 고려해 대러 제재를 상징적인 차원에서 실시한 것도 있지만 대러 제재가 에너지, 금융, 크림 합병 관련 주요 인사에 국한되어 있다는 특징을 잘 활용하고 있다는 것도 도외시할 수 없는 요인이다.

서구의 제재에 대해 러시아가 미국과 EU에는 맞제재로 대응했지만 일본에 대해서는 맞제재가 없었다는 것은 동북아 지역으로 협력의 출구를 마련하기 위한 조치였다고 할 수 있다. 이는 나진-핫산 사업으로 UN 제재에서 러시아가 빠지기 위한 전략과 일맥상통한다고 할 수 있다.

3) 한국의 지정학적 이해

극동 개발에서 한국과의 협력을 이끌어내기 위해 러시아는 한·러 협력에 북한 요소를 포함하고 있다. 보리스 옐친(Boris Yeltsin) 시기 러시아는 한국 중심의 외교정책을 전개했다면 푸틴이 집권한 이후 한반도에서 다소 균형적인 외교 정책을 펼치면서 한반도에서 자국의 이익을 극대화하고자 한다. 남·북·러 3각 협력 사업은 러시아 입장에서 가장 큰 전략적 이익을 보장할 수 있는 사업이다. 중국, 일본과 달리 한국과는 역사, 영토의 분쟁이 존재하지 않을 뿐 아니라 경제적으로 얻을 수 있는 이익은 중국과 일본으로부터 얻을 수 있는 이익과 거의 같은 규모일 수 있다.

남·북·러 3각 협력 3대 프로젝트인 철도, 전력, 가스관 연결 사업은 러시아가 보유한 인프라의 가치를 한층 증가시킬 수 있다. 특히 중국의 일대일로가 극동 러시아 지역을 비켜가면서 TSR의 경제적 가치가 높아지기 어려운 상황이다. 만일 TSR과 TKR이 연결된다면 글로벌 운송망으로서 TSR의 가치를 높일 수 있고 TSR 경제성을 높일 수 있는 추가적인 투자도 가능할 것이다. 남·북·러 가스관 연결 역시 러시아 입장에서는 동북아 에너지 공급망을 다변화하면서 중국과 일본에 에너지 가격 협상에 유리한 조건을 만들어주는 사업이다.

전력망 연결 사업은 동북아 에너지 슈퍼링의 중심적인 위치로 거듭나고자 하는 러시아의 전략과 일치한다. 2007년 부레야 수력발전소* 완공 이후 러시아는 극동 지역에서 연간 20~30억 kWh의 전력 수출 능력을 40~50억 kWh의 수준으로 끌어올렸다.[21] 지금도 연간 60억 kWh의 발전이 가능한 수력발전소 건설을 계속 진행하고 있어 전력 수출 능력은 한층 커질 것이다.[22]

---

* 극동 지역 최대 수력발전소로 2003~2007년 사이 6기가 가동되고 있으며, 연간 전력생산량은 71억KV/시간(2010MW)이다.

그림 5-3 동북아 지역 초국경 전력망 연결

자료: Asia International Grid Connection Study Group(2017), p. 36.

전력망 연결은 국가 안보와 직결되는 문제이며 기술적으로 수출입 국가 간 제도적인 장치들이 마련되어야 할 뿐 아니라 국가 간 신뢰를 바탕으로 이루어져야 하며 많은 시간을 들여야 실현 가능한 사업이다.

동북아 지역은 국가 간 전력 요금 차이로 전력 연계의 기대 효과가 크고 장점이 많을 것으로 기대된다. 러시아는 중국, 몽골로 전력을 수출하면서 동북아 지역에서 국경을 넘는 전력망 연결을 유일하게 실행한 경험이 있는 국가이다.

우리나라 역시 북한 핵과 장거리 미사일 문제를 평화적으로 해결하는 데 러시아의 건설적인 중재자 역할에 주목하고 있다. 또한 사드 배치 이후 불거진 중국과의 관계에서 생기는 문제로 대중 의존도를 줄이는 것이 중요한 과제가 되었다. 한반도를 둘러싼 신냉전 구조가 형성되지 않도록 한국의 노력에 가장 적합한 협력 파트너로서 러시아의 가치는 증가했다. 물론 경제협력이 외교 안보 협력으로 반드시 이어진다는 전제는 없지만 러시아 극동 개발의 3대 거대 자원 프로젝트들을 한반도의 평화와 연계할 경우 더 많은 경제적 효과를 낼 것이다.

그래서 러시아 입장에서는 한반도의 평화가 극동 개발에 더 바람직한 방향이라는 점에서 최소한 북한의 도발을 억제하고 평화로 귀결되기를 기대할 것이다. 그래서 러시아 극동 개발은 한반도의 평화와 번영에 더욱 큰 영향력을 끼칠 수 있는 것이다. 노태우 정부의 북방 정책을 시작으로 그동안 유라시아 협력을 추진했던 역대 정부의 정책 방향이 틀린 것으로 볼 수 없는 이유가 여기에 있다. 다만 그동안 수많은 제안들이 실행되지 못한 측면이 많았다. 이를 실행하기 위한 문재인 정부의 신북방 정책은 실현 가능성을 중심으로 북방 경제와 협력을 추진하고 있다는 점에서 러시아의 기대도 큰 실정이다.

이처럼 극동 개발은 동북아 협력이 진행되어야 더 쉽게 진행될 수 있다. 그래서 푸틴 대통령이 극동 지역을 동북아 협력의 플랫폼으로 만들고자 한 이유도 실은 동북아 지역 국가와의 협력이 전제되지 않을 경우 러시아 극동 개발이 불가능하다는 것을 인식한 결과이다.

한편 극동 개발의 많은 프로젝트들이 극동 지역의 수출 역량을 강화하는 것이기에 극동 개발이 진행되면 러시아의 동북아 협력은 크게 증가할 수밖에 없는 구조를 이루고 있다. 따라서 극동 개발은 러시아의 동북아 협력 증진과 불가분의 관계인 것이다.

4. 한국의 극동 러시아 협력 전략

동북아 지역은 주요 경쟁 지역인 북미, 유럽 지역에 비해 경제통합 정도가 낮은 편이다. 한국의 러시아 극동 개발 협력은 동북아 역내 협력을 촉진시킬 수 있는 요인이라는 점에서 적극 추진되어야 한다. 다만 러시아의 협력 수요를 잘 파악하고 이를 토대로 협력 사업을 진행할 경우 그 성과를 좀 더 쉽게 달성할 수 있을 것이다. 그리고 글로벌 체제의 주요 변화를 품을 수 있는 협

표 5-5 극동 개발 협력의 전략, 정책, 실행 차원의 세부 내용

구분		세부 내용
전략 차원	인식	한국의 신북방정책과 러시아 신동방정책 간 연계성 및 상호 보완성 강화
	목표	- 나인 브릿지 + α - 4차 산업혁명 대응: 글로벌 공급사슬 및 에너지 물류 혁명, 글로벌 밸류 체인 혁명 - 한·러 경제협력 플랫폼 구축 - 남·북·러 3각 협력 및 동북아 초국경 협력 활성화
정책 차원	현황 분석	- 러시아 협력 수요 및 협력 잠재성 - 글로벌 트렌드 - 유망 프로젝트 분석 및 주요 프로젝트의 시급성 분석
	정책 분석	- 네트워크형(전력, 철도, 에너지), 공간개발형(북극, 항만, 일자리 및 산업 혁신 단지), 거점확보형(수산, 농업, 조선) 프로젝트 특성별 경제성 분석 - 리스크 요인(정부 정책, 재무적, 계획 변동, 정치적, 인프라 구조, 운영, 기술) - 상황 적응적 정책 수립 고려 요소
	과제 도출	- 농업 기지 및 곡물 창고, 수산 가공 및 물류, 쇄빙 LNG 운반선 및 조선소 건설 - 연해주 한국 기업 공단(남·북·러 3각 협력 공단), 극동 한러 기술 혁신 협력 공간(해양, 항공우주), 극동 지역 항만 현대화 및 지분 참여, 북극 항로 및 북극 개발 인프라 - 야말 LNG 참여 및 수입, 동북아 전력망 연결, TKR-TSR 연계 및 나진-핫산 경제성 확보 및 제재방안 조건 산출
실행 차원	영역	- 프로젝트 추진 체계: 민간 주도 SPC, 공기업 참여 방안 등 - 금융 지원: 한러 투융자 플랫폼, 극동 개발 사모 펀드, 다자 개발 은행 활용, PPP - 제도 및 거버넌스 기반: FTA 혹은 CEPA, GTI, 지방정부 간 협력 체제
	주체	- 정부 혹은 공기업 - 민간 기업 및 단체 - 민관 협동 - 대학 산학단 및 링크 사업단 등
	시기	- 시간을 축으로 단기(1년), 중기(3년), 장기(5년) 성과 산출 분야 - 단기 성과 창출 가능 분야: 거점 확보형 프로젝트(농수산, 조선) - 중장기 성과 창출 가능 분야: 공간개발형, 네트워크형 프로젝트

력 방식을 추진할 경우 더욱 탄력을 받을 수 있을 것이다. 또한 전략 차원에서 논의가 그치거나 실행 차원에서 파편화되어 전략 차원으로 포괄되지 않고, 통합과 분화가 조화롭게 진행될 수 있도록 전략적인 방향을 설정할 필요가 있다. 〈표 5-5〉의 내용은 극동 개발 협력의 전략, 정책, 실행 차원의 세부 내용을 기술한 것이다. 반드시 이와 같은 방향으로 추진할 필요가 있는 것은 아니지만 이렇게 방향성을 잡아서 협력을 추진한다면 더욱 긍정적인 결과를

기대할 수 있을 것이다.

1) 거점 개발형 협력 사업

거점 개발형 프로젝트는 러시아 극동에 위치한 다양한 현지 우위를 바탕으로 우리 기업의 참여 가능성과 경제성을 높여주는 분야이다. 첫째, 극동 지역에서 농업 및 농공복합단지에 대한 가능성은 이미 다양한 방식으로 검증되었다. 생태 자원의 보고인 극동 러시아에는 농업과 관련해 미하일롭스키, 벨로고르스크, 유즈나야 이렇게 적어도 3개의 선도 개발 구역이 지정되어 있다. 한국의 기업과 NGO 등은 GMO 프리(GMO Free) 콩, 옥수수 등을 재배하고 그 경제성을 확인했다. 2017년 한국을 방문한 세르게이 카차예프(Sergei Kachaev) 극동 개발부 차관이 한·러 농경재단, 농업투자기금을 마련하고자 한 것은 이 분야에서 한국과의 협력 가능성을 높게 평가하기 때문이다.* 경제 안보 역시 국방 안보 못지않게 중요하다는 점을 인식한다면 좀 더 적극적인 협력이 가능할 것이다.

우리나라는 현재 극동에서 매년 10억 달러 이상의 농수산물을 수입하고 있다. 최근 러시아 정부는 극동 지역 이주 유인책의 일환으로 토지 무상분배를 주요 내용으로 하는 극동 헥타르(Far Eastern Hectare) 프로그램을 추진하고 있으며, 2016년 6월 1일 해당 법안 발효 이후 10만 명의 주민들이 극동의 무상분배 토지를 신청한 것으로 밝혀졌다. 극동연방지구 토지분배 특별법에 의거해 극동 지역에 소재하는 국가, 지방자치단체 소유지를 러시아인에 한해 1ha씩(약 3025평) 1회 무상으로 지급하는 기회가 제공되며 무상으로 지급된 토지를 5년간 이용한 후에는 임대 혹은 개인소유가 가능한 것으로 알려지고

---

* 러시아와 중국은 2017년 말까지 100억 달러 규모의 극동 농촌 산업단지 설립 기금이 마련하기로 했다.

그림 5-4 가치사슬 기반 한·러 농업 협력 모델 예시

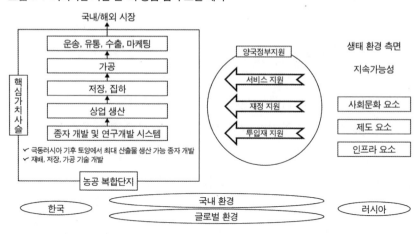

있다. 극동의 유기농 식량 생산 농경지 280만 ha이며 유휴 농지 17만 ha를 경작하게 되면 약 200만 톤 규모의 곡물을 추가적으로 생산 가능할 것으로 파악된다.[23]

러시아 정부는 자루비노항에 2018년까지 1000만 톤 곡물 수출이 가능한 터미널을 건설할 계획이며 2030년까지 밀 3350만 톤, 옥수수 970만 톤, 보리 560만 톤, 콩 등 기타 곡물 50만 톤을 수출할 계획이다. 대러 제재로 인해 역설적으로 러시아 농업은 발전하고 있으며 2021년까지 극동 러시아 지역도 식량 자급화뿐 아니라 아태 지역 수출을 본격화할 것이다.

우리 기업 6개 업체 아그로상생(1999년), 유니젠(1999년), 아로프리모리예(2008년), 서울사료(에코호즈)(2008년), 현대하롤미하일로브카(2009년), 아그로아무르(2009년)의 연해주 농업 진출 경험과 일본 기업 JGC가 하바롭스크주에서 야채 온실 재배 단지를 운영(4000만 달러 투자)한 경험을 참조해 새로운 영농법을 만들어가는 것도 필요하다. 무엇보다도 농업, 가공, 유통, 연관 산업을 고려한 선순환 투자 구조를 만들고 이를 통해 농업의 생산성과 경쟁력을 높이고 복합 영농의 경영 안정성을 확보하며, 소득 증대를 도모할 필요가 있다.

따라서 가치 사슬에 기반한 한·러 농업 협력이 바람직하다.

한편 가까운 미래에 무상분배된 토지에는 새로운 마을과 도시가 들어설 것이라는 점에서 한국의 스마트 시티 개발 등이 새로운 협력으로 가능할 수 있다.

둘째, 수산물 어획 및 가공 분야 합작 사업은 매년 어업 수산 쿼터 확보 문제를 해결하면서 새로운 협력 가능성을 열어줄 수 있다. 제26차 한·러 어업위원회에서 명태 2만 톤 등 전년 수준의 쿼터를 확보했다는 뉴스가 보도되었다. 이러한 오래되고 반복되는 뉴스를 언제까지 들어야 하는지 고민할 필요가 있다. 러시아는 수산물 쿼터와 극동 지역 수산 분야 투자 연계를 통해 원료 수출국에서 가공국으로 전환하는 정책을 수립한 이후 외국인 투자자를 모색하고 있다. 글로벌 명태 필렛은 중국이 러시아에서 원료를 수입, 가공 후 유럽, 북미, 남미 등으로 재수출하는 비즈니스 모델로 이미 상업화에 성공했다. 전체 조업 쿼터의 20%를 어업용 선박 조선소, 수산물 가공 공장, 냉동 창고 등 수산업 관련 인프라에 투자하는 내국 및 외국 업자들에게 우선적으로 배분해주고 있다는 점을 활용할 필요가 있다.

러시아 수산업은 세계 8위 수산물 생산국이지만 주로 어선 어업 중심의 저부가가치 산업이다. 이러한 구조를 바꾸기 위해 러시아 정부는 어업, 가공, 유통(물류), 수산 관련 산업(부산물 처리, 경매, 선박 수리업 등)이 결합된 수산 식품 복합단지 조성에 적극적이다. 이를 통해 2030년까지 양식 생산량을 연간 70만 톤으로 확대하고자 한다. 따라서 이러한 상황 변화에 적합한 한·러 수산업 협력 모델이 개발되어야 한다. 연해주 나데진스크에 수산 식품 단지를 조성하는 방안을 고려할 수 있다. 우리 기업은 콜드 체인, 부산물 처리 공장, 건어물 가공, 경매 시스템 등이 진출 가능하도록 개별적인 접근 보다는 컨소시엄 구성을 통한 참여를 고려해볼 필요가 있다.

셋째, 한국기업 전용공단 조성의 가능성을 면밀히 검토하고 추진할 필요

그림 5-5 극동 러시아 주요 수산업 개발 계획

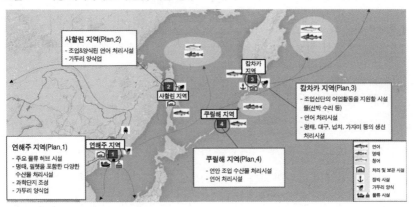

사할린 지역(Plan,2)
- 조업&양식된 연어 처리시설
- 가두리 양식업

2 사할린 지역

3 캄차카 지역

캄차카 지역(Plan,3)
- 조업선단의 어업활동을 지원할 시설 들(선박 수리 등)
- 연어 처리시설
- 명태, 대구, 넙치, 가자미 등의 생선 처리시설

4 쿠릴해 지역

연해주 지역(Plan,1)
- 주요 물류 허브 시설
- 명태, 필랫을 포함한 다양한 수산물 처리시설
- 과학단지 조성
- 가두리 양식업

1 연해주 지역

쿠릴해 지역(Plan,4)
- 연안 조업 수산물 처리시설
- 연어 처리시설

연어
명태
청어
처리 및 보관 시설
정박 시설
가두리 양식
물류 시설

자료: 한국통산 발표자료(2017).

가 있다. 다만 우리가 원하는 방식만을 고집하기보다는 러시아 정부가 조성하고 있는 선도 개발구역 혹은 잠재적인 개발 예정 지역을 대상으로 타당성을 조성할 필요가 있다. 예를 들어 1990년대 거론되었던 나호트카 지역은 과거에는 공단 조성이 불가할 만큼 러시아 측의 제도적·물적 기반이 취약했으나 오늘날에는 극동의 변화로 개발할 수 있는 가능성이 높아졌다. 이러한 변화를 고려해 개발 가능성을 다시 검토할 필요가 있다. 한편 남·북·러 3각 협력의 형태로 공단을 조성할 경우에 3국이 시너지 효과를 얻을 수 있는 산업을 고려할 것이지만 무엇보다도 러시아의 협조를 이끌어내기 위해 러시아 정부가 바라는 양질의 일자리를 창출할 수 있는 산업이 무엇인지 고려해야 할 것이다.

넷째, 솔라리스가 도요다, 마쯔다와 생산 공장, 라인을 공유하면서 적정한 물량의 자동차를 생산하는 방식도 관심을 기울일 필요가 있다. 극동의 내수 시장이 크지 않다는 점에서 대량 생산보다는 최적화된 생산 방식 도입을 통해 생산 거점을 확보하는 것도 참조할 필요가 있다. 4차 산업혁명은 생산 제품 단위별 생산 방식을 통해 제품 생산이 가능하도록 하고 있다. 이러한 생산

현장의 변화는 반드시 많은 노동자를 필요로 하지 않는다는 점에서 노동력 부족으로 생기는 문제를 어느 정도 완화할 수 있을 것이다.

다섯째, 거점 개발 측면에서 보건 의료도 주목할 필요가 있다. 러시아 정부의 수입 대체 정책에는 의료 기기 및 의약품 분야가 포함되어 있다. 러시아 현지 기업과 의약품 공동 개발, 의료기관 공동 운영 혹은 위탁 운영, 의료서비스 공유 등 보건 의료와 치유가 결합한 종합 서비스는 수익성뿐 아니라 공공성에도 기여하는 협력 사업이다.

여섯째 과학, 문화, 교육 등 여러 분야에서 다양한 형태의 협력 방안을 실현한다면 다양한 거점 개발형 사업이 부가적으로 가능할 것이다.

2) 공간 창출형 협력 사업

한·러 경제협력의 공간 창출형 협력 사업은 대규모 자본 투입을 필요로 하고 장기적이라는 측면에서 시간을 두고 차분하게 진행될 필요가 있다. 공간 창출형 협력 사업은 새로운 경제 지형을 만들어낼 수 있다는 점에서 더 근본적인 협력 방식이 될 수 있다. 공간 창출형 협력 사업과 거점 개발형 협력 사업 간 차이가 모호하지만 물류 및 항만, 지역개발 및 산업 협력, 북극항로 등을 공간 창출형 협력 사업으로 규정할 수 있다.

극동 지역에서 한국 기업의 진출이 가장 많은 분야 가운데 하나는 물류 분야이다. 극동 지역의 통관, 통행 개선은 꾸준히 개선되어왔다. 훈춘에서 자루비노항으로 이어지는 교통 물류 연결에 대한 관심은 매우 크다. 현재 중국 동북 3성에서 극동 러시아로 넘어오는 2개의 물류 회랑인 프리모리예 1과 프리모리예 2는 그동안 통관 과정의 지체, 통관 이후 연결 인프라 낙후, 물류 서비스의 전근대적인 경영 방식 등으로 그 잠재성이 충분히 실현되지 못했다. 이러한 문제를 해결하기 위해 제2차 동방경제포럼에서 물류 인프라의 개발을 통해 프리모리예 1, 프리모리예 2를 국제 운송망으로 발전시키려는 의지를 보여주었다. 특히 프리모리예 2는 바칼리노와 훈춘을 연결, 중국 화물 운송이 가능하다. 중국의 대련항을 통해 운송하는 것보다 800마일 이상 거리 단축이 가능하다. 따라서 러시아 정부와 극동 지역 연방 주체가 추진하는 선도 개발 구역과 블라디보스토크 자유항을 중심으로 현대식 물류 시스템을 갖춘 물류 창고 건설 및 운영에 진출할 필요가 있다. 극동 현지의 물류기업과 전략적 제휴 혹은 지분 참여 등을 통한 협력 방식도 고려해볼 수 있다.

이렇게 진행된다면 극동 러시아 항만 운영 참여도 가능하게 된다. 극동 지역 항만 운영에 한국 항만 기업이 참여한다면 한·러 양국의 항만 시스템의 실질적인 통합이 가능하게 되고 시간 경쟁력이 생기며, 화주 친화적 물류서비스가 가능할 수 있다. 중장기적으로 극동 지역을 비롯한 러시아 내수 시장의 지속적인 성장에 따른 화물 운송량의 증가도 동시에 기대할 수 있기 때문에 한국 기업이 항만 운영에 참여할 경우 높은 수익성도 예상할 수 있다. 한·러 간 IT 기반 물류운영 시스템의 통합은 물류 통관의 투명성과 효율성을 크게 향상시켜 양국 간 교역 증진뿐 아니라 관련 분야 기업들의 연관 투자를 늘릴 수 있어 유무형의 경제적 파급효과가 크다. 2014년 10월 방한 당시 러시아 두마 정보통신위원회 제 1부의장이었던 안드레이 투마노프는 한·러 간 물류 협력 방안으로서 한국 IT기업의 물류 분야 참여를 제안했다.

한편 물류 협력에서 더 중요한 것은 혁신적인 발상이다. 현재 유라시아 대륙에는 수많은 물류 네트워크가 있으며 노선별 잠재력은 충분하지만 활용에 대한 고민은 적은 실정이다. 이러한 노선들의 경제성은 시간을 따라 계속 변하고 있다. 통합 물류 네트워크에 대한 잠재성을 적극적으로 발굴하는 노력은 향후 양국 간 물류 협력을 증진시킬 수 있을 것이다. 최근 삼성전자가 한국, 중국에서 생산한 부품을 중국 만주 횡단철도, 러시아 횡단철도를 통해 러시아 모스크바 인근 칼루가 공장과 유럽 내 생산 거점으로 연계하는 물류 루

그림 5-6 연해주 지역 선도 개발구역 간 연계성 확보하는 산업 협력

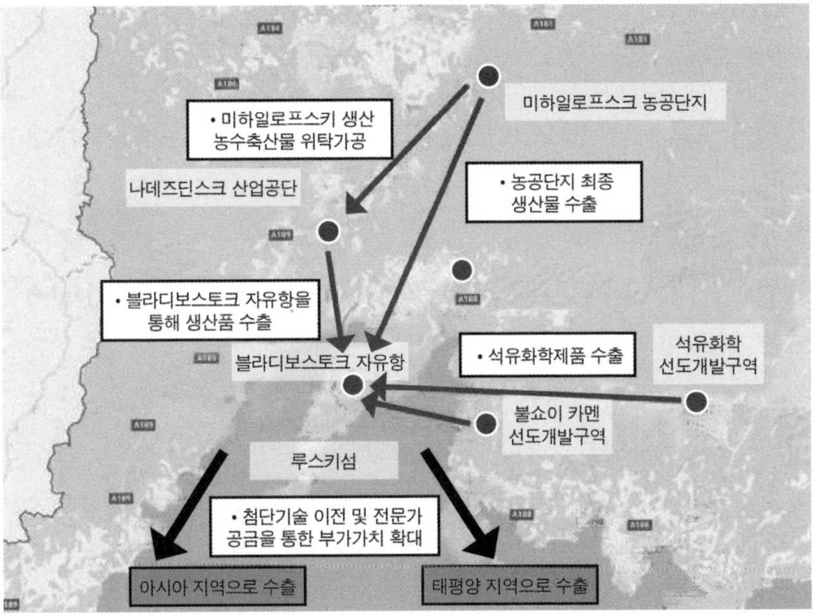

자료: 이상준 외, 『KSP 지식공유사업: 연해주 2016/17』(2018).

트를 개척했다. 이를 통해 과거 35일 이상 소요되던 운반 시간을 15일로 단축할 수 있었다. 현재 비용은 크게 절감되지 않았지만 기회비용이라는 관점에서 그 효과는 이미 달성되었고 관련 비용을 줄일 수 있는 가능성은 한층 높아지고 있다.

두 번째 공간 창출형 협력 사업은 지역개발과 산업 협력을 동시에 고려하는 것이다. 연해주 남부 지역에 존재하는 선도 개발구역을 활용해 산업 협력과 지역개발이 연계성을 가질 수 있도록 하는 협력 방안을 고려할 수 있다(〈그림 5-6〉 참조).

선도 개발구역에 참여할 경우 러시아 정부가 제공하는 세제 혜택, 인프라 및 행정 지원 등 이 지역이 제공하는 비즈니스 친화적인 환경을 활용할 수 있

다. 극동 진출에 따른 초기 리스크를 줄여나가면서 극동이 제공하는 자원을 기반으로 현지 밀착형 생산 시스템을 구축하는 등 현지에서 우리 기업의 경쟁력을 확보할 수 있다. 러시아 서부 지역에 존재하는 칼리닌그라드 자유항의 혜택이 2017년에 종료됨에 따라 부품 수입 및 조립 생산 이후 수출과 내수 판매에 따른 관세 혜택을 제공하는 블라디보스토크 자유항을 활용하는 것은 반드시 고려되어야 한다.

현재까지 선도 개발구역에 참여한 기업들은 이미 오래전부터 투자를 계획했던 기업들이 자신들의 계획에 러시아 정부의 인센티브를 포함시켜 진출한 경우가 많은 실정이다. 물론 선도 개발구역 진출에 따른 문제점이 많은 것도 사실이다.* 또한 극동 부총리와 관할 연방주체, 극동 개발부와 산하기관, 연방 정부 내 다른 부처가 만들어내는 3중 거버넌스의 복잡한 의사 결정이 극동 개발을 더디게 만드는 부분도 있다. 하지만 과거와 달리 모든 국가에서 산업 기반 조성과 관련해 고려해야 하는 요인들이 복잡해졌다는 점을 감안한다면 이러한 복잡성을 이해할 필요가 있다. 오늘날 산업 연관성이 넓어지고 산업 간 융복합화 현상도 커지고 있다는 점에서 특혜만으로는 기업을 유치하는 것이 쉽지 않은 실정이다.

따라서 선도 개발구역과 블라디보스토크 자유항이 더 경쟁력 있는 경제 지역으로 거듭날 수 있도록 해결 방안을 찾을 수 있는 기반 협력도 지속되어야 한다. 이를 위해 극동의 선도 개발구역 전체와 자유항이 하나의 '오픈 플랫폼'이 될 수 있도록 해야 할 것이다. 이를 통해 잠재적 참여자들이 스스로 수익

---

* 오영일은 "선도 개발구역 정책의 대략적인 육성 방향은 제시되었지만 구체적 개발 개념이나 개발 전략에 대한 고민이 부재하고, 러시아 정부 내 부처 간 협의 부족, 상이한 이해관계로 관련 하위법이 만들어지지 않아 구체적 사항이나 일정에 대한 혼선이 빚어지고 있을 뿐 아니라 선도 개발구역의 핵심 혜택 중 하나인 정부의 인프라 건설 지원도 공급자 위주로 진행되고 있다"고 문제점을 지적한다. 오영일, 「러시아의 신(新)극동 개발정책, '선도 개발구역' 활용 방안」, POSRI 이슈리포트(2016).

성을 계산하고 자발적으로 참여하며 제도와 정책의 투명성과 예측성을 제공할 수 있도록 정부 차원의 협의가 필요할 것이다.

셋째, 극동 지역에서 과학기술 협력을 강화하면서 단순히 거점이 아닌 한·러 협력의 공간을 창출할 필요가 있다. 한·러 간 협력에서 과학기술은 빠지지 않는 유망 협력 분야이다. 러시아 경제와 한국 경제의 미래는 혁신과 첨단기술에 의해 결정될 것이다. 한국 연구 재단은 러시아 과학 아카데미, 모스크바 국립대학과 연구 협력을 위해 한러과학기술협력센터(KORUSTEC)를 설립했다. 이러한 협력 체제를 통해 다수의 성과를 거두었다. 대표적인 성과를 몇 개 뽑자면 모스크바 물리기술대학은 삼성 항공 연구 센터를 유치해 '플라스틱 표면에 플라스마를 이용한 금속막 코팅 기술'을 개발했다. 그 외에도 많은 사례가 있다. 하지만 이러한 협력이 모스크바를 중심으로 한 서부 지역에만 존재했다.

21세기 대학은 새로운 경제성장 동력으로서 각광을 받고 있다. 이미 많은 신화적인 벤처기업들은 선도적인 대학을 중심으로 사업을 시작했다. 우수한 연구자들이 밀도 있게 소통하는 공간으로서 대학은 교육과 연구개발 체계를 산업의 수요에 맞추고 있으며 또한 이를 통한 기술의 상업화를 위한 여러 가지 지원과 규칙들을 만들고 있다. 블라디보스토크 자유항에 위치한 극동연방대학교는 이러한 기술 혁신의 중심지로서 충분한 잠재성이 있다. 조만간 극동연방대학교가 위치한 루스키섬도 선도 개발구역으로 포함될 것이라는 점에서 극동연방대학교의 핵심 역량인 에너지 효율화 및 신재생에너지, 해양생물, 생화학 및 의학, 산업폐기물 분야에 한국의 대학 및 기업의 적극적인 참여가 필요하다.

넷째, 북극 개발은 공간 창출형 협력 사업이자 또한 새로운 길을 여는 사업으로서 그 파급효과가 큰 협력 사업이다. 북극 개발은 북극권 자원개발, 북극 항로, 북극권 항만 개발로 구분할 수 있다. 현재까지 북극권 자원개발은 스톡만과 야말의 LNG 개발을 중심으로 진행되고 있다. 러시아는 스톡만 LNG는 유럽으로, 야말 LNG는 동북아 지역으로 수출할 목적으로 개발하고 있다. 스톡만 LNG 운항은 연중 진행되는 반면 야말에서 극동으로 이어지는 항로는 상대적으로 운항 기간이 짧다. 자원개발을 위한 자본 및 안정적인 시장 확보와 자원 엔지니어링 기술은 북극권 자원개발의 성공 가능성을 높여준다.

현재는 야말 LNG에 지분 참여하고 있는 중국이 우리나라와 일본에 비해 앞서가고 있는 상황이다. 일본은 러시아와 자원 협력을 주로 사할린 지역을 중심으로 꾸준히 진행하고 있다는 점에서 야말 LNG 수출에서 중국과 경쟁적인 입장에 처한 것은 우리나라이다. 북극 개발과 관련된 일본의 관심이 북극 항로에 있다는 것은 이를 보여준다. 러시아의 야말 LNG 개발 및 이와 연계된 쇄빙선 및 항만 개발을 위해서는 추가적인 투자와 경제성을 높일 수 있는 파생적인 프로젝트가 필요한 실정이다. 한국과 조선 분야에서 협력을 추진하는 것은 북극권 자원개발과 북극항로 상시 운영을 위해 필요한 쇄빙선 및 특수 선박을 안정적으로 확보하기 위해서이다. *

북극 항로 역시 상용화하기 위해서는 북극권에 더 많은 거점 항만을 개발하고 운행 가능한 선박을 계속 투입해야 할 것이다. 한국의 조선 기술과 북극 자원개발이 서로 교환되는 협력은 양국의 북극 개발을 안정적으로 진행할 수 있는 조건이 될 수 있다.

---

* 2017년 7월 말 대우조선해양의 쇄빙액화천연가스운반선 '크리스토프 드 마르주리'는 러시아가 서 시베리아 야말반도에 매장된 천연가스를 유럽과 아시아로 운송하기 위해 특별히 제작한 수송선으로 푸틴 대통령이 야말반도 사베타항에서 열린 취항식에서 북극을 여는 거대한 이벤트라고 언급했다. "쇄빙선 도움 없이 가스 수송선 최초로 북극항로 돌파", ≪중앙일보≫, 2017년 8월 25일 자.

3) 네트워크형 협력 사업

네트워크형 협력 사업은 오래전부터 논의가 활발하게 진행되었던 가스관, 철도, 전략망 연결을 고려할 수 있다. 네트워크형 협력 사업의 가장 큰 문제는 지정학적 리스크라고 할 수 있다. 당장 북한 핵과 미사일 문제를 해결할 수는 없지만 다양한 네트워크 사업들이 경제성을 만들 수 있는 조건을 계속 개선하는 것이 중요하다.

전력망 연결과 에너지 슈퍼링 연결은 지정학적 리스크 때문에 어려움이 많지만 동북아 경제 통합을 이끌어갈 수 있는 사업이라는 것을 감안해 경제성을 확보할 수 있는 다양한 경로에 대한 체계적인 논의와 분석, 참여가 필요하다. 동북아 지역의 전력 수요 증가와 전력 요금 차이로 계통 연계의 경제 이익이 충분하다. 러시아는 극동 개발전략과 연계되어 아시아 슈퍼그리드 참여에 큰 관심을 보이고 있다. 동북아 슈퍼그리드는 몽골-중국-한국-일본으로 이어지는 동서 구간과 러시아-북한-한국으로 이어지는 남북 구간으로 대별될 수 있는데 지정학적 리스크 때문에 동서 구간 연결이 남북 구간 연결보다 먼저 추진될 수 있다. 그러나 한반도가 동북아 슈퍼그리드의 허브가 되고 가격 차이를 활용해 경제성을 높일 수 있다는 측면에서 남북 구간의 연계에 꾸준히 관심을 기울일 필요가 있다.

마찬가지로 나진-하산 연결 사업을 포함한 TSR-TKR의 연결은 중장기적인 관점에서 계속 모니터링할 필요가 있다. 과거 시범 운영을 통해 나진-하산 연결 구간의 경제성과 관련된 문제는 잘 알려져 있다. 결국 나진항을 연결하는 것 역시 지정학적 문제와 연관되어 있지만 지정학적 상황이 바뀌면 나진-하산 사업을 어떤 형태로 다시 시작할 것인지에 대해서는 계속적으로 살펴볼 필요가 있다(〈그림 5-7〉 참조).

한편 '시베리아의 힘'이 중국으로 연결되는 중·러가스관 연결 사업이 2019년

그림 5-7 나진-하산 연결 사업의 중장기적인 로드맵

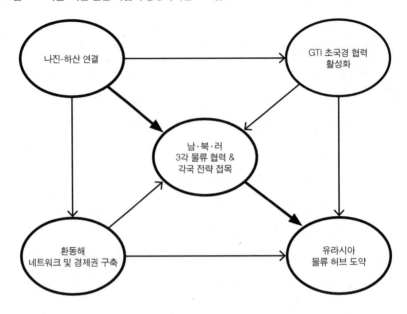

부터 본격적으로 운영되기 시작해 당분간 추가적인 상황 변화가 없다면 러시아 가스관을 한반도로 연결하는 것은 쉽지 않을 것이다. 그러나 러시아 정부의 천연가스 동북아 수출은 극동 개발을 촉진할 수 있는 사업이면서 러시아의 지정학적 과제라는 점에서 계속해서 논의가 될 수 있는 사항이다. 현재 셰일가스 개발로 에너지 가격이 상방 경직성을 가지고 비교적 안정적인 수준을 유지하지만 셰일가스 개발로써 환경문제가 심각하게 대두되어 이를 규제한다면 에너지 가격은 다시 상승할 수 있다. 또한 북한 핵 문제로 발생하는 지정학적 리스크가 줄어들 경우 이를 공고히 하기 위한 수단으로 남·북·러 가스관 연결 사업의 재개를 준비하는 노력이 필요하다.

또한 러시아 정부의 주요한 협력 프로그램 가운데 하나가 극동 지역에 고속 통신망을 연결하는 것이다. 이 역시 IT 기반의 공간 통합을 촉진하면서 좀 더 공간을 확장하면 북극권의 초고속 통신망 연결까지 이어질 수 있다. 극동 지구 행정 수도인 하바롭스크에는 이미 위성통신 센터가 설립되어 광대역 인터넷망에 접속이 가능하다. 또한 사할린, 마가단, 연해주 등에 인터넷 광통신망을 연결해 극동 지역 통신 서비스를 발전시키는 데 한국 기업이 참여하는 것은 양국 간 경쟁력 향상에 큰 도움이 될 것이다. 러시아에는 통신기지 설비 등 해안 지역을 중심으로 통신 인프라가 구축되어 있고 1800~2000km의 광케이블이 설치되어 있다. 이는 주민 생활개선뿐 아니라 비즈니스 발전에도 필수적인 인프라이다. 이러한 인프라 조성과 이를 통한 부가가치 창출 기회는 계속 증가할 것이다. 과거 KT가 극동에서 무선통신 사업에 진출해 큰 성공을 거둔 경험이 있다. 이에 따라 변화하는 러시아의 IT 환경에 맞춰 새로운 형태의 비즈니스 협력 모델을 개발한다면 큰 경제적 효과를 기대할 수 있을 것이다.

5. 결론

러시아의 신동방 정책은 단순히 극동 개발에 그치는 것이 아니라 21세기 세계 질서의 변화에 따라 세계에서 가장 넓은 영토를 가진 러시아의 지정학적 대응 과제라는 점에서 꾸준히 지속될 전략이라고 할 수 있다. 유럽 정체성을 가진 러시아가 아시아를 중시하면서 자국 발전의 새로운 성장 동력과 국가 안보를 동시에 추구하는 노력은 러시아와 협력을 통해 한반도의 평화와 번영을 도모하는 우리 정부의 신북방 정책과 연관되어 있다.

그동안 한·러 양국 간 협력은 국제정세와 한반도 정세에 따라 어려운 순간도 많았지만 꾸준히 발전했다. 모스크바와 상트페테르부르크를 비롯한 러시아의 유럽 지역에서는 의미 있는 성과를 거두었다는 점에서 한반도와 접경을 이루고 있는 러시아 극동 개발에 많은 관심과 노력을 기울일 필요가 있다. 러시아가 유라시아 대륙의 영원한 이웃 나라라는 점에서 다소의 어려움이 있더라도 중장기적인 측면에서 한반도의 경제 지도를 바꾸기 위한 노력을 지속할 필요가 있다.

러시아의 아태 지역 전략은 어느 날 갑자기 형성된 것이 아니라 오랜 시간 러시아의 국익 관점에서 수정 보완된 것이며 우리가 생각하기에는 느릴지는 모르지만 시대적 상황에 맞춰 꾸준히 추진되고 있다는 점에서 우리가 답답해하는 것보다는 기대 이상으로 꾸준히 변화하고 있다.

공간적인 측면에서 러시아 극동 개발은 동북아 국가와의 협력을 통해 완성되는 것이라고 할 수 있다. 지리적으로 극동은 한 국가인 러시아는 유럽 지역보다는 아태 지역과의 통합이 상대적으로 용이한 점이 있기 때문이다. 그러면서도 러시아의 안보적인 우선순위를 고려한다면 특정 국가와의 협력만을 추진하지 않을 것이라는 점에서 한·중·일 3국에는 동일한 수준의 협력이 가능할 수 있다.

가장 중요한 것은 러시아의 신동방 정책의 기본적인 입장이 특정 국가에 힘을 실어주지 않는다는 점과 동북아 3국의 지정학적 이해를 통해 적극 참여해줄 것을 고려하고 있다는 점에서 지금까지 부진한 협력에 불만만을 가질 필요는 없다는 것이다. 극동 개발에서 중국은 한·일 양국에 비해 상대적으로 지리적인 우위가 있지만 러시아 입장에서는 극동을 동북아 협력의 플랫폼으로 확장하고자 하는 의지가 강하기에 우리에게 여전히 많은 기회와 가능성이 존재한다.

우리가 제시할 수 있는 협력 사업이 중국, 일본과 같은 규모, 같은 방식으로 이루어질 필요는 없다고 판단한다. 단순하게 많은 사업을 병렬적으로 나열하는 것에서 벗어나 어렵지만 중장기적인 측면에서 국제 질서의 변화, 러시아의 개발 수요, 잠재적인 경쟁국의 입장, 북한의 참여 방안 등을 꾸준히 관찰하면서 협력을 순차적이며 구체적으로 추진한다면 러시아 극동 개발이 한반도의 번영과 평화로 이어질 것이다. 또 우리의 번영과 평화가 동북아 갈등 해소와 경제통합으로 이어져 러시아의 극동 개발도 촉진될 수 있도록 선순환하는 것이 중요하다.

참고문헌

1. 국문

기획재정부. 2016.3.4. "제1차 한·러 투자촉진 실무그룹회의 보도자료".

박선영·이충배. 2007. 「중국 동북3성 기점 국제복합운송루트 개발과 발전 방안」. ≪한국항만
　　　경제학회지≫, 23권 4호, 91~114쪽.

엄구호. 2008. 「러시아 극동·시베리아 지역에서 남북한과 러시아의 3각 경제협력」. 한양대
　　　아태 지역연구센터-러시아 극동연구소 제18차 공동국제학술회의, 55~67쪽.

_____. 2013.2.20. 「러시아의 동아시아 정책과 극동 개발 한·러 협력 전략」. 『러시아 극동투
　　　자 환경과 한국의 진출전략』, 15~28쪽. 한양대 아태 지역연구센터-블라디보스토크
　　　총영사관 공동학술회의.

_____. 2015. 「러시아 극동에서 남·북·러3각 농업협력 방안」. ≪수은북한경제≫, 여름 호, 46~70쪽.

영산대 북극물류 연구소. 2017. 「특집: 2016년 북극해항로 운항 결과 및 평가」. ≪북극물류동
　　　향≫, 1월 호.

오영일. 2016. 「러시아의 신(新)극동 개발정책, '선도 개발구역' 활용 방안」. POSRI 이슈리포트.

이상준 외. 2018. 『KSP 지식공유사업: 연해주 2016/17』(미발간).

이현태 외. 2017. 「13·5 규획 시기 한국의 중국 동북지역 경제협력 과제와 전략」. 대외경제정
　　　책연구원 연구자료, 17-09.

장덕준. 2014. 「러시아의 신동방정책과 동북아」. ≪슬라브학보≫, 29권 1호. 229~266쪽.

장세호. 2012. 「2012년 러시아 대통령 선거 결과 분석」. 『푸틴의 복귀와 러시아의 미래』. 한
　　　국외대러시아연구소.

주블라디보스토크 대한민국 총영사관. 2017.4.13. 「러시아 극동 지역 정세: 아무르주 개황」.

최우익. 2010. 「소비에트 시대의 인구변천과 러시아 연방관구별 인구 변화」. ≪슬라브연구≫, 26권 2호,
　　　113~137쪽.

최재덕. 2017.11.30. 「북방경제협력과 한반도의 미래」. 한국국제정치학회. 『신북방정책과
　　　유라시아 협력 방안 모색』.

한국통산. 2017. 「냉동창고 사업계획」(미발간 자료).

현동일. 2013. 「북·중경협, 동북아 물류의 신루트 열듯」. ≪포스코경영연구원 CHINDIA Journal≫, 77호, 12~15쪽.

≪연합뉴스≫. 2016.11.19. "中 훈춘~北 나선 연결 신두만강대교 완전 개통".

_____. 2017.9.6. "러중 연결 '시베리아의 힘' 가스관, 2019년 12월부터 가동".

≪중앙일보≫. 2007.10.16. "석유공사 사할린서 왜 헛발질 했나".

_____. 2017.8.25. "쇄빙선 도움 없이 가스 수송선 최초로 북극항로 돌파".

≪카고(Cargo)뉴스≫. 2017.4.10. "일대일로 물류거점 중(中) 훈춘 주목".

≪KOTRA 해외시장뉴스≫. 2016.9.7. "중국 신(新)동북진흥 전략 실시방안 발표".

_____. 2017.10.27. "러시아와 일본의 경제협력 현황".

≪Russia 포커스≫. 2014.12.12. "극동 자루비노 항만 건설 사업에 중국 투자자 유치 예정".

극동 개발부. http://minvostokrazvitia.ru.

극동 개발펀드. http://www.fondvostok.ru/en.

대외경제연구원 CSF 국무원. 2016.5.3. "동북지역 노후 공업지대 진흥에 관한 의견 발표". http://www.xinhuanet.com/2016-04/26/c_1118744344.htm(검색일: 2018.2.27).

연해주 개발공사. http://www.cdprim.ru.

연해주 투자청. http://www.invest.primorsky.ru.

일본 에너지 자원청. http://www.enecho.meti.go.jp.

푸틴 대통령 연례 국정연설. 2013. http://en.kremlin.ru/events/president/news/19825(검색일: 2018.2.27).

푸틴 대통령 제1차 동방경제포럼 기조연설. 2015. http://en.kremlin.ru/events/president/news/50232(검색일: 2018.2.27).

푸틴 대통령 제2차 동방경제포럼 기조연설. 2016. http://en.kremlin.ru/events/president/news/52808(검색일: 2018.2.27).

Asia International Grid Connection Study Group. 2017. https://www.renewable-ei.org.

제2부

동북아 공영의 토대:
네트워킹과 경제협력

제6장
2008년 금융위기 이후 러시아, 중국 무역 및 투자

| 조정원 한양대학교 |

1. 서론

2008년 뉴욕발 국제금융위기와 유럽의 경제 위기에 따른 유럽의 에너지 수요 감소, 러시아의 크림 반도 점령에 반대하는 서방의 경제 제재는 러시아의 에너지 수출과 러시아로의 해외 투자 유입에 어려움을 겪도록 했다. 또한 2014년 11월 러시아가 자유 변동 환율제를 채택한 이후 루블화의 가치 폭락이 진행되어 1달러에 62루블을 기록했다. 이는 2009년 연평균 1달러대 루블 기준 환율인 31.7루블의 2배가 떨어진 것이다. 환율의 폭락은 러시아의 각급 정부와 기업들이 대규모 투자를 할 수 있는 능력을 떨어뜨렸다. 또한 2015년부터 다시 하락했던 국제 유가의 회복 속도가 더디어 원유 수출과 판매를 통해 얻는 수입을 국가 재정 운용에 활용해왔던 러시아 연방 정부에 어려움을 가중시켰다.

이러한 상황에서 러시아는 세계 최대의 외환 보유국이며 국유 기업들과 민영 기업들의 성장으로 해외 투자 능력이 제고된 중국과의 협력이 더욱 중요해졌다. 중국도 시진핑 국가주석의 2013년 9월 '실크로드 경제권' 구상, 같은 해 10월 '해상 실크로드' 제안을 바탕으로 2014년 4월 10일 리커창 총리가 보아오 포럼에서 이 두 가지를 종합한 '일대일로(一帶一路, 일대: 육로와 철도를 중심으로 구성되는 실크로드 경제권, 일로: 해상 실크로드)' 전략을 제안하면서 러시아와의 경제 협력을 강화하고 있다.

　기존 연구에서는 2011년까지의 중국과 러시아 간의 무역 현황과 특성,[1] 최근의 루블화 가치 폭락으로 인한 무역액 감소와 러시아와 중국 간의 무역 현황[2]에 대해 분석한 바 있다. 또한 중국이 국가 간 자유무역협정 체결에 적극성을 보이고 있지만, 중국의 유라시아 지역에서의 영향력 확대에 대한 러시아의 경계 심리, 러시아의 중국에 대한 전략적 신뢰 부족으로 양국의 자유무역협정 체결이 어렵다는 점을 지적했다.[3] 그리고 러·중 경제 관계의 상호 의존을 분석한 연구에서는 러시아의 원재료, 중국의 공산품을 중심으로 하는 상호 보완적 경제협력 구조가 중국의 스코보로디노-다칭 파이프라인을 중심으로 하는 러시아 원유 수입, 중·러 천연가스 파이프라인 건설로 더욱 고착되고 있으며, 서방의 대러시아 경제 제재에 따라 러시아의 중국 자본, 기술, 인력에 대한 수요가 지속되면서 러시아가 중국에 경제적으로 더 의존하는 관계가 지속될 수 있다고 보았다.[4] 그러나 양국 간의 프로젝트 추진 과정에서의 자금 조달 문제, 러시아의 낮은 제조업 경쟁력과 하이테크 산업에서의 기술 수준 제고의 어려움, 러시아 현지 숙련공 구인의 어려움은 양국의 협력을 심화하는 데 장애 요인들로 작용하고 있다고 지적했다.[5] 아울러 중국이 대외 경제협력 추진을 통해 국제 사회에서 주도적 역할을 수행하려 하지만 러시아는 중국과의 경제협력에서 중국에 자원을 공급하는 부속 국가가 될 수 있음을 경계한다고 보았다.[6] 그러나 2008년 금융위기 이후 러시아와 중국의 경제 협력의 전반적인 현황과 특성, 양국의 경제 협력 범위의 확대를 종합적으로 분석한 성과는 찾아보기 어렵다.

이 글에서는 2008년 금융위기 이후 러시아와 중국의 무역, 투자를 중심으로 양국 간의 경제 협력을 분석, 평가하고 향후 양국의 협력이 어떤 방향으로 추진될지에 대해 전망하고자 한다. 이를 위해 이 글은 2항에서 2008년부터 2017년까지 중국 상무부의 국별 보고망의 중국과 러시아의 무역 통계를 사용해 러시아와 중국의 무역 현황과 양국 무역의 특성을 소개, 분석하고자 한다. 3항에서는 중국의 대러시아 투자의 추이와 중국 주요 금융 기관과 기업들의 대러시아 투자의 현황, 특성을 설명할 것이다. 또한 알루미늄 산업, 금융업을 중심으로 전개하는 러시아의 대중국 투자의 현황을 소개할 것이다. 4항에서는 양국의 무역, 투자의 성과와 문제점을 분석하고자 한다. 5항에서는 본고를 마무리하면서 양국의 무역, 투자 중심의 경제협력을 전반적으로 평가하고 향후 양국의 경제협력 수준의 향상을 위해 해야 할 일을 제안하고자 한다.

2. 무역

중국과 러시아는 2009년의 뉴욕발 금융위기, 2013년 러시아의 대중국 수출 감소를 제외하고는 2014년까지 전년 대비 무역액 증가를 기록했다. 특히 2014년에는 884억 달러의 무역액을 기록해 2년 이내에 1000억 달러 무역액 돌파가 가능할 것으로 기대되었다. 그러나 2015년 루블화의 가치와 원유 가격의 폭락으로 양국 무역액이 2014년 대비 28.1%의 감소를 기록했다. 그러나 2016년 중국의 대러시아 수출액이 증가하고 2017년 러시아의 대중국 수출액도 함께 증가하면서 2017년 869억 6000달러의 무역액을 기록했다.

표 6-1 중국-러시아의 무역액(2008~2017)

(수출액 · 무역액 단위: 억 달러, 수출액 · 무역액 전년 대비 증감 단위: %)

연도	중국의 대러시아 수출액	수출액 전년 대비 증감	러시아의 대중국 수출액	수출액 전년 대비 증감	전체 무역액	전체 무역액 전년 대비 증감
2008	346.6	42.7	203.9	5.6	550.5	40
2009	219.6	-36.6	161.8	-20.6	381.4	-30.7
2010	377.9	72.1	192.7	19.1	570.5	49.6
2011	454.5	20.3	268.8	39.5	723.3	26.8
2012	510.4	12.3	240.5	-10.5	750.9	3.8
2013	516.9	1.3	166.4	-30.8	683.3	-9
2014	508.9	-1.6	375.1	125.4	884	29.4
2015	349.5	-31.3	286.1	-23.7	635.6	-28.1
2016	380.9	9	280.2	-2	661.1	4
2017	480.4	26.1	389.2	38.9	869.6	31.5

자료: 중화인민공화국 상무부 국별보고망, https://countryreport.mofcom.gov.cn(검색일: 2018.3.27).

1) 연도별, 품목별 무역액 추이와 특성

(1) 2008~2009년: 금융위기로 인한 양국 무역액의 변화

2008년에는 중국의 공산품과 러시아의 자원, 광물을 비롯한 원재료를 중심으로 무역액이 전년 대비 증가를 기록했다. 중국은 러시아에 중국의 기계 및 전자 제품, 방직 제품 및 원료, 비금속 및 비금속 관련 제품과 경공업 제품 등을 수출했고 러시아는 중국에 에너지 및 광물, 목재 및 가공 제품, 화공 제품을 중심으로 대중국 수출을 늘렸다. 그러나 2009년에는 뉴욕발 금융위기로 인한 양국의 수요 감소로 중국의 대러시아 수출 품목들은 모두 전년 대비 감소를 기록했다. 러시아도 축산물, 수산물 및 가공 제품을 제외한 모든 품목의 대중국 수출액이 전년 대비 감소하면서 양국의 무역액의 감소를 피할 수 없었다.

표 6-2 중국의 대러시아 주요 수출 품목(2008~2009)

(수출액 단위: 억 달러, 비중·전년 대비 수출액 증감 단위: %)

	2008년 대러 수출액(비중)	전년 대비 대러 수출액 증감	2009년 대러 수출액(비중)	전년 대비 대러 수출액 증감
기계 및 전기, 전자 제품	160(46.2)	47.3	97.6(44.5)	-39
방직 제품 및 원료	30.5(8.8)	55.5	25.9(11.8)	-15.2
비금속 및 관련 제품	29.2(8.4)	40	15.5(7.1)	-46.9
구두, 우산 및 경공업 제품	21.9(6.3)	39.2	15.9(7.2)	-27.5
가구, 완구 및 잡화	17(4.9)	47.7	12.9(5.9)	-24.1
플라스틱, 고무	15.1(4.4)	47.2	9.42(4.3)	-37.7
자동차 및 운송 장비	19.1(5.5)	12.3	5.63(2.6)	-70.6
화공 제품	8.6(2.5)	42.8	7.78(3.5)	-9

자료: 중화인민공화국 상무부 국별보고망, https://countryreport.mofcom.gov.cn(검색일: 2018.3.27).

표 6-3 러시아의 대중국 수출 주요 품목(2008~2009)

(수출액 단위: 억 달러, 비중·전년 대비 수출액 증감 단위: %)

	2008년 대중국 수출액(비중)	전년 대비 대중국 수출액 증감	2009년 대중국 수출액(비중)	전년 대비 대중국 수출액 증감
에너지 및 광물	119(58.4)	68.7	82.8(51.2)	-30.5
목재 및 가공 제품	24.8(12.1)	-8.9	19.9(12.3)	-19.7
화공 제품	24(11.8)	20.2	12.9(8)	-46.4
기계 및 전자 제품	7.7(3.8)	-13.2	7.5(4.6)	-3.3
동물 및 동물 제품	1.3(0.6)	-28	6.6(4.1)	412
플라스틱, 고무	5.2(2.6)	28.7	6.05(3.7)	15.5
섬유소, 펄프	8.1(4)	21.7	5.63(3.5)	-30.5

자료: 중화인민공화국 상무부 국별보고망, https://countryreport.mofcom.gov.cn(검색일: 2018.3.27).

(2) 2010~2012년: 상호 보완적 무역 구조의 지속, 중국의 공산품 대러 수출
증가

2010년부터 2012년까지는 중국의 공산품, 러시아의 원재료 및 원재료 가
공 제품의 상호 보완적 무역 구조를 바탕으로 양국의 무역액이 지속적으로
증가했다. 특히 중국은 각종 공산품의 대러시아 수출에서 2011년 구두, 우산,
경공업 제품을 제외하고는 모든 품목이 전년 대비 대러 수출액 증가를 기록
했다. 특히 중국산 기계 및 전기, 전자 제품의 대러 수출액이 2011년에 200억
달러를 돌파했고 2012년에는 230억 2000만 달러를 기록해 같은 해 양국 무역
액의 약 30.7%를 차지했다. 또한 중국산 방직 제품 및 원료와 비금속 및 관련

표 6-4 중국의 대러시아 주요 수출 품목(2010~2012)

(수출액 단위: 억 달러, 비중·전년 대비 수출액 증감 단위: %)

	2010년 대러 수출액(비중)	전년 대비 대러 수출액 증감	2011년 대러 수출액(비중)	전년 대비 대러 수출액 증감	2012년 대러 수출액(비중)	전년 대비 대러 수출액 증감
기계 및 전기, 전자 제품	170.6(45.1)	74.7	212.4(46.7)	24.5	230.2(45.1)	8.4
방직 제품 및 원료	40.4(10.7)	55.8	41.2(9.1)	2.1	47.9(9.4)	16.1
비금속 및 관련 제품	32.1(8.5)	107	38.9(8.5)	20.8	41(8)	5.6
구두, 우산 및 경공업 제품	28.9(7.6)	81.5	24.8(5.5)	-14	29.2(5.7)	17.4
가구, 완구 및 잡화	22.8(6)	76.9	24(5.3)	5.1	33(6.5)	37.7
플라스틱, 고무	15.6(4.1)	65.9	22.1(4.9)	41.5	30.3(5.9)	39.1
자동차 및 운송 장비	12.7(3.4)	126.2	21.8(4.8)	70.7	29.2(5.7)	17.4
화공제품	11.8(3.1)	51.8	15.6(3.4)	32.3	24.6(4.8)	11.5

자료: 중화인민공화국 상무부 국별보고망, https://countryreport.mofcom.gov.cn(검색일: 2018.3.27).

표 6-5 **러시아의 대중국 수출 주요 품목(2010~2012)**

(수출액 단위: 억 달러, 비중·전년 대비 수출액 증감 단위: %)

	2010년 대중국 수출액(비중)	전년 대비 대중국 수출액 증감	2011년 대중국 수출액(비중)	전년 대비 대중국 수출액 증감	2012년 대중국 수출액(비중)	전년 대비 대중국 수출액 증감
에너지 및 광물	110(57.1)	32.9	177(65.9)	60.8	158(65.6)	-10.8
목재 및 가공 제품	22.3(11.6)	12.2	25.9(9.6)	15.9	20.6(8.6)	-20.3
화공 제품	16.9(8.8)	31.5	22.7(8.5)	34.2	24.4(10.2)	7.4
기계 및 전기, 전자 제품	9.1(4.7)	21.7	7.3(2.7)	-19.1	10.1(4.2)	37.9
동물 및 동물 제품	9(4.7)	36.2	10.7(4)	18.3	9.3(3.9)	-13
플라스틱, 고무	7.34(3.8)	21.4	7.1(2.7)	-2.8	5.1(2.1)	-28
섬유소, 펄프	7.3(3.8)	29.8	10(3.7)	37.3	7.76(3.2)	-22.6

자료: 중화인민공화국 상무부 국별보고망, https://countryreport.mofcom.gov.cn(검색일: 2018.3.27).

제품, 구두와 우산을 비롯한 경공업 제품과 가구, 완구 및 잡화도 저렴한 가격을 바탕으로 대러 수출액을 지속적으로 늘리는 데 성공했다.

반면에 러시아는 중국에 에너지 및 광물, 목재 및 가공 제품, 화공 제품과 같이 원재료와 원재료를 이용한 가공 제품을 수출했다. 공산품과 경공업 제품은 기계, 전기 및 전자 제품, 철강 제품을 제외하고는 중국에 비해 우위에 있지 않기 때문에 중국으로부터 수입에 의존하는 모습을 보여주었다.

(3) 2013년: 러시아의 원재료, 화공 제품 수출 감소로 인한 무역액 감소

양국 무역액이 2013년 감소를 기록하게 된 데는 러시아산 에너지, 광물과 화공 제품의 대중국 수출 감소가 큰 영향을 미쳤다. 러시아산 에너지, 광물의 2013년 대중국 수출액은 전년 대비 45.5%가 줄어들었고 화공 제품도 대중국

표 6-6 중국의 대러시아 주요 수출 품목(2013)

(수출액 단위: 억 달러, 비중 · 전년 대비 수출액 증감 단위: %)

	2013년 대러 수출액(비중)	전년 대비 대러 수출액 증감
기계 및 전기, 전자 제품	235(45.5)	2.1
방직 제품 및 원료	51.6(10)	7.9
비금속 및 관련 제품	40.9(7.9)	-0.3
구두, 우산 및 경공업 제품	29.1(5.6)	-0.1
가구, 완구 및 잡화	33.7(6.5)	1.9
플라스틱, 고무	24.2(4.7)	-1.9
자동차 및 운송 장비	26.3(5.1)	-13.1
화공제품	18(3.5)	5

자료: 중화인민공화국 상무부 국별보고망, https://countryreport.mofcom.gov.cn(검색일: 2018.3.27).

표 6-7 러시아의 대중국 수출 주요 품목(2013)

(수출액 단위: 억 달러, 비중 · 전년 대비 수출액 증감 단위: %)

	2013년 대중국 수출액(비중)	전년 대비 대중국 수출액 증감
에너지 및 광물	86.1(51.7)	-45.5
목재 및 가공 제품	22.3(13.4)	8.2
화공 제품	15.8(9.5)	-35.1
기계 및 전자 제품	11.4(6.8)	12.4
동물 및 동물 제품	10.2(6.1)	9.9
플라스틱, 고무	5.07(3.1)	-1
섬유소, 펄프	7.75(4.7)	-0.1

자료: 중화인민공화국 상무부 국별보고망, https://countryreport.mofcom.gov.cn(검색일: 2018.3.27).

수출액이 35.1%가 줄어들었다.

또한 2013년에는 중국산 공산품의 대러 수출액의 전년 대비 증가율이 방직 제품을 제외하고는 5%를 넘는 품목이 나오지 않았다. 그리고 중국산 자동차 및 운송장 비의 대러 수출액은 2012년 대비 13.1%가 줄어들었고 중국산 비금속 및 관련 제품과 구두, 우산 및 경공업 제품, 플라스틱 및 고무의 대러 수출도 전년 대비 감소를 기록했다.

(4) 2014년: 러시아 원재료의 대중국 수출 대폭 증가

2014년에는 러시아 원재료의 대중국 수출액이 크게 늘어나면서 양국 무역액의 증가를 견인했다. 특히 러시아산 에너지, 광물의 대중국 수출액은 〈표 6-9〉에 나온 바와 같이 288억 8000만 달러로 전년 대비 235.7%의 증가를 기

표 6-8 **중국의 대러시아 수출 주요 품목(2014)**

(수출액 단위: 억 달러, 비중 · 전년 대비 수출액 증감 단위: %)

	2014년 대러 수출액(비중)	전년 대비 대러 수출액 증감
기계 및 전기, 전자 제품	234.7(46.2)	-0.1
방직 제품 및 원료	49.2(9.7)	-4.6
비금속 및 관련 제품	39.8(7.8)	-2.8
구두, 우산 및 경공업 제품	22.7(4.5)	-22.1
가구, 완구 및 잡화	34.1(6.7)	1.4
플라스틱, 고무	26.2(5.2)	8.6
자동차 및 운송 장비	24(4.7)	-8.6
화공제품	19.1(3.8)	6.3

자료: 중화인민공화국 상무부 국별보고망, https://countryreport.mofcom.gov.cn(검색일: 2018.3.27).

표 6-9 **러시아의 대중국 수출 주요 품목(2014)**

(수출액 단위: 억 달러, 전년 대비 수출액 증감 단위: %)

	2014년 대중국 수출액	전년 대비 대중국 수출액 증감
에너지 및 광물	288.8	235.7
목재 및 가공 제품	25.1	12.6
화공 제품	14.7	-7.4
기계 및 전기, 전자 제품	14.5	27.4
동물 및 동물 제품	9.3	-8.6
플라스틱, 고무	4.15	-18.2
섬유소, 펄프	8.1	4.7

자료: 중화인민공화국 상무부 국별보고망, https://countryreport.mofcom.gov.cn(검색일: 2018.3.27).

록하면서 2014년 러시아와 중국의 전체 무역액(884억 달러)의 약 32.7%를 차지했다. 또한 러시아산 목재 및 가공 제품, 섬유소와 펄프의 대중국 수출도 2013년 대비 17.3%의 증가를 기록하면서 러시아산 원재료와 원재료 가공 제품의 대중국 수출 증가가 양국 무역액의 증가에 도움이 되었다. 이 밖에도 러시아산 기계 및 전기, 전자 제품의 대중국 수출도 전년 대비 27.4%가 늘어났다.

중국도 가구, 완구 및 잡화와 플라스틱과 고무, 화공 제품의 대러시아 수출이 늘어났고 중국산 기계 및 전기, 전자 제품의 대러시아 수출액도 234억 7000만 달러를 기록하면서 양국 무역액이 역대 최대 규모를 기록하는 데 기여했다.

(5) 2015년: 루블화 가치 폭락에 따른 무역액의 감소

2015년에는 루블화의 달러 대비 환율이 폭락하면서 양국의 수출액에 손실을 입히는 요인으로 작용했다. 그래서 러시아의 기계 및 전자 제품, 동물 및 동물 제품을 제외한 전 품목의 수출액이 감소하는 모습이 나타났다.

표 6-10 중국의 대러시아 수출 주요 품목(2015)

(수출액 단위: 억 달러, 비중 · 전년 대비 수출액 증감 단위: %)

	2015년 대러 수출액(비중)	전년 대비 대러 수출액 증감
기계 및 전자 제품	170.5(49)	-27.3
방직 제품 및 원료	31.1(8.9)	-36.9
비금속 및 관련 제품	25.7(7.4)	-35.2
구두, 우산 및 경공업 제품	14.3(4.1)	-36.7
가구, 완구 및 잡화	20.4(5.9)	-40.2
플라스틱, 고무	15.8(4.6)	-39.6
자동차 및 운송 장비	13(3.7)	-46
화공제품	17.6(5.1)	-8.1

자료: 중화인민공화국 상무부 국별보고망, https://countryreport.mofcom.gov.cn(검색일: 2018.3.27).

표 6-11 러시아의 대중국 수출 주요 품목(2015)

(수출액 단위: 억 달러, 비중·전년 대비 수출액 증감 단위: %)

	2015년 대중국 수출액(비중)	전년 대비 대중국 수출액 증감
에너지 및 광물	197.3(70.2)	-31.7
목재 및 가공 제품	22.2(7.9)	-11.7
화공 제품	13.2(4.7)	-10
기계 및 전자 제품	15.6(5.6)	7.8
동물 및 동물 제품	10(3.5)	6.3
플라스틱, 고무	3.8(1.4)	-7.8
섬유소, 펄프	8.3(2.9)	2.4

자료: 중화인민공화국 상무부 국별보고망, https://countryreport.mofcom.gov.cn(검색일: 2018.3.27).

(6) 2016~2017년: 무역액 증가 추세의 회복

2016년에는 중국의 기계 및 전기, 전자 제품과 플라스틱 및 고무, 자동차 및 운송 장비, 화공 제품의 대러 수출액이 늘어나면서 양국 무역액의 전년 대비 증가에 긍정적인 영향을 주었다. 또한 러시아산 목재 및 가공 제품, 동물 및 동물 제품의 대중국 수출도 늘어나면서 양국의 무역액이 2015년 대비 4% 증가를 기록할 수 있었다.

2017년에는 중국산 기계 및 전자 제품을 비롯한 모든 공산품들이 전년 대비 수출액 증가를 기록했다. 특히 구두, 우산 및 경공업 제품과 가구, 완구 및 잡화, 자동차 및 운송 장비는 전년 대비 30%가 넘는 대러 수출액 증가를 기록했다. 러시아도 2017년에 에너지 및 광물의 대중국 수출액이 263억 9000만 달러로 2014년에 이어서 다시 200억 달러가 넘는 수출 호조를 나타내었다. 또한 목재 및 가공 제품을 비롯한 원재료, 원재료 가공 제품의 전년 대비 대중국 수출이 늘어났다. 아울러 러시아산 기계 및 전기, 전자 제품의 대중국 수출액이 21억 9000만 달러를 기록하면서 양국 간의 기계 및 전기, 전자 제품 무역 활성화의 가능성을 보여주었다.

표 6-12 중국의 대러시아 주요 수출 품목(2016~2017)

(수출액 단위: 억 달러, 비중 · 전년 대비 수출액 증감 단위: %)

	2016년 대러 수출액(비중)	전년 대비 대러 수출액 증감	2017년 대러 수출액(비중)	전년 대비 대러 수출액 증감
기계 및 전기, 전자 제품	201.7(53)	18.5	254.5(53)	26.2
방직 제품 및 원료	30.6(8)	-1.6	35.7(7.4)	16.6
비금속 및 관련 제품	25.6(6.7)	-0.4	34.1(7.1)	33.4
구두, 우산 및 경공업 제품	12.8(3.4)	-11	17.8(3.7)	38.7
가구, 완구 및 잡화	19.9(5.2)	-2.7	27.7(5.8)	39.6
플라스틱, 고무	16.8(4.4)	6.3	19.6(4.1)	16.6
자동차 및 운송 장비	13.9(3.7)	7.4	18.8(3.9)	34.6
화공 제품	19.1(5)	8.5	23.5(4.9)	22.6

자료: 중화인민공화국 상무부 국별보고망, https://countryreport.mofcom.gov.cn(검색일: 2018.3.27).

표 6-13 러시아의 대중국 수출 주요 품목(2016~2017)

(수출액 단위: 억 달러, 비중 · 전년 대비 수출액 증감 단위: %)

	2016년 대러시아 수출액(비중)	전년 대비 대러시아 수출액 증감	2017년 대중국 수출액(비중)	전년 대비 대중국 수출액 증감
에너지 및 광물	187(68.3)	-5.2	263.9(70.5)	41.1
목재 및 가공 제품	25.9(9.5)	17	32.7(8.7)	25.9
화공 제품	10.2(3.7)	-22.7	11(2.9)	7.6
기계 및 전기, 전자 제품	13.9(5.1)	-11.4	21.9(5.9)	58.1
동물 및 동물 제품	10.6(3.9)	6.2	11(3)	4.3
플라스틱, 고무	3.5(1.3)	-9.8	4.9(1.3)	42.9
섬유소, 펄프	8.1(3)	-1.7	9(2.4)	11.6

자료: 중화인민공화국 상무부 국별보고망, https://countryreport.mofcom.gov.cn(검색일: 2018.3.27).

3. 투자

1) 중국의 대러시아 투자

(1) 중국의 대러시아 직접투자 추이

2008년 뉴욕발 국제금융위기로 불어닥친 유럽과 러시아의 경기 침체로 인해 2009년 중국의 대러시아 직접투자 유입액은 3억 4800만 달러로 전년 대비약 11.9% 감소를 기록했다.* 그러나 2010년부터 중국 기업들이 러시아에 대한 신규 투자를 다시 늘리면서 중국의 대러시아 직접투자 유입액은 2013년까지 4년 연속 증가 추세를 기록했다. 이는 중국의 러시아에 대한 투자 영역이기존의 에너지 중심에서 농업, 건축, 건축자재, 무역, 방직, 가전, 통신 등으로확대되었기 때문이다. 그러나 2013년 이후에도 중국의 대러시아 직접투자 유입액은 2014년, 2016년에 전년 대비 감소를 기록했다.

2009년부터 2013년까지 중국의 대러시아 업종별 직접 투자의 패턴을 살펴보면 매년 증가 추세를 보인 업종이 없었다. 그러나 농업, 어업, 목축업은 2011년을 제외하고는 전년에 비해 직접투자 유입액이 증가했다. 특히 헤이룽장성 정부 소유 기업인 화신 그룹이 연해주에 중·러 농업 현대화 지구를 건설, 운영하면서 농업 분야의 직접투자가 늘어나는 계기가 되었다.

자원 및 광물 채굴은 2011년에 3억 3000만 달러의 직접 투자가 유입되었다가 2012년에 전년 대비 28.9%가 감소했다. 부동산은 상하이의 대형 국유기업인 상하이 실업 그룹을 중심으로 상트페테르부르크 서남부에서 '발트해의 진주' 사업을 추진하면서 1억 7200만 달러의 직접투자가 유입되었다. 그러나 같은 해 국제금융위기의 여파로 러시아 현지의 부동산 구입과 임대가

---

* 2008년 중국의 대러시아 직접투자 유입액은 약 3억 9500만 달러였다. 中国人民共和国 商务部·中国国家统计局·中国外汇管理局, 2008年中国对外直接投资公报(2009), p. 19.

표 6-14 중국의 대러시아 직접투자 유입액(2008~2017)

(단위: 억 달러)

연도	2008	2009	2010	2011	2012	2013	2014	2015	2016	2017
유입액	3.95	3.48	5.68	7.16	7.85	10.22	6.34	29.6	12.9	22.2

자료: 中国人民共和国 商务部·中国国家统计局·中国外汇管理局, 中国对外直接投资统计公报(2009: 31; 2010: 21; 2011: 21; 2012: 22; 2013: 25; 2014: 28; 2015: 31; 2016: 29; 2017: 32).

부진해 '발트해의 진주' 1기 사업은 손실을 기록했다. 또한 러시아 국내 신규 부동산 투자가 부진하면서 2010년에 부동산 투자가 큰 폭의 감소를 기록했다. 임대 및 상업 서비스도 모스크바 그린우드 국제 무역 센터를 건설, 운영하는 중국 청퉁을 중심으로 2010년에 2억 100만 달러에 직접 투자가 유입되었고 2012년에 1억 8300만 달러의 직접 투자가 들어왔다. 그러나 2010년과 2012년을 제외하고는 신규 임대 및 상업 서비스 투자가 부진해 모두 전년 대비 감소를 기록했다. 제조업의 경우 중국 기업들이 생산 라인의 해외 진출을 추진하면서 2012년부터 1억 5000만 달러가 넘는 직접투자가 러시아로 유입되었다. 2014년에는 루블화 가치 폭락으로 러시아 국내 경기 침체와 구매력 저하, 루블화를 달러로 환전했을 경우의 환차손으로 많은 중국 기업이 대러시아 신규 투자에 적극적으로 나서지 않게 되었다. 영역별로 살펴보면 부동산과 임대 및 상업 서비스 분야만 전년 대비 소폭 증가를 기록했고 다른 영역들은 모두 직접 투자 유입이 감소했다.

그러나 2015년에는 자원 및 광물 채굴, 금융에 신규 투자가 늘어나면서 중국의 대러시아 직접투자액이 29억 6000만 달러로 사상 최고치를 기록하는 데 결정적인 역할을 했다. 2016년에는 중국 기업들의 대러시아 직접투자가 농업과 어업, 목축업에서 전년 대비 약 3배 증가했으나 중국의 대러시아 금융업에 대한 직접투자가 큰 폭으로 줄어들면서 중국의 대러 직접투자 유입액이 전년 대비 감소하는 결과로 이어졌다. 2016년에 중국이 러시아의 금융업에 대한

표 6-15 중국의 대러시아 업종별 직접투자(2009~2014)

(투자 유입액 단위: 1,000만 달러, 중국의 대러시아 직접투자 유입액에서 차지하는 비중: %)

연도	자원, 광물 채굴		농업, 어업,목축업		제조업		부동산	
	투자 유입액	비중	투자 유입액	비중	투자 유입액	비중	투자 유입액	비중
2009	2.1	6	7	20	5.6	16.1	17.2	49.5
2010	4.9	8.6	18.1	31.8	7	12.3	0.1	0.2
2011	30.3	42.4	14.7	20.6	4.4	6.2	7.6	10.7
2012	10.7	13.5	23.5	30	17.4	22.2	0.19	0.2
2013	22.7	22.2	40	39.2	16.5	16.2	0.36	0.4
2014	8.2	13	35.2	55.6	11.6	18.2	1.5	2.3

연도	금융		임대 및 상업 서비스		기타	
	투자 유입액	비중	투자 유입액	비중	투자 유입액	비중
2009	1.4	0.4	1.3	3.7	0.2	4.3
2010	0.8	1.4	20.1	35.5	5.8	10.2
2011	0.53	0.7	4.2	5.9	1	13.5
2012	-2.9	-3.8	18.3	23.3	1.13	14.4
2013	14.5	14.2	1.4	1.3	0.87	8.5
2014	1.48	2.3	2.3	3.6	0.31	4.9

자료: 中国人民共和国 商务部 · 中国国家统计局 · 中国外汇管理局, 中国对外直接投资统计公报(2010: 32; 2011: 30; 2012: 29; 2013: 27; 2014: 36; 2015: 35).

투자를 늘리지 못한 것은 러시아가 중국의 인민폐 계좌를 당장 사용할 수 있는 유동성(현금)으로 사용할 수 없도록 했기 때문이다.[7] 그래서 러시아에서 활동하는 중국의 로컬 은행들은 유사시에 중국 내 예금되어 있는 인민폐를 러시아에서 사용할 수 없다. 이 때문에 러시아에 진출한 중국 로컬 은행들은 러시아 금융 당국에 중국의 인민폐 계좌 예금을 러시아에서 현금으로 사용할 수 있게 해줄 것을 요구하고 있다.[8] 그러나 러시아 금융 당국은 인민폐를 비롯한 해외 자본의 유입, 사용의 제한 규정을 유지하려 하기 때문에 이에 대한 개선을 하지 않고 있다.

표 6-16 중국의 대러시아 업종별 직접투자(2015~2016)

(투자 유입액 단위: 1,000만 달러, 중국의 대러시아 직접투자 유입액에서 차지하는 비중: %)

연도	자원, 광물 채굴		농업, 어업, 목축업		제조업		부동산	
	투자유입액	비중	투자유입액	비중	투자유입액	비중	투자유입액	비중
2015	141	47.6	34.7	11.7	27.6	9.3	1.16	0.4
2016	54.2	41.9	43.3	33.5	22.3	17.2	0.02	0

연도	금융		임대 및 상업 서비스		기타	
	투자유입액	비중	투자유입액	비중	투자유입액	비중
2015	76.8	25.9	3.9	1.3	1.08	3.8
2016	3.6	2.8	3.7	2.9	0.37	1.7

자료: 中国人民共和国 商务部·中国国家统计局·中国外汇管理局, 中国对外直接投资统计公报(2016: 35; 2017: 38).

2017년에는 중국이 러시아에서 제조업, 건설 등의 대형 투자에 적극적으로 나서면서 대러시아 직접투자 유입액이 전년 대비 72% 증가를 기록했다.

(2) 중국 금융 기관, 기업들의 대러시아 투자

2017년까지 1000여 개의 중국 기업들이 러시아에 투자하고 있다. 그중 중국의 주요 기업들과 금융 기관들도 러시아에 현지 법인을 설립하면서 사업을 진행하고 있다. 은행업에서는 중국은행이 러시아에 있는 중국 기업들의 지원을 위해 진출한 이후부터는 러시아 진출이 없었다. 그러나 2007년 8월 중국 최대의 국유 상업은행인 중국 공상 은행이 모스크바 법인을 설립했고 2013년 3월에는 중국 건설 은행, 2014년 12월에는 중국 농업 은행이 현지 법인을 설립하면서 국유 4대 은행이 모두 러시아에 진출하게 되었다.

현재까지 중국의 국유 4대 은행의 대러 영업 특성을 살펴보면 중국은행은 모스크바의 러시아 법인 본점 외에 하바롭스크, 블라디보스토크에 지점을 운영하면서 극동 러시아에서의 영업을 강화하는 데 초점을 맞추고 있다. 중국

표 6-17 중국 4대 국유 은행의 러시아 투자와 영업

기업	업종	진출 시기	주요 내용
중국은행	금융	1993	- 등록 자본: 5200만 달러 - 자산: 4억 2500만 달러 - 본점: 모스크바 - 지점: 하바로프스크, 블라디보스토크
중국 공상 은행	금융	2007.8	- 총자산: 5억 5000만 달러 - 주요 업무: 대출, 무역 융자 및 신용장, 보험, 예금, 결산, 인터넷 뱅킹 - 러시아 직원: 112명, 중국인 직원: 28명 - 본점: 모스크바 - 상트페테르부르크에 지점 운영 - 2016년 러시아 증권시장의 거래, 위탁 관리 자격 획득: 러시아에서의 투자은행 업무 시작
중국 건설 은행	금융	2013.3	- 등록 자본: 1억 5000만 달러 - 총자산: 2억 2000만 달러 - 주요 업무: 대출, 무역 융자 및 신용장, 보험, 예금, 결산, 인터넷 뱅킹 - 본점: 모스크바
중국 농업 은행	금융	2014.12	- 등록 자본: 14억 루블 - 주요 업무: 대출, 무역 융자 및 신용장, 보험, 예금, 결산, 인터넷 뱅킹 - 본점: 모스크바

자료: 中国人民共和国 商务部, 对外投资指南国别(地区) 指南 俄罗斯(2017年版)(2018). pp. 38~40.

공상 은행은 러시아의 양대 도시인 모스크바와 상트페테르부르크를 집중 공략하고 있고 2016년에는 러시아에서 투자은행 업무를 시작하면서 러시아 증권 시장과의 연계를 통한 이윤 극대화를 시도하고 있다. 중국 건설 은행과 중국 농업 은행은 모스크바에서 영업과 대출, 무역 융자 및 신용장, 보험, 예금, 결산, 인터넷 뱅킹 업무를 진행하고 있다.

쇼핑, 유통업에서는 중국 우의 쇼핑센터가 2000년에 모스크바 중앙구에 문을 연 이후 현재까지 백화점, 슈퍼마켓, 레스토랑 및 엔터테인먼트 기능을 모두 갖춘 종합 쇼핑센터로 영업을 하고 있다. 부동산 분야에서는 상하이 실업 그룹이 상트페테르부르크에서 추진한 발트해의 진주 사업이 2009년 1기 사업의 실패를 극복하고 2010년에 주택 판매량이 늘어나면서 진주 광장 사업을 핀란드 SRV와 함께 추진하고 있다. 또한 중국 청통은 모스크바에서 그린우드

표 6-18 **중국 주요 기업들의 쇼핑, 유통업 및 부동산, 빌딩 건축 및 임대업 투자**

기업	업종	진출 시기	주요 내용
중국 우의 쇼핑센터	쇼핑, 유통업	2000	모스크바 중앙구에 위치한 종합쇼핑센터
상하이실업 그룹	부동산	2009	- 상트페테르부르크 서남부의 빌딩, 호텔, 쇼핑센터, 주택 임대 사업 - '발트해의 진주' 추진 • 2009년 1기 사업: 손실 발생 • 2010년: 프로젝트 점진적 회복, 주택 판매량 증가 - "진주광장" 사업: 리스크 분산을 위해 핀란드 SRV 공사와 합자 개발 협의 달성
중국청통	빌딩 건축 및 임대	2010	- 모스크바 그린우드 국제 무역센터 건축 및 임대 - 총투자 규모: 3억 5000만 달러 • 2011년 9월 영업 개시 • 중국 둥펑자동차, 중싱을 비롯한 400여 개의 해외 기업 입주

자료: 中国人民共和国 商务部, 对外投资指南国别(地区)指南 俄罗斯(2017年版)(2018), pp. 38~40.

국제무역 센터 건축 및 임대 사업을 추진해 400여 개 기업들의 입주에 성공하면서 입주 기업들의 임대료를 통한 수익을 창출하고 있다.

임업에서는 중항 임업이 2008년 5월부터 톰스크 목재 공업단지 사업을 수행하고 있고 광업 분야에서는 헤이룽장 츠진싱 광업이 툴라 공화국 금속 광산 프로젝트, 우쾅그룹이 체리야빈스키 철강 야금 종합단지, 중국 야금과공 유한공사가 오제르노이 납, 아연 선광장 사업을 진행하고 있다.

제조업 분야에서도 중국 주요 기업들의 러시아 진출과 투자가 꾸준히 진행되고 있다. 러시아의 통신 장비, 이동통신 시장에서는 1995년에 통신 장비로 진출한 화웨이가 두각을 나타내고 있다. 업체 화웨이는 러시아 유럽 파트의 주요 대도시들의 인터넷 통신망, 도시 치안 관리 시스템 구축에 참여하고 있다. 화웨이는 2012년에는 요타 네트워크와 LTE, 2014년에는 메가폰과 5G 네트워크 구축을 시작하면서 러시아의 인터넷 속도 향상에 기여하고 있다.[9] 특히 5G 네트워크는 초당 35GB의 인터넷 속도를 기록함으로써 화웨이와 메가폰이 2018년 러시아 월드컵 기간의 초고속 인터넷 사용에 도움이 될 것으로

표 6-19 중국 주요 기업들의 쇼핑, 유통업 및 부동산, 빌딩 건축 및 임대업 투자

기업	업종	진출 시기	주요 내용
중항임업	임업	2008.5	- 중·러 톰스크 목재공업단지 • 1기: 목재 가공, 합판, 가구 공장, 화력 발전소, 건조요 등 건설 • 1기 총투자액: 163억 루블
헤이룽장 츠진룽싱광업	광업	2006.4	- 툴라 공화국 금속 광산 프로젝트 • 아연: 85%, 납: 10%, 동: 10%로 구성된 금속 광산 • 2008년 8월: 광산 개발 및 건설 시작
우쾅그룹	광업	2010.9	- 체리야빈스키 철강 야금 종합단지 • 2010년 9월: 3억 700만 달러의 EPC 프로젝트 계약, 그중 2억 5000만 달러는 중국 수출입은행 이 신용대출 지원. • 2013년 7월 16일: 100mm 철도 레일 생산 시작
중국야금과공 유한공사	광업	2012	- 오제르노이 납, 아연 선광장 • 부리야트 공화국 아라프닌스크 지구에 위치 • 세계에서 6번째로 큰 납, 아연 광산 • 프로젝트 금액: 12억 9000만 달러 • 러시아의 납, 아연 제품 구매와 선광장, 주변 인프라 구축 과 정에서 4억 달러의 중국산 기계, 전자 제품 수출 수요 발생

자료: 中国人民共和国 商务部, 对外投资指南国别(地區)指南 俄罗斯(2017年版)(2018), pp. 38~40.

기대하게 만들고 있다.[10] 아울러 같은 해에 상트페테르부르크시의 세이프 시티 시스템을 구축하는 데도 참여했다. 세이프 시티 시스템에는 화웨이의 도시 치안 관리 시스템을 도입해 시내에 설치된 카메라에서 촬영된 영상을 실시간으로 시 정부의 데이터 센터와 통제실로 전송해 상트페테르부르크시 정부의 치안 관리 강화에 기여했다. 또한 화웨이는 2018년 2월 러시아 스마트폰 시장 점유율 17.5%로 삼성에 이어 2위를 기록하며 애플을 추월했다.[11] 아울러 화웨이는 러시아에서 공유 클라우드 서비스를 시작하면서 러시아에서 빅데이터와 이를 활용한 사업 관련 서비스를 통해 수익을 창출하려 시도하고 있다.[12]

2008년에 러시아에 진출한 중국 가전 업체 하이얼은 2016년에 제품 판매와 사내 벤처 운영, 현지 생산 기반 구축에서 눈에 띄는 성과를 거두고 있다. 하이얼의 스마트 에어컨은 2016년 1분기 러시아 에어컨 판매 2위를 기록했고

사내 벤처(ZZJYT)는 인터넷을 통한 러시아 소비자들과의 소통으로 2015년 러시아 가전 시장의 매출이 15% 감소했는데도 같은 해 전년 대비 79%의 수입 증가를 기록하는 데 기여했다. 아울러 2016년 4월 22일 타타르 공화국 나베레즈니예첼니시에서 냉장고 생산 라인 가동을 시작하면서 러시아 시장에서 더 적극적인 마케팅을 전개할 수 있는 기반을 마련했다. 타타르 공화국에서 생산된 냉장고는 2017년 5월 10만 대를 돌파했고 러시아의 3도어와 3도어 이상의 냉장고 시장 점유율도 25%에 도달하면서 괄목할 만한 성과를 내고 있다.

이 밖에 중국의 로컬 자동차 기업들도 러시아에 공장을 건설하면서 러시아 시장 진출을 시도하고 있다. 최근 중국 시장에서 선진국 제품들보다 저렴한 SUV로 성과를 내고 있는 창청자동차는 2000만 달러를 투자해 2014년 9월부터 툴라주에 자동차 공장을 건설하고 있다.[13] 계획대로 창청의 공장이 2018년에 완공되면 주력 SUV 차종인 하포 H3를 중심으로 연간 15만 대의 차량을 생산할 계획이다.[14] 2014년 10월 13일에는 중국 중서부의 직할시 충칭을 기반으로 성장한 자동차 회사 리판이 모스크바에서 리커창 중국 총리가 배석한 가운데 러시아 리페츠크주와 약 3억 달러를 투자해 리페츠크주 경제특구에 매년 6만 대의 자동차를 생산하는 공장 건설 협의서를 체결했다.[15] 리판이 2015년 7월 16일부터 건설을 시작한 리페츠크주 자동차 공장이 계획대로 2017년에 완공되면 연간 6만 대의 차량을 생산해 러시아 시장 판매와 카자흐스탄, 벨라루스에 수출을 병행할 계획이다.[16]

2) 러시아의 대중국 직접 투자

러시아의 대중국 직접투자는 2016년 기준 10억 2040만 달러의 누적액을 기록했다.[17] 이는 같은 기간 중국의 대러시아 직접투자 누적액(140억 2000만 달

표 6-20 **러시아의 대중국 직접투자 유입액(2008~2016)**

(단위: 1,000만 달러)

연도	2008	2009	2010	2011	2012	2013	2014	2015	2016
유입액	5.2	5.99	3.17	3.5	3.1	2.99	4.09	1.31	7.34

자료:
中国国家统计局, 中国统计年鉴(2011), http://www.stats.gov.cn/tjsj/ndsj/2011/indexch.htm(검색일: 2018.2.21);
中国国家统计局, 中国统计年鉴(2013), http://www.stats.gov.cn/tjsj/ndsj/2013/indexch.htm(검색일: 2018.2.21);
中国国家统计局, 中国统计年鉴(2016), http://www.stats.gov.cn/tjsj/ndsj/2016/indexch.htm(검색일: 2018.2.21);
中国国家统计局, 中国统计年鉴(2017), http://www.stats.gov.cn/tjsj/ndsj/2017/indexch.htm(검색일: 2018.2.21).

러)의 7%에도 미치지 못하는 수준이다. 러시아가 중국에 투자한 영역은 금융과 알루미늄 분야이다.

(1) 금융

은행업에서는 2001년 12월 중국의 세계무역기구 가입과 금융업의 부분 개방에 따라 2008년 러시아 대외 무역은행이 상하이에 지점을 개설했다. 그 이후 러시아 대외 경제 은행, 천연가스 공업은행, 공업 통신 은행, 러시아 저축 은행 등이 베이징과 상하이에 대표처를 개설했다. 그러나 러시아의 크림반도 합병에 따른 미국, 유럽연합의 경제 제재로 러시아 은행들은 중국 진출과 투자에 어려움을 겪었다. 그러나 러시아연방 정부는 이러한 어려움을 극복하고 금융 투자 협력의 활성화를 위해 러시아 중앙은행의 중국 진출을 결정했다. 2017년 7월 러시아 중앙은행은 베이징에 해외 최초의 대표처를 개설했다.[18] 이는 러시아 중앙은행이 인민폐 청산 업무를 모스크바에서 시작하면서 중국의 중앙은행인 인민 은행, 중국 금융 기관들과 현지에서의 업무 협조가 필요하기 때문이다. 또한 러시아 중앙은행은 중국 기업들의 대러시아 투자에 자금을 지원하는 정책 금융 기관인 중국 수출입은행, 국가 개발은행과의 업무 협조도 절실하다.[19] 그렇기 때문에 러시아 중앙은행은 해외 최초의 대표처를 베이징에 개설해 중국과의 금융, 투자 협력을 강화하려 하고 있다.

증권 시장에서는 중국에서의 공장 운영과 현지 투자를 주도하는 러시아의 알루미늄 기업 루살이 2017년 3월 상하이 증권거래소에서 10억 위안의 일대일로 채권을 발행했다.* 루살이 중국 증권 시장에서 채권을 발행한 것은 러시아 기업들 중에서 최초이며 루살이 향후 중국 사업을 더욱 적극적으로 추진하고자 하는 의지를 보여주는 사례이다.

(2) 알루미늄

러시아가 중국에서 가장 많은 투자를 하고 있는 분야는 알루미늄이다. 러시아가 중국 알루미늄 시장에 주목하는 것은 중국이 전 세계 알루미늄의 1/3을 소비할 정도로 알루미늄에 대한 산업과 생활에서 수요가 많아 이를 활용하면 중국에서의 이윤 창출이 용이할 것으로 보았기 때문이다.[20] 이를 위해 러시아 브이아이홀딩스는 중국 중부 지역 허난성의 알루미늄 기업인 위렌그룹의 지분을 인수했고 위렌그룹을 통해 2010년부터 궁이시에 60만 톤 규모의 알루미늄 정밀 가공 및 초정밀 알루미늄 생산 라인 건설을 추진했다. 궁이시의 60만 톤 규모의 알루미늄 정밀 가공 및 초정밀 알루미늄 생산 라인은 2016년 11월 7일부터 가동을 시작했다.** 궁이시의 알루미늄 가공 및 생산 라인은 독일의 시마크, 지멘스의 제조 설비를 도입하고 '1+4' 알루미늄판 열압연, 냉압연 생

---

*   国际在线, "中俄金融投资合作日盒广泛深入"(2017), http://news.cri.cn/20170702/78cd4fbc-99d5-9595-187e-abdaf8115a55.html(검색일: 2018.3.23). 루살은 2007년 3월 러시아 알루미늄 공사와 시베리아 우랄 알루미늄 공사, 스위스 글렌코어의 합병을 통해 만들어진 알루미늄 업계의 메이저 기업이다. 루살은 2007년 기준 생산 규모에서 세계 시장의 12.5%까지 차지한 바 있으며 총재는 보리스 옐친 전 러시아 대통령의 외손녀의 사위이자 푸틴의 측근인 올레그 제리파스카이다. 올레그 제리파스카는 2007년 2월 러시아 ≪포천≫이 선정한 러시아 부호 랭킹 1위를 차지한 바 있다. 华俄国际, "看好未来市场前景 俄铝业巨头收购中国工厂"(2008), http://www.huaechina.com/news.asp?id=142(검색일: 2018.3.20).

**   브이아이 홀딩스가 투자한 궁이시의 알루미늄 생산 라인은 러시아 민간 자본이 중국에 투자한 최대 규모의 프로젝트이다. 2016년 11월 7일의 생산 라인 오픈 행사에는 당시 러시아 공업무역부 장관이었던 만트로프가 참석했다. 搜狐网, "俄罗斯对华最大民间投资项目河南再放大招"(2016.11.4), http://www.sohu.com/a/118149054_465186(검색일: 2018.2.21).

산 기술을 통해 에너지 절약과 환경 보호를 병행할 수 있도록 했다.[21] 궁이시의 생산 라인에서 만들어지는 제품들은 중국에서 수요가 많은 우주 항공, 자동차 합금판, 인쇄용 알루미늄 자재, 깡통 따개, 인쇄판에 사용되어 수익 확보가 용이하다는 강점이 있다.

러시아의 대형 알루미늄 기업인 러시아 알루미늄 연합 공사(Rusal, 이하 루살)는 2008년 중국 샨시성의 타이구 바오광 탄소섬유 공장을 인수한 후 2000만 달러를 투자해 공장 증설을 추진했다.[22] 루살이 샨시성의 탄소섬유 공장에 투자한 데는 탄소 알루미늄 제품이 중국 북부 지역 석탄 산업의 중심지인 샨시성의 석탄 가공 기업들에 공급되어 지속적인 수익 창출이 가능하기 때문이다.[23] 또한 중국 북부 지역과 러시아가 지리적으로 멀지 않아서 원료 공급이 용이하며 중국의 생산 비용이 다른 선진국들과 러시아보다 15%에서 20% 정도 저렴하기 때문에 생산 비용 절감에 유리한 점도 루살의 샨시성 탄소 공장 투자의 결정 요인으로 작용했다.[24] 루살은 같은 해 2월 21일에는 중국 전력 투자 그룹과 함께 중국 서부의 칭하이성에 연간 50만 톤 생산 규모의 알루미늄 공장을 건설해 2009년부터 생산에 들어갔다.* 루살은 중국에 대한 적극적인 투자로 2010년 중국 알루미늄 시장에서 점유율 10%를 차지했다.[25] 그 이후 루살은 2011년 11월에 중국 북방 공업 공사와 선전 북방 투자 공사의 33% 지분을 인수하기로 합의했다.[26] 중국 북방 공업 공사의 자회사인 선전 북방 공업 공사는 알루미늄 재료와 합금, 유색 금속의 판매를 주관하고 있는데 루살은 지분 인수를 통해 선전을 비롯한 중국 남방 지역의 알루미늄과 합금, 유색 금속 판매에도 참여할 수 있는 기회를 얻게 되었다.[27]

루살은 2012년 4월 28일에는 중국 북방 공업 공사와 4억 8000만 달러 규모의 크라스노야르스크주의 야금 공장의 현대화 개조를 추진하기로 했다.[28] 아

---

* 칭하이성의 알루미늄 공장은 루살이 49%의 지분을 투자했다. 华俄国际, "看好未来市场前景 俄铝业巨头收购中国工厂"(2008), http://www.huaechina.com/news.asp?id=142(검색일: 2018.3.20).

울러 2013년 3월 22일에는 중국의 국유 기업인 중국 알루미늄과 협력을 위한 양해 각서를 체결하고 알루미늄 공업 신기술 연구 개발과 알루미늄 광산 자원 개발, 수력 발전소 운영 등의 투자에 협력하기로 했다.[29]

4. 성과와 문제점

1) 성과

(1) 중국의 에너지 수입선 다변화와 러시아의 에너지 수출 시장 확대

중국은 2010년에 개통한 중·러 송유관 1기(스코보로디노~다칭 구간)와 2018년 1월에 개통한 중·러 송유관 2기(다칭~내몽골~러시아)를 통해 러시아에서 원유 도입을 늘리면서 사우디를 비롯한 중동 국가들에 대한 원유 수입

표 6-21 **중국의 국가별 원유 수입량(2015~2017)**

(수입량 단위: 만 톤)

국가	2015년 수입량	2016년 수입량	2017년 수입량
러시아	4,243	5,238	5,970
사우디아라비아	5,055	5,100	5,218
앙골라	3,870	4,343	5,042
이라크	3,211	3,622	3,682
오만	3,207	3,507	3,101
이란	2,661	3,130	3,115
브라질	1,392	1,873	2,308
베네수엘라	1,601	1,805	2,177
쿠웨이트	1,443	1,634	1,824
아랍에미리트연합	1,257	1,218	1,016

자료: 중국세관(中国海关); 조정원, 「중·러 석유·가스 협력 강화요인과 장애요인: 중국의 국내적 요인을 중심으로」, ≪현대중국연구≫, 19집 4호(2018), 50~51쪽.

표 6-22 **중국의 주요 석탄 수입국의 수입량 추이(2013~2017)**

(단위: 만 톤)

연도	러시아	북한	몽골	인도네시아	호주
2013	2,721.6	1,653.1	1,732.9	6,769.4	8,818.9
2014	2,522.6	1,546.2	1,922.6	4,695.2	9,441.15
2015	1,578	1,962.6	1,412.3	2,827.9	7,086.16
2016	1,885	2,244	2,640	10,380	7,054
2017	2,807	481	3,399	10,901	8,006

자료: 중국세관.

의존을 줄이는 데 도움을 받고 있다. 특히 중·러 제1송유관은 2011년 1월부터 2017년 12월 31일까지 1억 2470만 톤(약 9억 1405만 배럴)의 러시아 원유를 수입했는데, 이를 위해 중국은 러시아에 66억 4700만 달러를 지불했다.[30] 러시아는 중국으로 원유 수출을 늘리면서 원유 수출 시장을 확대해 원유 수요가 지속적으로 늘어나는 중국 시장을 확보하는 성과를 창출했다.

또한 중국이 UN의 대북한 경제 제재로 북한산 무연탄의 도입이 어려워지면서 러시아산 무연탄의 수입을 늘려 중국의 러시아산 석탄 수입이 늘어나고 있다. 러시아는 원유, 가스의 소비에 비해 석탄의 수요가 늘지 않고 있다. 그래서 유럽을 비롯한 해외 시장으로 수출을 늘리려 하고 있지만 경기 침체와 대기 오염 문제, 국제 원유 가격과 천연가스 가격의 하락으로 유럽의 석탄 수요도 늘어나지 않아 어려움을 겪은 바 있다. 그러나 중국이 러시아산 무연탄과 유연탄의 수입을 늘리면서 해외 석탄 수출의 활로를 찾을 수 있게 되었다.

또한 천연가스 분야에서도 중국의 북부 지역을 중심으로 천연가스 공급 확대 수요와 러시아의 대중국 천연가스 수출 증대의 필요성으로 양국 간의 협력을 강화하고 있다. 2020년 12월 전 구간 개통을 목표로 중국 석유와 로스네프트가 건설하고 있는 중·러 동부 가스관은 중국의 북부 지역과 화동의 경제 중심 상하이로의 천연가스의 안정적인 공급과 러시아의 대중국 천연가스 수출 확대에 기여할 수 있을 것으로 보인다.[31] 2017년 12월 8일에 완공된 야말 LNG 터미널은 러시아 LNG의 대중국 수출 증대에 도움을 줄 것으로 기대된다.[32]

(2) 서방의 대러 경제 제재로 인한 해외 투자 유입의 어려움 완화

미국과 유럽연합은 2014년 3월부터 러시아의 크림반도 합병에 따라 대러시아 경제 제재를 시행하고 있으며 6개월마다 내용을 개정하거나 연장하고 있다. 그래서 미국, 유럽연합 회원국들을 대상으로 한 신규 해외 투자 유입에 어려움을 겪고 있다. 2017년 12월 8일에 완공된 야말 LNG 터미널은 중국 기업의 투자와 중국 정책 금융 기관의 금융 지원을 받은 대표적인 사례이다. 중국 석유와 실크로드 기금의 지분 투자(각각 20%, 9.9%)와 중국 국가 개발은행, 중국 수출입은행의 총 191억 유로 지원이 없었다면 야말 LNG 터미널의 완공과 2017년 12월부터 시작된 야말 LNG의 대중국 수출이 어려웠을 것이다.[33] 베이징 가스가 베이징과 주변 지역의 천연가스 공급량 증대를 위해 러시아 석유 공사 계열 산초 석유 가스 개발 공사의 지분 20%를 인수한 것도 이르쿠츠크 가스의 안정적인 개발과 가스의 대중국 판매에 도움을 줄 것으로 기대된다.[34]

2) 문제점

(1) 중간재 무역의 부진

중국과 러시아는 공산품의 생산에 필수적인 중간재 무역이 부진하다. 〈표 6-23〉에 나온 바와 같이 대표적인 중간재인 철강 및 철강 제품의 양국 무역액을 살펴보면 2008년 26억 5400만 달러에서 2017년 19억 6600만 달러를 기록하면서 9년 사이에 6억 8800만 달러가 감소했다. 중국산 철강 및 철강 제품의

표 6-23 **중국과 러시아의 대러, 대중 철강 및 철강 제품 수출액(2008~2017)**

(수출액 단위: 억 달러, 전년 대비 증감 · 비중: %)

	중국의 대러 수출액	전년 대비 증감	중국의 대러 수출에서 차지하는 비중	러시아의 대중국 수출액	전년 대비 증감	러시아의 대중국 수출에서 차지하는 비중
2008	19.72	25.7	5.7	6.82	44	3.4
2009	8.77	-50.4	4	10.73	57.3	6.6
2010	19.14	118.2	5	2.57	-66.7	1.3
2011	23.97	25.2	5.2	2.14	-17	0.8
2012	23.09	3.7	4.5	1.67	-22	0.8
2013	24.04	4.1	4.7	1.99	16	1.2
2014	23.06	-4.1	4.5	1.98	-0.5	0.5
2015	13.88	39.8	4	1.89	-4.5	0.7
2016	14.84	6.9	3.9	1.33	-29.6	0.5
2017	19	28	3.9	0.66	-50	0.2

자료: 중화인민공화국 상무부 국별보고망, https://countryreport.mofcom.gov.cn(검색일: 2018.3.27).

대러 수출액은 2008년 19억 7200만 달러에서 2017년 19억 달러로 7200만 달러가 줄어들었고 중국의 대러 수출에서 차지하는 비중은 2008년 5.7%에서 2017년 3.9%로 감소했다. 2011년부터 2014년까지 중국의 저렴한 철강 및 철강 제품이 러시아로 유입되면서 대러 수출액이 23억 달러를 넘어선 적이 있지만 루블화 가치가 폭락한 2015년에는 13억 8800만 달러로 급감했다. 2016년과 2017년에는 전년 대비 증가를 기록했지만 20억 달러를 회복하지는 못했다.

러시아산 철강 및 철강 제품의 대중국 수출액은 2008년 6억 8200만 달러, 2009년 10억 7300만 달러로 증가했지만 중국 업체들이 가격 대비 성능이 우수한 제품들을 대량 생산하면서 중국 내에서 러시아산 제품의 수요가 줄어들었다. 따라서 2011년부터 2017년까지 2013년을 제외하고는 모두 전년 대비 수출이 감소했고 2017년에는 러시아의 대중국 수출액에서 차지하는 비중이

0.2%까지 떨어졌다.

제조업에서 중국 기업들이 루블화 가치 하락을 활용해 러시아와 중앙아시아, 유럽 수출용 제품을 제조할 공장을 늘릴 경우 중간재 수입에 들어가는 비용을 절감하기 위해서 러시아산 중간재 활용을 선호할 가능성이 있다. 그렇게 되면 양국 간의 중간재 무역을 활성화하기는 어려울 것이다.

(2) 서방의 대러 경제 제재와 러시아 기업들의 대중국 투자 부진

2014년 3월부터 현재까지 시행하고 있는 서방의 대러 경제 제재로 미국·EU에 있는 러시아 자산이 동결되었고 러시아 에너지 기업들은 미국과 유럽연합 회원국 내에서 신주 발행 및 채권 발행(만기 90일 이상)을 할 수 없게 되었다.[35] 또한 러시아 에너지 기업들과 은행들은 신규 부채나 자본 발행을 할 수 없다.[36] 그래서 2017년 포춘의 세계 500대 기업에 들어간 가즈프롬과 루코일, 로스네프트, 스베르방크를 비롯한 러시아의 주요 기업들과 금융 기관들이 해외에서의 자금 조달과 투자에 어려움을 겪게 되었다. 또한 2018년 4월 6일에는 중국 사업을 적극적으로 추진하고 있는 알루미늄 기업 루살도 미국의 추가 경제 제재 대상에 포함되었다. 따라서 루살은 서방으로부터 알루미늄의 원료인 알루미나의 구매가 어려워졌고 모스크바 증권 시장에서 전체 주식의 가치가 1/3 수준으로 폭락했다.[37]

현재 러시아는 중국에 비해 국제 경쟁력과 자금 조달 능력을 동시에 갖춘 기업과 금융 기관이 많지 않다. 이러한 상황에서 서방의 대러시아 경제 제재가 완화되지 않는다면 러시아 연방 정부와 러시아 기업들은 대중국 투자에 적극적으로 나서기가 더욱 어려워지면서 중국의 대러시아 투자와 금융 지원에 의존할 가능성이 있다.

5. 결론

뉴욕발 국제금융위기가 시작되었던 2008년부터 2017년까지 중국은 선진국에 비해 가격이 저렴한 공산품을 러시아에 수출하고 러시아는 원재료와 이를 가공한 제품들을 중국에 수출하는 상호 보완적인 무역을 지속해왔다. 국제금융위기의 영향이 있었던 2009년, 러시아산 원재료와 화공 제품의 대중국 수출이 줄어들었던 2013년, 루블화 가치 폭락에 따른 수출액의 감소가 불가피했던 2015년을 제외하고는 양국의 무역액은 전년 대비 증가를 기록했다. 2016년 1월부터는 시베리아와 극동 러시아의 봄밀, 옥수수, 쌀, 콩, 카놀라의 중국 수출이 허용되면서 러시아 농산물의 중국 수출이 늘어날 수 있는 계기가 마련되었다.* 이에 따라 2017년 러시아의 대중국 식품 및 농산물 수출액은 17억 7000만 달러를 기록하며 전년 대비 21.1%가 증가했는데 그중 1/3은 곡물과 밀가루였다.[38] 그러나 철강 및 철강 제품을 중심으로 하는 중간재 무역의 부진, 러시아의 대중국 공산품 수출의 약세는 양국의 무역의 양적, 질적 향상에 장애 요인으로 작용하고 있다.

투자에서는 중국의 대러시아 직접투자가 2009년과 2014년을 제외하고는 모두 전년 대비 증가를 기록했으며 러시아의 대중국 직접투자액을 압도하는 상황이 지속되고 있다. 이는 자금 조달 능력과 국제 경쟁력을 갖춘 중국 기업들의 러시아 진출과 중국 정책 금융 기관들의 과감한 금융 지원이 결합된 결

---

* 러시아의 대중국 곡물 수출은 곡물 오염을 이유로 1990년대 중반부터 금지된 바 있다. 2016년부터 대중국 수출이 허용된 품목은 극동과 시베리아에서 생산된 밀과 옥수수, 콩, 쌀, 카놀라이다. 밀은 알타이와 크라스노야르스크 변강주, 노보시비르스크와 옴스크주에서 생산된 제품만이 중국 수출이 허용된다. 옥수수, 콩, 카놀라, 쌀은 하바로프스크와 연해주, 자바이칼 변강주, 아무르주와 유대인 자치주에서 생산된 것만 중국 수출이 허용된다. 레오니드 호메리키, "러시아, 중국에 곡물 수출 시작"(2016.1.14), RUSSIA BEYOND 한국 홈페이지(http://russiafocus.co.kr/business/2016/01/14/559405)(검색일: 2018.1.22).

과이다. 2015년 3월부터 중국 중앙정부가 추진하고 있는 일대일로와 국제 에너지 산업 협력으로 중국의 각급 정부와 기업들의 대러시아 투자는 앞으로 더 늘어날 것으로 보인다.* 러시아도 서방의 경제 제재로 발생한 해외 투자 유입과 자국 기업들의 자금 조달의 어려움을 완화해야 하기 때문에 중국 기업과 자본의 투자를 외면하기 어렵다.

그러나 중국 기업들의 대러시아 투자는 러시아 제조업의 역량 강화, 러시아 현지인들의 고용 증대에는 현재까지 큰 도움이 되지 못하고 있다. 헤이룽장성의 러시아 무역 기업인 '지신'과 저장성의 대형 제화 기업 '캉나이 그룹'이 공동으로 출자한 캉지 그룹이 연해주 우스리스크에서 운영하는 캉지 공단은 신발, 목재, 폴리염화비닐 생산 라인에 근무하는 근로자들 대부분을 중국에서 조달하고 있다.[39] 또한 중국의 자동차 업체인 창청과 리판, 가전 업체인 하이얼을 제외하고는 러시아에 필요한 제조업 공장 운영에 투자하는 기업들이 여전히 많지 않다. 중국과 러시아는 향후 무역과 투자의 양적 증대와 수준 향상을 위해 정부와 기업 차원에서 러시아의 제조업과 첨단 산업의 역량 향상과 이를 위한 현지 인력의 양성 및 고용 창출을 위해 구체적인 투자와 협력 방안을 논의하고 추진할 필요가 있다.

---

* 중국의 농업, 식품 분야의 대형 국유 기업 '중량'이 러시아 곡창지대에 영업 기반을 보유한 니데라와 노블을 인수하면서 러시아 농업 분야 진출에 필요한 기반을 마련했다. 2015년 5월에는 중국 헤이룽장성(省) 정부, 러시아 직접투자 기금(RDIF), 러시아·중국 투자 기금(RCIF) 3자는 농업 부문 투자를 목적으로 하는 20억 달러 규모의 농업 투자 기금을 만들었다. 김한호, "[열린세상] 중국·러시아 농업투자기금 설치를 보며", ≪서울신문≫, 2015년 6월 9일 자, 30면.

참고문헌

1. 국문

김한호. 2015.6.9. "[열린세상] 중국·러시아 농업투자기금 설치를 보며". ≪서울신문≫, 30면.

심상형. 2012. "러시아와 중국을 자유자재로 넘나들며 생산한다: 극동 우수리스크의 중국인". ≪친
  디아저널≫, 11월 호, 56쪽.

이성규. 2017. 「북방경제협력: 러시아 경제 제재 우회 방안」. 한양대학교 에너지거버넌스센
  터. 『북방경제협력: 러시아 경제 제재 우회 방안』, 21~22쪽.

조정원. 2018. 「중·러 석유·가스 협력 강화요인과 장애요인: 중국의 국내적 요인을 중심으로」.
  ≪현대중국연구≫, 19집 4호, 50~58쪽.

유철종. 2018.4.19. "러, 미 제재 대상 거대 알루미늄 기업 '루살' 국유화 검토". ≪연합뉴스≫.
  http://www.yonhapnews.co.kr/international/2018/04/19/0601100000AKR20180
  419188800080.HTML(검색일: 2018.4.25).

호메리키, 레오니드. 2016.1.14. "러시아, 중국에 곡물 수출 시작". RUSSIA BEYOND 한국 홈
  페이지(http://russiafocus.co.kr/business/2016/01/14/559405)(검색일:
  2018.1.22).

2. 중문

安永. 2015. 『来自中国的观点: 对俄罗斯市场的看法 如何影响中国对俄投资』. p. 15.

中国人民共和国 商务部. 2018. 对外投资指南国别(地区) 指南 俄罗斯(2017年版). pp. 38~40.

中国人民共和国 商务部·中国国家统计局·中国外汇管理局. 2009. 2008年度中国对外直接投资统计
  公报. pp. 32~40.

_____. 2010. "2009年度中国对外直接投资统计公报". pp. 23~36.

_____. 2011. "2010年度中国对外直接投资统计公报". pp. 21~35.

_____. 2012. "2011年度中国对外直接投资统计公报". pp. 22~34.

_____. 2013. "2012年度中国对外直接投资统计公报". pp. 21~33.

_____. 2014. "2013年度中国对外直接投资统计公报". pp. 20~35.

_____. 2015. "2014年度中国对外直接投资统计公报". pp. 19~32.

_____. 2016. "2015年度中国对外直接投资统计公报". pp. 17~35.

_____. 2017. "2016年度中国对外直接投资统计公报". pp. 26~38.

중화인민공화국 상무부 국별보고망. https://countryreport.mofcom.gov.cn.

搜狐网. 2016.11.4. "俄罗斯对华最大民间投资项目河南再放大招". http://www.sohu.com/a/118149054_465186(검색일: 2018.2.21).

俄罗斯联邦驻中华人民共和国商务代表处. 2016. "俄中经贸合作". http://www.russchinatrade.ru/zh-cn/ch-ru-cooperation(검색일: 2018.2.21).

张威威. 2017.7.3. "出海记 | 俄媒: 北京燃气完成收购俄石油下属油气田公司20%股权交易". ≪参考消息网≫. http://www.cankaoxiaoxi.com/finance/20170703/2160767.shtml(검색일: 2018.3.27).

中国国家统计局. 2011. 中国统计年鉴. http://www.stats.gov.cn/tjsj/ndsj/2011/indexch.htm (검색일: 2018.2.21).

_____. 2013. 中国统计年鉴. http://www.stats.gov.cn/tjsj/ndsj/2013/indexch.htm(검색일: 2018.2.21).

_____. 2016. 中国统计年鉴. http://www.stats.gov.cn/tjsj/ndsj/2016/indexch.htm(검색일: 2018.2.21).

≪国际在线≫. 2017.7.2. "中俄金融投资合作日益广泛深入". http://news.cri.cn/20170702/78cd4fbc-99d5-9595-187e-abdaf8115a55.html(검색일: 2018.3.12).

≪新浪网≫. 2011.11.29. "俄铝收购中国北方工业集团深圳投资公司33%的股份". http://finance.sina.com.cn/roll/20111129/162810902687.shtml(검색일: 2018.2.23).

≪新华网≫. 2015.7.17. "力帆汽车制造厂在俄罗斯奠基". http://news.xinhuanet.com/fortune/2015-07/17/c_1115956179.htm(검색일: 2017.5.26).

≪俄罗斯卫星通讯社≫. 2008.3.20. "俄罗斯铝业公司收购中国山西太谷宝光碳素厂". http://sputniknews.cn/russia_china_relations/2008032042080644(검색일: 2018.3.20).

≪透视俄罗斯≫. 2012.4.28. "俄铝与中国北方工业公司签署4.8亿美元投资协议". http://tsrus.cn/articles/2012/04/28/14977.html(검색일: 2018.3.22).

≪华俄国际≫. 2008.2.28. "看好未来市场前景 俄铝业巨头收购中国工厂". http://www.huaechina. com/news.asp?id=142(검색일: 2018.3.20).

3. 영문

Elizabeth, Wishnick. 2017. "In search of the 'Other' in Asia: Russia-China relations revisited." *The Pacific Review*, Vol. 30, Issue 1, pp. 114~132.

Heli, Simola. 2016. "Economic relations between Russia and China-Increasing interdependency?." *BOFIT Policy Brief*, No. 6, pp. 3~26.

Jeffrey, Schubert and Savkin Dmitry. 2016. "Dubious Economic Relation: Why a China-Russia Free Trade Agreement Is Hard to Reach?." *China Quarterly of International Strategic Studies*, Vol. 2, No. 4, pp. 529~547.

제7장
러시아 가스의 대중국 수출 전략과 현황*

| 이유신 영남대학교 |

1. 서론

　러시아와 중국의 가스 거래 협상은 1990년대로 거슬러 올라간다. 하지만 이 당시의 협상은 구체적인 진전을 이루지 못했다. 러시아는 중국의 가스 수요가 충분하지 않다고 판단했고 중국은 러시아 동시베리아의 가스 매장량에 대한 확신이 없었다.[1] 하지만 이러한 상황은 2000년대에 들어와 중국의 가스 수요가 급격히 증가하고 동시베리아의 가스 매장량에 대한 중국의 의심이 수그러들면서 서서히 바뀌기 시작했다.** 이런 변화로 러시아와 중국의 가스 거래 협상은 진전되기 시작했다. 일례로 2004년 러시아의 국영 가스 회사 가즈프롬과 중국의 국영 에너지 회사 CNPC는 양국 간의 가스 거래에 관한 양해각서(Memorandum of Understanding)에 서명했다. 이후 양국 간의 협상에 많은

---

*　이 글은 지난 2016/2017년 겨울 학술지 ≪중소연구≫에 게재된 「러시아의 대중국 가스 정책: 기회와 도전」이라는 논문을 일부 수정 및 보완해 작성된 것이다.

**　중국은 1993년에 석유 순수입국이 되었고 이후 14년 뒤인 2007년에 가스 순수입국이 되었다.

진전이 이루어졌으나 가스 가격에 대한 이견으로 오랫동안 협정이 체결되지 않았다. 이러한 교착상태를 해결해준 것이 바로 2014년 우크라이나 사태이다. 특히 그해 3월 러시아가 크림 반도를 합병하고 이후 우크라이나 동부의 친러시아 분리 세력을 지원하자 이에 대해 서방은 경제 제재라는 강력한 카드를 들고 나왔다. 이와 동시에 유럽은 에너지 안보 차원에서 러시아 가스를 대체하기 위한 방안을 강구하기 시작했다. 이런 상황에서 러시아는 2014년 5월 중국과 가스 협상 체결을 통해 우크라이나 사태로 야기된 어려움을 해결하려 했다.

여기서 강조되어야 하는 사실은 러시아와 중국 간의 가스 거래가 순전히 지정학적 요인으로 결정되었다는 것이 절대 아니라는 점이다.[2] 러시아와 중국은 우크라이나 사태 이전부터 양국 간의 가스 거래에 대한 경제적 필요성을 인식하고 있었다. 왜냐하면 러시아는 많은 양의 가스를 생산하고 있는 데 반해 중국은 많은 양의 가스를 필요로 했기 때문이다. 다만 양국의 협정 체결을 가로막았던 요인은 가스 거래에서 누가 더 많은 이익을 얻느냐는 상대적인 이익의 문제였다.[3] 이러한 문제를 해결해준 것이 바로 우크라이나 사태였다. 이는 러시아가 상대적인 이익 문제에서 중국에 일정 양보를 했다는 의미이다.

협정 체결을 계기로 중국은 러시아의 대아시아 가스 정책의 핵심 축이 되었다. 러시아 당국은 2015년에 공개된 '2035년까지의 러시아 에너지 전략 (Energy Strategy of Russia for the Period Up to 2035)'에서 아시아로의 가스 수출량을 2014년 140억 m³에서 2035년까지 1280억 m³까지 끌어올리겠다는 목표를 제시했다.[4] 이와 같은 목표의 달성은 중국으로의 가스 수출 확대 없이는 불가능하다. 이러한 맥락에서 지난 2015년 9월 사할린에서 개최되었던 석유 및 가스 국제회의에 참석한 가즈프롬 이사회 부의장 알렉산드르 메드베데프 (Aleksandr Medvedev)의 발언을 이해해야만 한다. 메드베데프는 구체적인 일정

은 밝히지 않은 채 중국으로 매년 1000억 m³의 가스를 수출하겠다는 계획을 발표했다.[5]

이러한 계획의 실현은 러시아와 중국의 가스 협력을 강화하는 데 중요한 역할을 수행할 것이다. 하지만 이 계획의 실현에는 여러 도전이 도사리고 있다. 이에 본 장은 러시아가 중국으로 가스 수출을 확대하기 위해 추진하는 프로젝트를 살펴보고 이 프로젝트가 직면하고 있는 도전을 분석하고자 한다. 본 장은 다음의 순서대로 전개될 것이다. 우선 중국으로의 가스 수출 확대가 러시아에 어떤 기회를 제공하는지 짚어볼 것이다. 그런 다음 러시아가 자국이 설정한 목표를 달성하기 위해 추진하는 프로젝트를 논의할 것이다. 이후 본 장은 러시아가 이 프로젝트를 추진하는 과정에서 직면한 도전을 분석할 것이다. 마지막으로 본 장은 앞에서 논의한 사항을 정리하고 향후 러시아와 중국의 가스 협력을 전망할 것이다.

2. 중국으로의 가스 수출과 러시아의 기회

러시아가 중국 가스 시장에 진출하려는 가장 중요한 이유는 가스 수출을 다변화함으로써 수요 안보(security of demand)를 공고히 하는 것이다. 가스 소비국의 입장에서 안정적인 공급처를 확보하는 공급 안보(security of supply)가 중요하듯이 가스 생산국의 입장에서는 안정적인 수요처를 확보하는 수요 안보가 중요하다. 이러한 수요 안보의 중요성은 2008년 세계경제 위기 이후에 더욱 높아졌다. 우선 경기 침체, 저렴한 석탄 가격 및 재생에너지의 활용 증가 등과 같은 요인으로 러시아의 주력 시장인 유럽연합의 가스 수요가 감소하기 시작했다. 〈그림 7-1〉에서 보듯이 2008년 5384억 m³에 달하던 유럽연합의 가스 수요는 2011년에 들어 5000억 m³을 하회했고 이후 가스 수요량은 계속

그림 7-1 유럽연합의 가스 수요량 변화 추이(2008~2015)

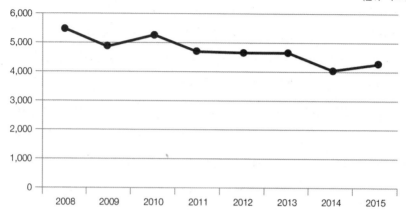

자료: Eurogas Statistical Report(2009, 2010); Eurogas Press Release(March 7, 2011; March 29, 2012; March 11, 2013; March 18, 2014; March 25, 2015; March 30, 2016).

해서 감소해 2014년에는 4090억 m³까지 떨어졌다. 물론 2015년에 들어 유럽
연합의 가스 수요량은 4263억 m³로 증가했지만 2008년 수준에는 훨씬 못 미
치고 있다. 러시아의 입장에서 더 심각한 문제는 유럽의 가스 수요가 이른 시
일 안에 회복되지 않을 가능성이 높다는 것이다. 시장의 많은 예측들은 유럽
의 가스 수요가 빨라야 2020년대 중반쯤 돼야 2008년 수준으로 회복할 것이
라고 지적한다.[6]

　러시아의 또 다른 주요 시장인 CIS 국가에서의 가스 수요 또한 감소했다.
특히 2008년 당시 러시아로부터 가장 많은 양의 가스를 수입한 우크라이나
의 가스 소비량 감소가 가장 가팔랐다.* 2008년 600억 m³에 달하던 우크라

---

* 　2008년 러시아로부터 가장 많은 양의 가스를 수입한 세 국가는 우크라이나, 독일, 터키였다. 이 세
　국가는 러시아로부터 각각 562억 m³, 379억 m³ 그리고 238억 m³의 가스를 수입했다. See Y. Lee,
　"Interdependence, Issue Importance, and the 2009 Russia-Ukraine Gas Conflict," *Energy Policy*, Vol. 102(2017), p. 102.

그림 7-2 가즈프롬의 가스 수출량 변화 추이(2007~2015)

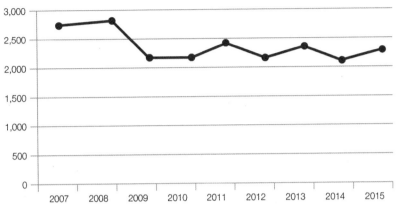

(단위: 억 m²)

자료: Gazprom Annual Report(2008, 2009, 2010, 2011, 2012, 2013, 2014, 2015).

이나의 가스 소비량은 2015년에 이르러 50% 이상 감소해 288억 m³까지 떨어졌다.[7]

이러한 가스 수요의 감소는 가즈프롬의 가스 수출량 감소로 이어졌다. 〈그림 7-2〉에서 보듯이 2008년 2809억 m³에 달하던 가즈프롬의 가스 수출량은 2014년에 2075억 m³까지 떨어졌다. 이후에 이 양은 소폭 증가해 2015년에 2247억 m³로 늘어났지만 2008년 수출량에는 훨씬 못 미치고 있다.

여기에 더해 러시아 국내 가스 소비량도 감소했다. 지난 2015년 러시아는 3915억 m³을 소비했는데 이 양은 2008년 소비량인 4160억 m³보다 줄어든 수치이다.[8] 설상가상으로 러시아 국내 가스 시장에서 노바텍, 로스네프트와 같은 독립가스 회사들은 가스 가격의 할인을 통해 시장점유율을 높이고 있다. 그 결과 가즈프롬의 가스 판매량은 국내 가스 시장에서도 감소했다. 지난 2008년부터 2015년 사이에 가즈프롬의 국내 가스 판매량은 660억 m³가량 줄어들었다.[9]

그림 7-3 **가즈프롬의 가스생산량 변화추이(2007~2015)**

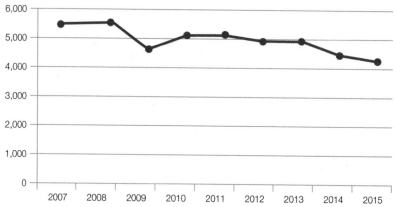

(단위: 억 m²)

이러한 수출량 및 국내 판매량 감소로 가즈프롬의 가스 생산량은 급격히 떨어졌다. 〈그림 7-3〉에서 보듯이 2008년 5497억 m³에 달하던 가즈프롬의 가스 생산량은 2015년 이르러 약 23.9% 감소해 4185억 m³에 머물렀다.[10] 이와 같은 생산량의 감소는 가즈프롬의 생산능력이 증가한 상황에서 발생했다. 가즈프롬은 2000년대 중반 유럽의 가스 수요가 급증할 것으로 기대해 서시베리아 지역의 가스 개발에 많은 재원을 투자했다. 이러한 개발의 대표적인 예가 바로 야말반도에 위치한 보바넨코보(Bovanenkovo) 가스전이다. 이 가스전은 4.9조m³의 가스 매장량을 보유하고 있으며 연간 최대 1400억 m³의 가스를 생산할 수 있는 능력을 갖춘 시설로 개발되었다. 하지만 가즈프롬은 이 가스전에서 최대 가스 생산능력의 30% 수준인 430억 m³만의 가스를 생산하고 있을 뿐이다.[11] 따라서 가즈프롬은 잉여 생산능력 문제를 고민해야만 하는 상황에 처했다. 이 잉여 생산능력은 지난 2008년 이후 급감한 생산량과 반비례해 증가했다. 가장 최근의 분석은 가즈프롬의 연간 잉여 생산능력이 1730억 m³

에 달하는 것으로 추정하고 있다.[12]

동시에 유럽과 CIS 국가들은 가즈프롬에 불리한 정책을 추구하고 있다. 일례로 이들 국가들은 러시아 가스에 대한 의존도를 낮추기 위해 다변화를 모색하고 있다. 여기에 더해 유럽연합은 가즈프롬에 다양한 규제 압력을 가하고 있다. 이러한 규제의 대표적인 예가 바로 제3에너지 패키지(Third Energy Package)이다. 이 패키지의 핵심 중 하나는 가스의 생산, 운송 및 판매를 분리해 가스 시장의 자유화를 추구하는 것이다. 이 패키지가 적용되면 가즈프롬은 계약에 따라 수출하기로 한 가스 중 일부를 직접 소비국에 운송할 수 없게 될 수도 있다. 왜냐하면 가즈프롬에 할당된 가스관의 수송량이 제한될 수 있기 때문이다. 다시 말해 가즈프롬 이외의 회사에도 가스관을 활용할 수 있는 권한이 부여되기 때문에 가즈프롬이 사용할 수 있는 가스관의 용량은 감소할 수밖에 없다.[*]

이를 가장 잘 증명해주는 사례가 바로 제3에너지 패키지 적용을 받는 OPAL 가스관이었다. 이 가스관은 Nord Stream 가스관을 통해 독일 국경으로 운송된 가스를 독일과 중부 유럽으로 수송하는 파이프라인 시설로 매년 360억 m³의 가스를 운송할 수 있는 능력을 갖추고 있다. 하지만 가즈프롬은 2016년 10월까지 이 OPAL 가스관의 50%만 활용할 수 있었다.[**] 그 결과 가

---

[*] 물론 제3에너지 패키지는 기존의 가스 거래 계약에는 적용되지 않는다. 하지만 가까운 미래에 많은 계약들이 갱신되는데 이때부터 이 계약들은 에너지 패키지의 적용을 받게 된다. Henderson and Mitrova, "The Political and Commercial Dynamics of Russia's Gas Export Strategy," OIES Paper(2015.9), p. 36, https://www.oxfordenergy.org/wpcms/wp-content/uploads/2015/09/NG-102.pdf(검색일: 2016.10.1).

[**] OPAL 가스관 수송능력의 나머지 50%는 가동되지 않고 있었다. 하지만 2016년 10월 말 유럽 집행위원회는 향후 OPAL 가스관 수송능력의 30~40%를 활용할 수 있는 권한을 경매에 붙이기로 했고 가즈프롬도 이 경매에 참여하는 것을 허용했다. 이로써 가즈프롬은 Nord Stream 가스관으로 이전보다 더 많은 양의 가스를 수출할 수 있게 되었다. See G. Steinhauser, "EU Approves Increased Gazprom Use of Opal Pipeline," *The Wall Street Journal*, 2016.10.25, http://www.wsj.com/articles/eu-approves-increased-gazprom-use-of-opal-pipeline-147741679

즈프롬은 Nord Stream 가스관의 최대 수송능력이 매년 550억 m³인데도 이 중 약 50%만을 가동할 수 있었다.[13] 유럽은 이러한 다양한 규제를 통해 하류 부문에서 가즈프롬의 가스 판매를 억제하려 하고 있다.[14]

이러한 상황 속에서 중국 시장은 가즈프롬이 직면한 어려움을 일부 해결할 수 있는 기회를 제공하고 있다. 우선 가즈프롬은 중국으로 가스 수출을 확대함으로써 잉여 생산능력 문제를 완화할 수 있다. 그리고 가즈프롬은 중국 가스 시장에 진출함으로써 유럽에 대안의 시장이 있다는 사실을 과시할 수 있다. 러시아 외무부 산하의 외교 아카데미의 원장 블라디미르 루킨(Vladimir Lukin)에 따르면 중국으로의 가스 수출을 통해 러시아는 유럽에 '다른 고객(other customers)'이 존재함을 보여줄 수 있다는 것이다.[15] 이러한 대안의 시장은 러시아가 유럽과 아시아에서 'swing producer'로의 역할을 수행하는 것을 가능하게 한다. 다시 말해 서시베리아 가스전에서 유럽과 중국으로의 거리는 거의 비슷하다. 따라서 러시아는 여기에서 생산된 가스를 더 좋은 조건을 제시하는 측에 먼저 수출할 수 있다. 이렇게 될 경우 러시아는 시세 차익의 기회를 누릴 수 있을 뿐만 아니라 협상력도 높일 수 있다.[16] 이에 더해 대안의 시장은 유럽이 가스 수입량 감축 가능성을 언급하며 가하는 정치적 압력도 일부 상쇄할 수 있는 기회를 제공한다.[17]

러시아는 또한 중국과의 가스 거래를 통해 양국 간의 정치적 관계를 강화할 수 있다.* 특히 우크라이나 사태 이후 러시아가 서방의 경제 제재를 받는

(검색일: 2016.11.20); A. de Carbonnel, "EU Lifts Cap on Gazprom's Use of Nord Stream Pipeline Link," *Reuters*, 2016.10.28, http://uk.reuters.com/article/uk-eu-gazprom-opal-decision -idUKKCN12S222(검색일: 2016.11.20).

* 엄구호, 「러시아의 동시베리아·극동 가스와 동북아 국가의 에너지 안보」, ≪중소연구≫, 39권 1호 (2015), 245쪽. 중국 측 협상자의 언급 또한 중국이 러시아와의 가스 거래를 통해 양국 간의 정치적 관계를 강화하고자 하는 의지가 있었음을 증명해주고 있다. 이 협상자는 "중국이 러시아를 더 압박해 더 저렴한 가격에 가스를 수입할 수도 있었지만 러시아와의 장기적인 협력을 구축하기 위해 그렇게 하지 않았다"라고 말했다. See A. Gabuev, "A 'Soft Alliance'? Russia-China Relations

상황을 고려할 때 이는 중요한 자산이다.[18] 2014년 5월 러시아와 중국의 역사적인 가스 협정이 체결되기 1주일 전 중국을 방문한 미국의 재무장관 제이컵 루(Jacob Lew)는 중국 당국이 러시아에 가해진 서방의 경제 제재를 약화시키는 조치를 취하지 말아달라고 요청했다. 하지만 이러한 미국의 노력에도 러·중 간에 가스 협정이 체결되었다. 중국은 이 가스 협정이 서방의 경제 제재가 취해지기 훨씬 이전부터 시작된 협상의 결과물이라는 사실을 강조하면서 러시아의 손을 들어주었다. 상황이 이렇게 전개되자 러시아 하원인 두마의 외교 위원회 의장 알렉세이 푸시코프(Alexey Pushkov)는 이 협정을 논평하며 "미국의 오바마 정부는 실효성 없는 러시아 고립 정책을 포기해야만 한다"라고 역설했다.[19]

3. 러·중 간 가스 협력 강화를 위한 러시아 프로젝트

러시아가 자국과 중국 간의 가스 협력 강화를 위해 추진하는 프로젝트는 3개이다. 첫 번째 프로젝트는 Power of Siberia(PoS) 가스관이다. 이 가스관은 동시베리아와 중국의 동부 지역을 잇는 파이프라인으로 매년 380억 m³의 가스를 수송할 수 있는 능력을 갖춘 시설로 건설이 진행되고 있다. 두 번째 프로젝트는 한때 알타이 가스관으로 명명되었던 PoS-2 가스관이다. 이 가스관은 서시베리아와 중국의 서부에 위치한 신장 지역을 잇는 파이프라인으로 매년 300억 m³의 가스를 수송할 수 있는 능력을 갖춘 시설로 건설이 계획된 상태이다. 그리고 세 번째 프로젝트는 러시아의 극동 지역과 중국의 동부 지역을 잇는 제3의 가스관인데 노선과 수송능력은 정해지지 않은 상태

after the Ukraine Crisis," *Policy Brief*(2015.2.10), p. 4, http://www.ecfr.eu/page/-/ECFR126_-_A_Soft_Alliance_Russia-China_Relations_After_the_Ukraine_Crisis.pdf(검색일: 2016.10.1).

이다.

러시아가 첫 번째 프로젝트와 두 번째 프로젝트를 동시에 처음 제안한 시점은 2006년 3월이다. 당시 중국을 방문한 푸틴 대통령은 러시아와 중국을 잇는 두 개의 가스관인 동부노선과 서부노선을 건설해 2011년부터 중국으로 가스를 공급하기 시작할 것이라고 발표하면서 양국 간의 최종 가스 거래량 목표치로 매년 800억 m³을 제시했다.[20] 하지만 푸틴의 구체적인 일정 제시에도 두 프로젝트는 오랜 기간 구체적인 성과를 달성하지 못했다. 특히 가스관 노선의 건설 우선순위와 가스 가격을 둘러싼 러시아와 중국의 이견은 두 프로젝트의 진전을 가로막았다.

러시아는 두 프로젝트 중 서부노선인 PoS-2 가스관을 더 선호했는데 그 주요 이유는 다음의 네 가지이다. 첫째, 비용이 덜 소요되기 때문이다. PoS-2는 PoS 가스관에 비해 길이가 짧다. 전자가 2657km에 달하는 반면에 후자는 4000km에 달한다. 그리고 PoS-2 가스관의 경우 일부 노선은 기존의 노선을 활용할 수 있기 때문에 빨리 건설될 수 있다. 이러한 요인은 가스관 건설 비용에 막대한 영향을 미친다. PoS-2 가스관 건설에 110억~140억 달러가 소요될 것으로 기대된 반면에, PoS 가스관 건설에는 270억 달러가 소요될 것으로 예측되었다.[21] 이 외에도 PoS-2 가스관의 경우 이 가스관을 채우게 될 가스를 개발하는 데 추가적인 비용이 많이 발생하지 않는다. 왜냐하면 서시베리아의 가스전은 이미 개발이 되어 있는 상태이기 때문이다. 이에 반해 PoS 가스관은 동시베리아 가스전의 개발을 동반해야 하기 때문에 막대한 자본이 소요된다. 특히 차얀다 가스전의 예상 가스 생산량이 매년 250억 m³에 불과하기 때문에 코빅타 가스전도 함께 개발되어야만 한다.[22] 둘째, PoS-2 가스관은 앞에서 언급한 가즈프롬의 잉여 생산능력 문제를 해결하는 데 중요한 역할을 할 수 있다. 셋째, 러시아는 PoS-2 가스관을 활용해 유럽과 아시아에서 '스윙 프로듀서(swing producer)'로의 역할을 수행할 수 있다. 넷째, PoS-2

가스관은 중앙아시아의 대중국 가스 수출 증대를 억제하는 역할을 수행할 수 있다.

이에 반해 중국은 PoS 가스관을 더 선호했다. 이러한 입장은 2010년 아주 드물게 공개적으로 피력되었다. 당시 중국의 국가개발개혁위원회(National Development and Reform Commission)의 부의장 구오바오(Guobao)는 중앙아시아에서 신장 지역으로 가스가 이미 공급되고 있기 때문에 중국은 러시아에서 추가로 가스를 수입할 필요가 없다고 언급했다. 그는 또한 중국의 신장은 주요 가스 소비 지역이 아닐 뿐만 아니라 많은 가스를 필요로 하는 산업 시설도 없다고 덧붙였다. 이에 더해 중국은 안보 차원에서 중앙아시아-중국 가스관 이외의 또 다른 가스관이 신장 지역을 통과하는 것에 대해 부정적인 입장을 견지하고 있었다.[23]

앞에서 논의했듯이 러시아와 중국은 가스 가격을 둘러싼 이견도 좁히지 못하고 있었다. 러시아는 유럽으로 수출하는 수준의 가스 가격을 요구한 반면에, 중국은 중앙아시아에서 수입하는 수준의 가스 가격을 원했다.[24] 이러한 이견은 2010년부터 시작된 고유가 때문에 더욱 심화되었다. 양국이 제시한 가스 가격의 차이는 한때 1000m³당 100달러를 넘은 적도 있었다. 이러한 상황에서 양국의 가스 협상은 진전될 수 없었다.[25]

이렇게 교착된 가스 협상은 러시아가 두 차례에 걸쳐 양보하면서 구체적인 성과를 내기 시작했다. 러시아는 2013년 3월에 개최된 정상회담에서 중국이 선호하는 PoS 가스관을 먼저 건설하기로 결정했다.[26] 이후 2014년 5월에 들어 러시아는 가스 협상의 마지막 걸림돌이었던 가스 가격에서도 양보를 했다. 이러한 러시아의 양보는 곧 중국과의 가스 협정 체결로 이어졌다.[27] 상하이에서 개최된 러·중 정상회담에서 푸틴과 시진핑이 참석한 가운데 가즈프롬과 CNPC는 러시아 사상 최대 규모의 가스 거래 협정에 서명했다. 이 협정에 따라 러시아는 30년 동안 매년 380억 m³의 가스를 중국에 공급하기로 약속했다. 협정 체결 당시 가즈프롬의 회장 알렉세이 밀러(Alexey Miller)는 CNPC와의 가스 계약의 규모가 4000억 달러라고 밝혔는데 이를 토대로 가스 가격을 추정해보면 1000m³당 약 350달러였다.[28] 이 가격은 유가와 연동되어 있고 복잡한 공식으로 결정되었는데 분명한 것은 이 가격이 러시아가 유럽으로 수출하는 가스 가격보다 저렴하다는 것이었다. 당시 이 가격은 대략 1000m³당 380달러였다.*

가스 협정은 또한 PoS 가스관의 건설도 포함하고 있었다. 이 가스관의 의미는 무엇보다도 러시아가 유럽이 아닌 아시아에서 새로운 시장을 개척했다는 데에서 찾을 수 있다. 물론 러시아는 2009년부터 사할린-2에서 아시아로 LNG를 수출하기 시작했다. 하지만 사할린-2 LNG 시설이 매년 수출할 수 있는 가스의 양은 PoS 가스관의 최대 용량인 380억 m³의 약 32.6%에 불과하다.** 따라서 이 가스관이 건설되면 이 시설이 가스 수출에 미치는 영향력은 매우 클 것으로 기대되었다. 특히 가즈프롬에서 가장 많은 양의 가스를 수입하는 독일이 2014년에 385억 m³을 수입한 사실을 고려하면 더욱 그러했다.[29]

가스 협정 체결 당시 러시아는 중국으로의 가스 수출을 동부노선인 PoS 가스관에 국한하지 않고 더 확대하고자 하는 의지를 피력했다. 당시 푸틴 대통령은 "내일부터 당장 동부 노선 건설이 시작될 것"이라고 언급하면서 "이는 러시아가 중국과 또 다른 가스 수송로인 PoS-2 가스관 건설을 추진하는 것을 가능하게 한다"라고 말했다.[30]

---

* 중국 주재 유럽연합 상공회의소 의장인 부트케(Wuttke)는 러시아와 중국이 합의한 가격은 러시아가 유럽으로 수출하는 가스 가격과 중국이 투르크메니스탄에서 수입하는 가스 가격 사이에서 결정된 것으로 보인다고 말했다. Perlez, "Russia and China Finally Complete 30-Year Gas Deal," *The New York Times,* 2014.5.22, LexisNexis Academic database.

** 사할린-2는 매년 124억 m³의 가스를 수송할 수 있는 능력을 갖추고 있다. See M. Zvonareva, "Russian LNG: A Five Year Window – And It's Closing," Natural Gas World(2015.4.20), http://www.naturalgasworld.com/russian-lng-market-20791(검색일: 2016.11.19).

러시아의 이러한 의지는 구체적인 성과로 드러났다. 가스 협정 체결 이후 4개월여가 지난 9월에 PoS 가스관 건설이 시작되었고 이후 얼마 지나지 않은 11월에 개최된 러·중 정상회담에서 가즈프롬과 CNPC는 PoS-2 가스관 건설과 관련한 양해 각서에 서명했다. 이 양해 각서에 따라 전자는 후자에 30년 동안 매년 300억 m^3의 가스를 수출하기로 약속했다. 이 양해 각서가 실현되면 가즈프롬은 자사의 최대 시장인 독일보다 중국으로 더 많은 가스를 수출할 수 있게 된다.* 양해 각서의 체결 이후 얼마 지나지 않은 2015년 5월 가즈프롬과 CNPC는 이보다 한 단계 높은 수준의 합의문인 합의 각서(Heads of Agreement)에 서명했다.**

이 외에도 가즈프롬과 CNPC는 2015년 9월에 제3의 가스관 건설에 관한 양해 각서에 서명했다. 이 양해 각서 체결 당시 가즈프롬의 회장 밀러는 가스 거래와 관련한 세부적인 사항에 대해서는 구체적으로 밝히지 않았다.[31] 가즈프롬이 제3의 가스관 건설에 관심을 기울이는 배경은 다음과 같다. 지난 2012년 가즈프롬은 사할린에서 하바로프스크를 거쳐 블라디보스토크로 이어지는 가스관을 건설했다. 이 가스관의 애초 목적은 블라디보스토크에 건설 예정인 LNG 시설에 가스를 공급하는 것이었다. 하지만 우크라이나 사태 이후 서방의 경제 제재 아래 블라디보스토크 LNG 계획의 실현 가능성이 희박해지자 가즈프롬은 블라디보스토크로 수송된 가스를 중국으로 수출하는 안을 검토하고 있다.[32]

---

* A. Kramer, "Gazprom Makes a Gas Deal with China, Giving Russia New Leverage," *The New York Times*, 2014.11.1, LexisNexis Academic database. 2015년 러시아는 453억 m^3의 가스를 독일로 수출했다. See Gazprom website 2.

** 합의 각서는 양해 각서보다 한 단계 높은 수준의 합의문이다. 이 합의 각서 체결 이후 본 계약이 체결된다. Chow, "Russia-China Gas Deal and Redeal," *CSIS Commentary*(2015.5.11), https://www.csis.org/analysis/russia-china-gas-deal-and-redeal(검색일: 2016.10.1).

4. 러시아 프로젝트의 세 가지 도전

앞에서 언급했듯이 2015년 9월 사할린에서 개최되었던 석유 및 가스 국제회의에 참석한 가즈프롬 이사회 부의장 메드베데프는 중국으로 매년 1000억 m³의 가스를 수출하겠다는 야심찬 계획을 발표했다. 이 계획의 실현은 앞에서 논의한 3개 프로젝트의 실현 없이는 불가능하다. 왜냐하면 중국이 러시아에서 수입할 수 있는 LNG의 양은 제한적일 수밖에 없기 때문이다. 이 장은 러시아가 추진하는 프로젝트가 직면한 세 가지 도전인 저유가, 중국의 가스 수요 둔화 및 아시아 가스 시장의 경쟁 심화를 차례대로 논의할 것이다.

1) 저유가

러시아가 추진하는 프로젝트가 직면한 첫 번째 도전은 저유가이다. 가즈프롬과 CNPC가 가스 협정을 체결할 당시인 2014년 5월 유가는 브렌트유 기준으로 월평균 배럴당 100달러를 상회했다. 하지만 〈그림 7-4〉에서 보듯이 유가는 2014년 9월부터 배럴당 100달러 아래로 떨어지기 시작하더니 4개월 후인 2015년 1월에 들어 배럴당 50달러 밑으로 하락했다. 물론 이후에 유가는 다시 반등했지만 이 반등은 오래 지속되지 못했고 2015년 8월에 다시 배럴당 50달러 아래로 떨어지더니 2016년 1월에는 30.7달러까지 하락했다. 이후 유가는 다시 반등했지만 11월까지 50달러 선을 넘지 못하다가 11월 말에 OPEC이 석유 감산에 합의하고 12월 초에는 비OPEC의 주요 석유 생산국까지 석유 감산에 동참하면서 유가는 다시 50달러 선을 돌파했다. 하지만 이러한 상승이 가까운 미래에 100달러대의 유가로 이어질 가능성은 매우 희박하다. 일례로 석유 감산 합의 이후 얼마 지나지 않아 러시아 에너지부 장관 알렉산드로 노바크(Aleksandr Novak)는 유가가 100달러보다는 60달러까지 상승할 것으로

그림 7-4 브렌트유 월평균 가격 변화 추이(2014.1~2016.12)

(단위: 1배럴당 달러)

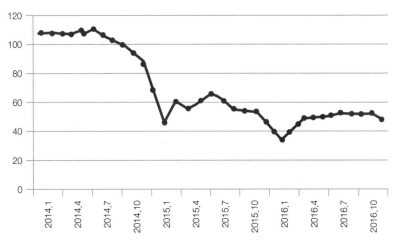

자료: EIA website, http://www.eia.gov/dnav/pet/hist/LeafHandler.ashx?n=pet&s=rbrte&f=m(검색일: 2017.1.1).

보는 예측이 '합리적(reasonable)'이라고 언급했다.[33]

이와 같은 저유가는 러시아가 추진하는 프로젝트에 악영향을 미치는데, 그 이유 중 하나는 프로젝트의 경제성이 떨어지기 때문이다. 중앙아시아 지역의 에너지 자원 수송로 건설을 논의하는 과정에서 에드워드 초(Edward C. Chow)와 리 헨드릭스(Leigh E. Hendrix)는 수송로와 같은 거대 프로젝트가 실제로 실현되기 위해 필요한 네 가지 조건 중 하나로 경제성을 꼽고 있다. 이들에 따르면 경제성이 확보되지 않으면 거대 프로젝트가 실현되기 어렵다는 것이다.*

---

* 초와 헨드릭스가 제시한 나머지 세 가지 조건은 정치적 후원, 에너지 자원 수송로를 채울 자원의 확보 및 상업적 옹호자(commercial champion)의 존재이다. Chow and Hendrix, "Central Asia's Pipelines: Field of Dreams and Reality," *NBR Special Report*, No. 23(2010), p. 34, https:// csis-prod.s3.amazonaws.com/s3fs-public/legacy_files/files/publication/1009_EChow_LHendri x_CentralAsia.pdf(검색일: 2016.10.8). 경제성이 거대 프로젝트에 미치는 영향에 대한 또 다른 분

이 주장을 러시아에 적용하면 프로젝트의 실현 전망은 밝지 않다. PoS 가스관 건설과 관련한 협정을 체결할 당시 유가와 연동된 가스 가격은 매우 높은 편이었다. 여기서 짚고 넘어가야 하는 사항은 바로 유가의 변동이 6~9개월 시차를 두고 가스 가격에 영향을 미친다는 것이다. 앞에서 언급한 1000m³당 350달러는 이 가격에 해당했다. 하지만 유가는 현재 50달러 선에서 거래되고 있다. 이러한 유가의 하락은 이미 가스 가격에 막대한 영향을 미치고 있다. 〈표 7-1〉에서 보듯이 가즈프롬이 '먼 해외(far abroad)'로 수출하는 가스의 평균 가격은 2013년 1000m³당 380.5달러에서 2014년 349.4달러로 하락하더니 2015년에는 245.6달러까지 떨어졌다. 이러한 가스 가격의 하락은 '가까운 해외(near abroad)'로 수출되는 가스에서도 발생했다. 2013년에 266.5달러에 달하던 평균가격은 2014년과 2015년에 각각 262.1달러와 194.2달러로 하락했다. 그리고 이 가격은 2016년에 더 떨어져 10년 만에 최저치가 될 것으로 전망되고 있다.[34]

이렇게 가스 가격이 하락하자 여러 전문가는 PoS 가스관의 경제성에 의문을 제기하기 시작했다. 특히 가스 가격이 러·중 가스 협정 체결 당시의 가격인 1000m³당 350달러를 밑돌 경우 양측의 가스 거래가 러시아 당국이 주장하듯이 많은 이익을 가져다주지 못할 것으로 평가되었다는 사실을 고려하면 더욱 그러하다.[35] 물론 유가의 하락과 서방의 경제 제재로 초래된 루블화 가치의 하락은 가스관 건설 비용을 낮출 수 있다. 왜냐하면 건설 비용의 80%가 루블화로 지급되기 때문이다. 하지만 이를 감안하더라도 유가의 하락으로 가즈프롬이 중국과의 가스 거래를 통해 벌어들일 수 있는 소득은 이 가스관의 경제성을 떨어뜨리고 있다는 것이다.[36]

석은 T. Van de Graaf and B. Sovacool, "Thinking Big: Politics, Progress, and Security in the Management of Asian and European Energy Megaprojects," *Energy Policy*, Vol. 74(2014), pp. 16~27을 참조.

표 7-1 가즈프롬이 '먼 해외'와 '가까운 해외'로 수출하는 가스의 평균가격(2013~2015)

	'먼 해외(1000m³당 $)'	'가까운 해외(1000m³당 $)'
2013	380.5	266.5
2014	349.4	262.1
2015	245.6	194.2

자료: Gazprom Annual Report(2015), p. 97, 104.

유가의 하락은 또한 PoS 가스관을 채울 가스가 생산될 차얀다 가스전과 코빅타 가스전 개발의 경제성도 떨어뜨리고 있다. 이 두 가스전의 개발에는 막대한 자본이 소요된다. 그도 그럴 것이 이 가스전의 개발은 기반 시설의 건설을 동반해야만 하기 때문이다. 가즈프롬은 차얀다 가스전과 코빅타 가스전을 개발하고 러시아 영토 부분을 통과하는 PoS 가스관을 건설하는 데 약 550억 달러가 소요될 것으로 예측하고 있다.[37] 따라서 2014년 당시보다 가스 가격이 30%가량 하락한 상황에서 PoS 가스관의 경제성은 떨어질 수밖에 없다. 물론 가즈프롬의 입장에서 가장 중요한 것은 현재의 가스 가격이 아니라 PoS 가스관의 건설이 완공된 시점의 가격이다. 하지만 문제는 아무도 미래의 유가를 정확히 예측할 수 없기 때문에 PoS 가스관과 관련된 불확실성은 계속해서 지속될 것으로 보인다. 이런 상황에서 러시아가 추진하는 다른 프로젝트의 실현 가능성은 더 떨어질 수밖에 없다.

저유가는 또한 가즈프롬의 재정상황을 악화시킴으로써 러시아가 추진하는 프로젝트에 악영향을 미치고 있다. 앞에서 언급했듯이 유가와 가스 가격은 6~9개월의 시차를 두고 연동되어 있다. 따라서 배럴당 100달러를 상회하던 유가가 50달러 이하로 떨어진 시기가 2015년 1월이니, 가스 가격은 7~10월에 들어 하락하게 된다. 이를 감안하면 2015년과 2016년의 가스 가격은 급격하게 하락할 것이고 이러한 영향이 가즈프롬의 매출액에 미치는 영향은 2016년에 더 클 것으로 예상된다. 따라서 2015년과 2017년 사이 가즈프롬의 매출액은 2012년과 2014년에 비해 적어도 30%가량 순이익은 50%가량 감소할 것으로 기대된다.[38]

이렇게 매출액과 순이익이 감소하면 가즈프롬의 재정상황은 악화될 수밖에 없다. 이러한 영향은 이미 감지되고 있다. 뉴욕과 런던의 투자자들을 상대로 한 설명회에서 가즈프롬은 2016년부터 2020년까지의 자본 지출 규모를 매년 평균 170억 달러로 책정했는데, 이 수치는 2011년 자본 지출 규모인 470억 달러에 비해 63.8%나 줄어든 규모이다.[39] 이에 따라 가즈프롬이 PoS 가스관 건설에 투자하는 자본도 축소되었다. 가즈프롬은 2016년에 26억 달러를 지출할 예정이었으나 이 규모는 이후에 50% 이상 하락한 11.7억 달러로 떨어졌다.[40] 이러한 투자의 감소는 가스관 건설의 지연으로 이어질 것이다. 가즈프롬은 2016년 500마일에 달하는 가스관을 건설하려 했으나 이를 대폭 수정해 250마일의 가스관만 건설할 예정이다.[41]

이러한 상황에서도 가즈프롬은 독자적으로 PoS 가스관의 건설을 추진하고 있다. 가즈프롬과 CNPC가 이 가스관 건설과 관련한 협정에 서명할 당시 후자는 전자에 250억 달러에 달하는 재정지원을 제안했다. 하지만 가즈프롬은 이 제안을 거절하고 재정 지원 문제를 차후의 협상 과제로 남겨놓았다. 이 협상은 오랫동안 진전을 이루지 못하다가 가즈프롬이 지난 2016년 3월 중국은행으로부터 20억 유로를 대출하기로 합의하면서 소정의 성과를 거두었다.[42] 하지만 이 액수는 PoS 가스관을 건설하고 차얀다 가스전과 코빅타 가스전을 개발하는 데 턱없이 부족한 재원이다. 가즈프롬이 재정 문제에도 중국으로부터의 대출에 이렇게 미온적인 주요 이유 중 하나는 바로 대출에 대한 대가로 가스 가격을 추가로 인하해야 하기 때문이다.[43]

2) 중국의 가스 수요 둔화

그림 7-5 **중국의 가스 소비량 변화추이(1991~2015)**

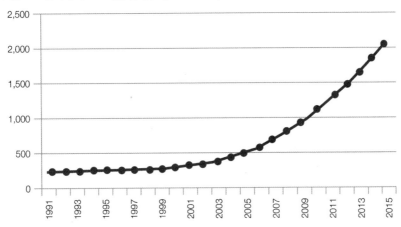

자료: BP Statistical Review of World Energy(2002; 2011; 2016).

러시아가 추진하는 프로젝트가 직면한 두 번째 도전은 중국의 가스 수요 둔화이다. 중국 정부는 자국의 환경을 개선하기 위한 방법의 일환으로 에너지원에서 석탄이 차지하는 비중을 줄이고 가스가 차지하는 비중을 늘리는 전략을 세우고 이를 실행에 옮겨왔다. 이러한 전략에 힘입어 중국의 가스 수요는 2000년대에 들어 급격히 증가했다. 〈그림 7-5〉에서 보듯이 1991년부터 2000년 사이 중국의 가스 소비량은 완만하게 증가했다. 1991년 149억 m³에 달하던 중국의 가스 소비량은 2000년에 들어 245억 m³로 늘어 10년 사이에 1.64배 증가했다. 이에 반해 2001년부터 2010년 사이 중국의 가스 소비량은 이 증가 속도보다 2배 이상 빠른 4.1배 증가했다. 그 결과 2001년 274억 m³에 불과하던 중국의 가스 소비량은 2010년 이르러 1112억 m³까지 치솟았다. 그리고 이 수치는 3년 뒤인 2013년에는 1719억 m³로 늘어났다.

그림 7-6 중국의 가스 소비량 증가율 변화 추이(2010~2015)

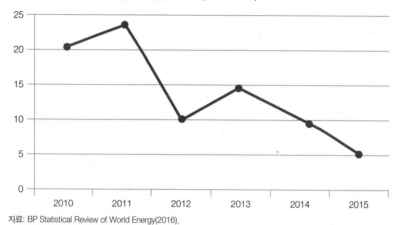

자료: BP Statistical Review of World Energy(2016).

　이러한 상황 속에서 여러 기관들은 중국의 향후 가스 소비량이 급격히 증가할 것이라고 예측했다. 중국 정부의 예측이 대표적인 예이다. 중국 정부는 2020년에 이르러 자국의 가스 소비량이 4200억 m³에 이를 것이라고 전망했다. 중국 정부가 이 수치를 발표할 당시 일각에서는 중국의 가스 소비량이 2020년에 5000억 m³까지 증가할 수도 있다고 전망했다.[44]

　하지만 2010년대 중반에 들어 중국의 경제 발전 속도가 둔화하면서 가스 소비량 증가율도 현저히 감소했다. 중국의 공식 통계에 따르면 2010년 10%를 조금 웃돌던 중국의 경제성장률은 2015년 2분기에 들어 7%까지 하락했다. 여러 전문가들은 이 공식 통계에 의문을 제기하며 전기 사용량을 토대로 중국의 경제성장률이 실제로 4.5~5%까지 하락했다고 지적했다.[45] 이러한 경제성장률의 저하는 가스 소비량 감소로 이어졌다. 〈그림 7-6〉에서 보듯이 2010년부터 2013년까지 중국의 가스 소비량 증가율은 두 자릿수를 상회했다. 하지만 2014년에 들어 이 증가율은 9.6%로 하락했고 2015년에는 4.7%까지 떨어졌다.

이렇게 중국의 가스 소비량 증가율이 급격하게 하락하자 여러 기관들은 중국의 향후 가스 소비량을 하향 조정하기 시작했다. 일례로 국제 컨설팅 회사인 우드 매켄지(Wood Mackenzie)는 2020년에 이르러 중국의 가스 소비량이 이전 예측보다 15% 줄어든 3600억 m³에 달할 것으로 전망했다.[46] 그리고 중국의 국영 에너지 회사 CNPC에 소속된 경제 기술 연구소(Research Institute of Economics and Technology)도 지난 2015년 9월 최상, 보통, 최악의 시나리오에 해당하는 중국의 향후 가스 소비량을 하향 조정했다. 예를 들어 경제 기술 연구소는 최악의 시나리오에 해당하는 2020년의 가스 수요량을 이전 예측인 3000억 m³에서 2690억 m³로 낮추어 잡았다.[47]

중국의 가스 수요 증가 속도가 이렇게 둔화하면 중국이 수입해야 하는 가스양의 증가폭도 줄어들 것이다. 특히 향후 중국이 기대 이상의 가스를 생산할 경우 중국의 가스 수입량 증가폭은 더 줄어들 수도 있다. 이러한 상황에서 여러 전문가는 중국이 러시아로부터 1000억 m³ 상당의 가스를 수입할 필요가 없을 가능성이 높아졌다고 지적한다. 이는 러시아가 추진하는 3개의 프로젝트 모두가 이른 시일 안에 완공될 가능성이 낮다는 것을 의미한다. 전문가들은 3개 프로젝트 중 PoS 가스관의 건설 가능성을 높게 보고 있다. 그도 그럴 것이 이 가스관의 건설은 이미 일부 진행된 상태이기 때문이다. 하지만 PoS 가스관의 건설은 애초 예정인 2018년보다 늦은 2020년대 초반에 완공될 가능성이 높다. 그리고 이 가스관이 완공되더라도 이 시설의 최대 수송 능력인 매년 380억 m³의 가스가 완공 즉시 중국으로 수출될 가능성은 낮아 보인다. 이보다는 완공 이후 중국으로 수출하는 가스의 양이 서서히 증가해 2025년이 돼서야 최대용량에 도달할 것으로 기대된다.[48]

중앙아시아와 중국을 잇는 중앙아시아-중국 가스관 D 노선의 건설 속도는 이러한 전망에 힘을 실어준다. 중국은 지난 2014년 9월부터 D 노선을 건설하기 시작했다. 이 노선은 매년 300억 m³의 가스를 수송할 수 있는 능력을 갖춘 시설로 중국이 이미 건설을 완공한 A, B, C 노선과 달리 우즈베키스탄, 타지키스탄, 키르기스스탄을 거쳐 중국에 도달한다. D 노선을 완공하면 중앙아시아 - 중국 가스관의 4개 노선을 통해 투르크메니스탄, 우즈베키스탄, 카자흐스탄에서 매년 850억 m³의 가스가 중국으로 수입될 예정이었다. 하지만 중국은 이미 건설이 시작된 D 노선의 완공 시기를 2016년에서 2020년으로 미루고 있는데 그 주요 이유 중 하나는 바로 중국이 매년 850억 m³의 중앙아시아 가스를 당장 필요로 하지 않기 때문이다.[49]

이러한 상황은 러시아가 추진하는 두 번째 프로젝트와 세 번째 프로젝트의 실현 가능성을 떨어뜨리고 있다. 이에 대한 증거는 여러 곳에서 발견되고 있다. 일례로 러시아는 2015년 9월 베이징에서 개최된 정상회의에서 중국과 PoS-2 가스관과 관련한 본 계약을 체결할 것으로 기대했다. 하지만 이러한 기대는 무산되었다. 그 대신 러시아와 중국은 앞에서 언급한 제3의 가스관 건설과 관련한 양해 각서에 서명했다. 헨더슨과 미트로바에 따르면 중국이 이 양해 각서에 서명한 이유는 바로 러시아의 체면을 살려주기 위함이었다는 것이다. 실제로 제3의 가스관은 아직 노선도 정해지지 않은 상태이고 타당성 조사도 진행되지 않은 상태이다.[50] 상황이 이렇게 전개되자 러시아 측도 중국이 러시아의 경제문제를 해결해줄 것이라는 낙관적 기대를 서서히 접고 있다.[51]

3) 아시아 가스 시장에서의 경쟁 강화

설상가상으로 호주와 미국이 주요 LNG 수출국으로 등장하면서 아시아 가스 시장에서의 경쟁도 격화되고 있다.[52] 특히 호주는 10여 년 전부터 아시아 가스 시장의 호황을 기대하며 가스전 개발과 LNG 시설 건설에 막대한 재원을 투자했다.[53] 그 결과 호주는 2021년에 이르러 카타르를 제치고 세계 최대

LNG 수출국으로 등극할 것으로 기대된다.[54] 이러한 변화로 아시아 시장을 둘러싼 카타르와 호주의 경쟁은 치열해지고 있고 그 여파는 이미 시장에서 감지되기 시작했다. 아시아 LNG 시장에 가장 많은 양의 가스를 공급해오던 카타르의 시장점유율이 하락한 반면에 호주의 시장점유율은 상승하고 있다. 일례로 2016년 1월부터 10월까지 카타르와 호주는 아시아 시장의 주요 고객인 일본, 한국, 타이완, 중국 네 국가에 각각 2820만 톤과 3070만 톤을 수출했다.[55] 이러한 경쟁에 미국도 가세할 기세이다. IEA는 미국이 셰일가스 혁명에 힘입어 5년 이내에 호주와 카타르 다음으로 많은 LNG 생산 시설을 갖출 것이라고 예측했다. 미국은 이미 지난 2016년 2월부터 아시아로 가스를 수출하기 시작했다. 비록 이 수출량은 소량에 그치고 있지만 미국의 LNG 생산능력의 증가는 가스 시장에서의 공급 우위를 공고히 하는 역할을 한다.*

이러한 가스 공급의 우위는 전 세계 LNG의 50% 가량을 소비하는 일본과 한국의 가스 소비량이 하락하는 상황에서 발생하고 있다. 특히 일본의 경우 일부 원자력 발전소를 재가동할 경우, 향후 가스 수요량은 더 줄어들게 된다.[56] 이렇게 되면 아시아 시장에서의 경쟁은 더 치열해질 수밖에 없다. 이러한 경쟁으로 아시아 시장에서 LNG 가격은 급락했다. 일례로 일본이 현물시장에서 수입한 LNG 1000 m³당 월 평균가격은 2014년 3월 약 646달러에서 2017년 3월 약 219달러로 떨어졌다.[57] IEA는 최근 보고서에서 아시아 가스 시장의 초과 공급은 2020년이 돼야 해소될 것으로 전망하고 있다. 이 전망도 최상의 시나리오를 전제한 상태에서 이루어진 것이다. IEA는 만약 중국의 가스 수요량 증가율이 2015년 수준에 머문다면 초과 공급 문제는 2020년대

---

*   현재 미국 대부분의 LNG는 가스 가격이 상대적으로 높고 지리적으로 가까운 남미로 수출되고 있다. G. Brew, "Are Market Conditions for U.S. LNG Improving?," Oil Price.com(2016.10.13), http://oilprice.com/Energy/Energy-General/Are-Market-Conditions-For-US-LNG-Improving.html (검색일: 2016.12.22).

에 걸쳐서 지속될 것이라고 덧붙였다.[58]

이러한 상황에서 러시아가 중국으로 가스 수출을 확대하는 것은 쉽지 않아 보인다. 앞에서 언급했듯이 가스 가격이 1000m³당 350달러를 하회할 경우 러시아는 중국과의 가스 거래에서 많은 이익을 얻지 못한다. 그리고 초과 공급 문제가 장기간 지속되고 가스 가격이 상승하지 않을 경우 중국은 러시아와 추가적으로 가스 거래와 관련한 본 계약을 체결하는 것을 최대한 미루려 할 것이다.

4. 결론

러시아는 중국으로 가스를 수출하기 위해 다양한 노력을 기울여왔다. 이러한 노력은 2014년 5월 가즈프롬과 CNPC가 가스 협정에 서명하면서 일부 결실을 맺었다. 당시 여러 관찰자는 이 협정이 가스 시장과 러·중 관계에 획기적인 변화를 가져다줄 것이라고 논평했다. 하지만 이후 유가가 하락하고 중국의 가스 수요가 둔화되며 아시아 가스 시장에서 경쟁이 심화되면서 협정 체결 당시의 낙관적인 전망은 부정적인 전망으로 바뀌기 시작했다.

앞에서 논의한 세 가지 도전은 이미 러시아와 중국의 가스 협력에 부정적인 영향을 미치고 있다. 우선 이미 진행하고 있는 PoS 가스관의 건설은 연기될 가능성이 높아졌다. 2014년 가스 협정 체결 당시 이 가스관은 2018년에 완공될 것으로 기대되었다. 하지만 여러 전문가는 이 가스관이 2020년 초반이 돼야 완공될 것으로 보고 있다. 따라서 2020년 이전에 중국으로 대량의 가스를 수출하려고 했던 러시아의 계획은 무산될 것으로 보인다. 그리고 PoS 가스관이 연간 최대용량인 380억 m³의 가스를 수송하는 시점도 예상보다 연기될 것으로 기대된다. 이러한 맥락에서 볼 때 러시아가 추진하는 두 번째 프로젝트와 세 번째 프로젝트가 이른 시일 안에 실현될 가능성은 낮아 보인다.

지금까지의 논의는 가스 수입처를 다양하게 변화하고 국제 무대에서의 정치적인 고립을 탈피하기 위해 러시아가 시도한 중국으로의 가스 수출 확대가 소기의 목적을 달성하지 못할 가능성이 높아졌다는 것을 의미한다. 이렇게 되면 러시아와 중국의 가스 협력이 이른 시일 안에 대폭 강화될 가능성은 높지 않을 것으로 보인다. 이러한 상황에서 러시아는 자국의 주력 시장인 유럽에 의존하며 유가가 상승하고 중국의 가스 수요가 늘어날 미래를 기다리며 새로운 기회를 추구할 수밖에 없다.

참고문헌

1. 국문

김연규. 2014. 「글로벌 셰일혁명과 동아시아 에너지 시장/지정학 변화」. ≪세계정치≫, 21권, 85~132쪽.

신범식. 2015. 「러시아의 에너지 동방정책과 동북아 국가들의 대응」. ≪세계정치≫, 23권, 229~273쪽.

엄구호. 2015. 「러시아의 동시베리아·극동 가스와 동북아 국가의 에너지 안보」. ≪중소연구≫, 39권 1호, 231~269쪽.

윤익중·이성규. 2012. 「러시아의 새로운 가스공급 여건과 푸틴 집권 3기의 에너지 수출전략: 동북아시아 지역을 중심으로」. ≪동서연구≫, 24권 4호, 205~234쪽.

이성규·이주리. 2015. 「러시아 에너지전략 ‒ 2035」, ≪세계 에너지현안 인사이트≫, 15권 4호, 1~58쪽.

2. 영문

BBC Worldwide Monitoring. 2014.5.22. "Reaction Mixed to Russia's 400bn-dollar Gas Deal with China." LexisNexis Academic database.

_____. 2015.9.3. "Russia, China Sign Memorandum on Gas Supplies along Third Route." LexisNexis Academic database.

_____. 2015.9.3. "Russian Economists Says Putin Waking Up from 'Chinese Pipe Dream'." LexisNexis Academic database.

BP Statistical Review of World Energy. 2002.6.

_____. 2011.6.

_____. 2015.6.

_____. 2016.6.

Energy Strategy of Russia for the Period Up to 2030. 2010. Moscow: Institute of Energy.

Eurogas Press Release. 2011.3.7.

_____. 2012.3.29.

_____. 2013.3.11.

_____. 2014.3.18.

_____. 2015.3.25.

_____. 2016.3.20.

_____. 2009.

_____. 2010.

Farchy, J. 2016.3.4. "Gazprom Secures 2bn Loan from Bank of China." *Financial Times.* LexisNexis Academic database.

Gazprom Annual Report. 2008.

_____. 2009.

_____. 2010.

_____. 2011.

_____. 2012.

_____. 2013.

_____. 2014.

_____. 2015.

Grieco, J. 1990. *Cooperation among Nations: Europe, America, and Non-Tariff Barriers to Trade.* Ithaca, NY: Cornell University Press.

Hornby, L. 2014.11.10. "Putin Snubs Europe with Siberian Gas Deal that Bolsters China Ties." *Financial Times.* LexisNexis Academic database.

Kramer, A. 2014.11.11. "Gazprom Makes a Gas Deal with China, Giving Russia New Leverage." *The New York Times*, LexisNexis Academic database.

Lee, Y. 2017. "Interdependence, Issue Importance, and the 2009 Russia-Ukraine Gas Conflict." *Energy Policy.* Vol. 102, pp. 199~209.

Paik, K. 2012. *Sino-Russian Oil and Gas Cooperation: The Reality and Implications.* UK: Oxford University Press.

Perlez, J. 2014.5.22. "Russia and China Finally Complete 30-Year Gas Deal." *The New York Times*. LexisNexis Academic database.

Perlez, J. and N. MacFaruuhar. 2015.9.4. "Rocky Economy Tests Friendship of Xi and Putin." *The New York Times*. LexisNexis Academic database.

The Economist Intelligence Unit. 2016.2.4. "Country Report." WestLaw Next database.

The Russian Oil and Gas Report. 2006.3.24. "Russia and China Sign Gas Agreements." LexisNexis Academic database.

US Official News. 2014.5.21. "Washington: China Signs 30-Year Deal for Russian Natural Gas." LexisNexis Academic database.

Van de Graaf, T. and B. Sovacool. 2014. "Thinking Big: Politics, Progress, and Security in the Management of Asian and European Energy Megaprojects." *Energy Policy*. Vol. 74, pp. 16~27.

Wan, W. and A. Hauslohner. 2014.5.22. "China, Russia Reach 'Watershed' Gas Deal." *The Washington Post*. LexisNexis Academic database.

Brew, G. 2016.10.13. "Are Market Conditions for U.S. LNG Improving?." http://oilprice.com/Energy/Energy-General/Are-Market-Conditions-For-US-LNG-Improving.html (검색일: 2016.12.22).

Bros, T. 2016.9.7. "From Nord Stream 1 to Power of Siberia 1: A Change in Mind-Set from Soviet Planning to Capitalism Unknowns!." Natural Gas World. http://www.naturalgasworld.com/from-nord-stream-1-to-power-of-siberia(검색일: 2016.11.14).

Carbonnel, A. de. 2016.10.28. "EU Lifts Cap on Gazprom's Use of Nord Stream Pipeline Link." *Reuters*. http://uk.reuters.com/article/uk-eu-gazprom-opal-decision-idUKKCN12S222 (검색일: 2016.11.20).

Chow, E. C. 2015.5.11. "Russia-China Gas Deal and Redeal." *CSIS Commentary*. https://www.csis.org/analysis/russia-china-gas-deal-and-redeal(검색일: 2016.10.1).

Chow, E. C. and L. E. Hendrix. 2010.9. "Central Asia's Pipelines: Field of Dreams and Reality." *NBR Special Report*. No. 23. https://csis-prod.s3.amazonaws.com/s3fs-

public/legacy_files/files/publication/1009_EChow_LHendrix_CentralAsia.pdf
(검색일: 2016.10.8).

Chow, E. C. and Z. D. Cuyler. 2015.7.22. "New Russian Gas Export Projects – From Pipe Dreams to Pipelines." *CSIS Commentary.* https://www.csis.org/analysis/new-russian-gas-export-projects-%E2%80%93-pipe-dreams-pipelines(검색일: 2016.10.1).

EIA website. http://www.eia.gov/dnav/pet/hist/LeafHandler.ashx?n=pet&s=rbrte&f=m (검색일: 2017.1.1).

Forbes, A. 2014.5.6. "China Forecast to Consume 420 Bcm of Gas in 2020." *Gastech News.* http://www.gastechnews.com/lng/china-forecast-to-consume-420-bcm-of-gas-in-2020(검색일: 2016.11.14).

Gabuev, A. 2015.2.10. "A 'Soft Alliance'? Russia-China Relations after the Ukraine Crisis." Policy Brief. http://www.ecfr.eu/page/-/ECFR126_-_A_Soft_Alliance_Russia-China_Relations_After_the_Ukraine_Crisis.pdf(검색일: 2016.10.1).

Gazprom website 1. http://www.gazprom.com/about/marketing/europe(검색일: 2016.10.10).

Gazprom webiste 2. http://www.gazprom.com/about/production/extraction(검색일: 2016.10.10).

Gloystein, H. and G. Maguire. 2016.9.8. "Bloated, Glutted and Static, Asia's LNG Market Keeps Disappointing." *Reuters.* http://www.reuters.com/article/asia-lng-supply-demand-idUSL8N1BJ03P(검색일: 2016.11.19).

Graeber, D. J. 2016.5.19. "Gazprom Trimming Plans for Eastward Pipeline." *UPI.* http://www.upi.com/Business_News/Energy-Industry/2016/05/19/Gazprom-trimming-plans-for-eastward-pipeline/7441463656622(검색일: 2016.11.15).

Hellenic Shipping News. 2016.12.28. "Australia Ups NE Asia LNG Share." http://www.hellenicshippingnews.com/australia-ups-ne-asia-lng-share(검색일: 2017.1.2).

Henderson, J. 2014.12. "The Commercial and Political Logic for the Altai Pipeline." Oxford Energy Comment. https://www.oxfordenergy.org/wpcms/wp-content/uploads/

2014/12/The-Commercial-and-Political-Logic-for-the-Altai-Pipeline-GPC-4.pdf(검색일: 2016.10.1).

Henderson, J. and T. Mitrova. 2015.9. "The Political and Commercial Dynamics of Russia's Gas Export Strategy." OIES Paper. https://www.oxfordenergy.org/wpcms/wp-content/uploads/2015/09/NG-102.pdf(검색일: 2016.10.1).

Hwang, M. and P. Weems. 2016.6.6. "LNG Oversupply Faces Slowing Asian Demand." *Oil and Gas Journal*. http://www.ogj.com/articles/print/volume-114/issue-6/transportation/lng-oversupply-faces-slowing-asian-demand.html(검색일: 2016.11.19).

Japan's Ministry of Economy, Trade, and Industry website. http://www.meti.go.jp/english/statistics/sho/slng(검색일: 2017.9.22).

Lelyveld, M. 2016.1.25. "China-Russia Project Stalls as Energy Prices Plunge." RFA. http://www.rfa.org/english/commentaries/energy_watch/china-russia-01252016152633.html(검색일: 2016.9.22).

Letts, S. 2016.6.9. "LNG Glut Will Continue for Years as Demand Falls and Supply Surges: IEA." *ABC*. http://www.abc.net.au/news/2016-06-09/lng-glut-will-continue-as-demand-falls-and-supply-surges/7494850(검색일: 2016.11.19).

Liu, C. 2015.12.10. "China's Natural Gas Use Plummets Despite Its Pledge to Switch from Coal." ClimateWire. http://www.eenews.net/stories/1060029288(검색일: 2016.9.21).

Lossan, A. 2016.2.9. "Gazprom Cuts Spending on Power of Siberia Pipeline, Delays Vladivostok LNG." *RBTH*. http://rbth.com/business/2016/02/09/gazprom-cuts-spending-on-power-of-siberia-pipeline-delays-vladivostok-lng_565797(검색일: 2016.11.14).

Mazneva, E. 2015.4. "Sino-Russian Gas and Oil Cooperation." OIES Paper. https://www.oxfordenergy.org/wpcms/wp-content/uploads/2015/04/WPM-59.pdf(검색일: 2016.5.1).

_____. 2015.9.30. "China Gas Demand Forecast Cut by CNPC Researcher amid

Slowdown." *Bloomberg*, http://www.bloomberg.com/news/articles/2015-09-30/china-gas-demand-forecast-cut-by-cnpc-researcher-amid-slowdown(검색일: 2016.9.21).

Saadi, D. 2016.11.6. "Adipec 2016: Higher US and Australian LNG Output Brings Challenges." *The National*. http://www.thenational.ae/business/energy/adipec-2016-higher-us-and-australian-lng-output-brings-challenges(검색일: 2016.12.22).

Shadrina, E. 2016.1.16. "Can Russia Succeed in Energy Pivoting to Asia?." Eppen. http://www.eppen.org/en/resim/haber_resim/EPPEN16.Elena.Shadrina.pdf(검색일: 2016.10.1).

Smyth, J. 2014.10.2. "LNG Boom Fuels Australia Export Ambitions." *Financial Times*. https://www.ft.com/content/2c4cfbe4-4481-11e4-ab0c-00144feabdc0(검색일: 2017.1.2).

Sputnik. 2016.12.21. "Oil Prices Unlikely to Return to $100, $60 Expected in Short-Term — Minister." https://sputniknews.com/business/20161221048822186-oil-prices-forecast(검색일: 2016.12.23).

Steinhauser, G. 2016.10.25. "EU Approves Increased Gazprom Use of Opal Pipeline." *The Wall Street Journal*. http://www.wsj.com/articles/eu-approves-increased-gazprom-use-of-opal-pipeline-147741679(검색일: 2016.11.20).

Stratfor Geopolitical Diary. 2015.12.15. "Russia's Natural Gas Giant Falters." https://www.stratfor.com/geopolitical-diary/russias-natural-gas-giant-falters(검색일: 2016.11.14).

Zvonareva, M. 2015.4.20. "Russian LNG: A Five Year Window — And It's Closing." Natural Gas World. http://www.naturalgasworld.com/russian-lng-market-20791(검색일: 2016.11.19).

제8장
21세기 동북아 에너지 협력과 한국의 선택

|김연규 한양대학교|

동북아 지역은 21세기 들어 세계에서 가장 급속한 에너지 수요 증가와 동시에 급격한 에너지 수급 구조의 역동적인 변화를 보이고 있다. 한국과 중국의 급속한 경제성장으로 동북아 지역 총에너지 수요는 1990년 이후 2배 이상 증가했고, 기존의 이 지역의 대규모 에너지 수입국인 한국과 일본에 이어 중국은 세계 제1위의 에너지 소비국이자 수입국으로 급부상했다. 이에 따라 동북아 지역에는 전 세계의 에너지소비의 1/3 이상을 차지하는 최대 에너지소비지역이 되었으며, 역내 에너지 안보 역량을 제고시킬 수 있는 역내 국가 간의 에너지 협력이 세계 어느 지역보다도 더 절실히 요구되고 있다. 이러한 관점에서 역내 부존되어 있는 에너지 자원의 공동 개발과 효율적인 에너지 수급 구조 형성을 위한 동북아 국가 간의 에너지 협력에 대한 논의가 지난 수십 년 동안 꾸준히 제기되어왔다. 최근 미국의 셰일 자원 확대와 트럼프 정부의 신에너지 정책과 저유가의 지속, 천연가스와 LNG시장의 확대 등 국제 에너지 시장의 여건 변화에 따라 한국이 향후 동북아 에너지 협력에 대해 취할 대응 전략을 살펴보는 것이 중요하다.

미국 트럼프 대통령의 등장은 동북아뿐만 아니라 세계 에너지 시장에 상당한 변화를 가져오고 있다. 미국은 자국의 석유와 천연가스 생산을 늘리고 수출을 증가하고 있으며, 미국산 에너지의 수출 시장은 한국, 일본, 중국과 같은 동북아 지역이 되고 있다. 미국은 한국과의 무역 적자액 약 20조원을 축소하는 방안으로 한국의 미국산 LNG 추가 도입을 추진하고 있다. 한국의 가스공사와 SK E&S, GS에너지 등은 이미 미국 LNG 도입 계약을 맺고 수입하고 있으며 3개 회사의 장기 계약 금액은 3조 원이 넘는다.

현재 가스공사는 2016년 전 세계에서 총 3184만 7000톤의 LNG를 수입했다. 수입 규모별로 카타르 1181만 9000톤, 호주 468만 9000톤, 오만 424만 1000톤, 말레이시아(말련) 382만 3000톤, 인도네시아(인니) 313만 8000톤, 러시아 186만 3000톤, 브루나이 136만 2000톤, 나이지리아 24만 7000톤, 파푸아뉴기니 14만 5000톤, 기타 국가에서 52만 톤을 들여왔다. 그중에서 중동산 비중이 과반을 넘어 카타르, 오만 등 특정 지역의 의존도가 심각한 상황이다.

가스공사는 미국산 LNG를 유가와 연계하지 않고 지역 천연가스를 연계한 가격에 도입함으로써 유가에 대한 위험도 줄일 수 있을 것이라고 판단하고 전략적 관점에서 미국산 LNG를 예의주시하고 있다. 그러나 현재 미국산 LNG 수입 물량이 끝나는 시점인 2020년 중반의 상황을 지켜봐야 하며 미국산 LNG의 개발 상황과 기존 수입국과의 가격 요소 등을 고려해 종합적으로 판단해야 한다. 현재 수준을 고려하면 오히려 미국산 LNG가 기존 수입국의 LNG보다 저렴하다고 볼 수 없기 때문이다.

2009~2017년 미국이 셰일가스로 글로벌 LNG, 천연가스 시장을 주도했으며 이러한 결과, 석유와 가스 초과 공급으로 수요자 시장(Buyer's market)이 초래되었다. 또한 미국은 이전 천연가스 1위 생산국이었던 러시아를 2위로 밀어내고 1위를 차지했다. 2017년 12월 러시아의 북극 야말 LNG 수출 개시는 동북아 에너지 협력에 새로운 이정표가 될 전망이다. 러시아의 북극 자원 개

발과 수출은 2009년 미국 셰일가스에 버금가는 사건이라 할 수 있다. 이를 계기로 미국에 빼앗겼던 천연가스 생산량 수출 1위 자리를 다시 러시아가 탈환할 가능성이 높다. 향후 전개될 동북아 에너지 협력 구도에서 러시아의 북극 자원 개발과 LNG 수출에 따른 변화를 예의주시해야 한다. 동북아 지역 국가들과의 가스 계약 갱신을 둘러싼 미국과 러시아의 치열한 각축이 예상되며, 한국은 치열한 각축장 가운데 하나이다.

1. 글로벌 가스 시장 변화

2016년 전 세계적으로 25억 톤의 천연가스가 생산되었는데 이 가운데 약 70%가 생산국에서 자체 소비되고 30%인 7억 톤 가량이 국제적으로 수출, 수입을 통해 거래되고 있다. 7억 톤 가운데 70%는 아직도 소위 가스관(PNG)을 통해 거래되며 30%인 2.4억 톤 정도만이 액화천연가스(LNG) 형태로 거래되고 있으나 10년 전과 비교해 LNG의 비중이 급격히 증가하고 있다. 글로벌 가스 수요는 현재의 3억 톤에서 4억 톤으로 증가할 것이다. 가스 시장에서 예상되는 가장 큰 변화는 LNG의 비중이 커진다는 것이다. 가스관 거래가 2/3를 차지하던 글로벌 가스 거래는 LNG 비중이 50%까지 늘어날 것으로 보인다.[1]

2011~2014년 동안 세계 LNG 시장을 이끌어간 요인은 후쿠시마 사태 이후 폭증한 아시아의 신규 LNG 수요였다. 당시에는 이러한 아시아 중심의 신규 수요에 비해 세계적 공급 차원에서 액화 용량(liquefaction capacities)이 부족한 상태였다. 2015년 들어와서는 반대로 신규 액화 시설들이 증가하는 가운데 이번에는 아시아 수요가 감소하기 시작했다. 가스 수요가 전반적으로 줄어드는 것은 1차 에너지 수요 약화와 세계 경제의 에너지 집중도(intensity) 감소로, 가스를 포함한 화석연료에 대한 수요가 감소하기 때문이다. 전 세계 가스 수

그림 8-1 중국, 한국, 일본, 유럽의 발전원별 비중 추이 및 전망(World Bank)

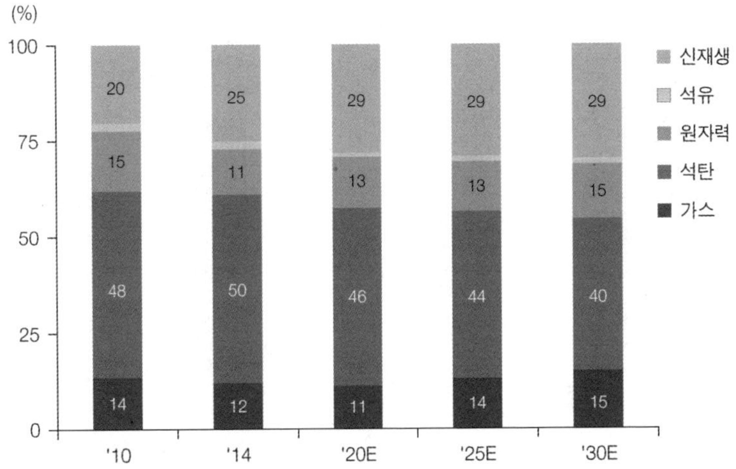

자료: World Bank, 메리츠종금증권 리서치센터(2017).

요가 줄어든다고 하더라도 상대적으로 에너지 믹스(energy mix)에서 차지하는 가스의 비중이 향후 5년간 근소하게 증가할 것으로 예상된다. 가스는 값싼 석탄, 신재생에너지 발전 단가의 하락과 정부의 지속적인 지원 등이 있는 관계로 다른 에너지원과 경쟁하기가 쉽지 않다는 사실도 중요하다.[2] 아시아의 경우 특히 가스 가격이 가장 급격히 떨어졌지만, 가스 수요 증가는 상당히 약세를 보였다. 가스 가격과 가스 수요에 대한 직접적인 연관 관계의 부재는 현재의 낮은 가스 가격의 효과를 상쇄하는 다른 요인이기도 하다. 전 세계 LNG 수입의 50%를 차지하는 일본, 한국에서 수요 정체, 원전 재가동 및 재건설로 수요 감소가 전망된다.

2011~2014년 동안 LNG 수요가 절반 정도 감소했던 유럽의 수요가 2015년 들어 증가하기 시작해 해당 연도 전 세계 LNG 거래량인 323BCM 가운데 50BCM을 차지했다. 2015~2016년 유럽의 LNG 거래 증가에 영향을 끼친 가장 큰 요인은 아시아의 LNG 현물 가격(spot prices)의 급격한 하락으로 아시아

그림 8-2 전 세계 Market별 PNG, LNG Trading 비중

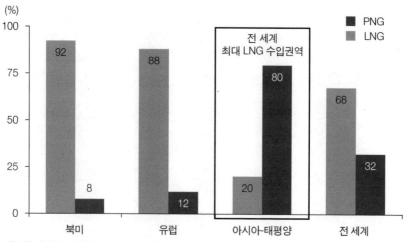

자료: BP, GIIGNL, 메리츠종금증권 리서치센터(2017).

프리미엄이 사라졌기 때문이다.[3] 2016년 중반 아시아 지역 LNG 현물가격은 단위당 4달러까지도 하락해 오히려 유럽의 현물가격보다 더 떨어져 역전되는 일이 벌어졌다. 2016년 후반으로 가면서 이제 LNG 가격의 프리미엄은 남미, 중동, 인도 등에서 발생했다. 이에 따라 2015년 유럽으로 유입되던 LNG 물량은 2016년 초반이 되면서 주춤하고 유럽에서는 오히려 낮은 가격의 러시아와 노르웨이 파이프라인 가스 수출 물량이 증가하기 시작했다.[4]

LNG 프로젝트는 가스전 개발, 생산된 가스를 액화 플랜트로 보내기 위한 파이프 라인 건설, 가스를 처리·액화하는 액화 플랜트 건설, 액화된 가스를 수요지까지 수송하기 위한 LNG 수송선 건조, 수요지에서 LNG를 인수·재기화하는 LNG 터미널 건설에 이르는 막대한 설비투자를 포함한다. LNG 공급 사슬에서 통상 가스의 탐사·개발·액화까지를 상류 부문, 액화된 가스의 해상 수송을 중류 부문, LNG 인수에서 재기화 및 수요처로의 공급을 하류 부문으로 분류한다. 일반적으로 LNG 판매자는 업 스트림, LNG 구매자는 다운 스트

림 단계에 종사하며 LNG 수송 컨트롤 단계에서는 중첩이 가능하다.

전통적 형태의 LNG 공급 체인에는 수직 통합된 판매자 연합과 구매자 연합이 존재하는데 업 스트림은 주로 석유 메이저를 포함한 국제석유회사(IOC)와 가스 자원 보유국의 국영 석유 회사(NOC)등이 지배한다. 일반적으로 NOC는 보유한 천연가스를 LNG로 수출하기 위해 IOC의 전문 기술과 경험 및 외부 재원 조달을 필요로 하기 때문에 IOC와 합작 프로젝트 형태로 개발하게 된다. IOC는 가스 자원 보유국으로부터 개발권을 획득하고 NOC나 다른 IOC들과 파트너십을 형성해 LNG 프로젝트에 투자하며 LNG 수요자인 다운 스트림의 국영 가스 회사나 전력 회사, 상사(trading firms) 등이 상류 부문으로 진출해 LNG 프로젝트의 지분을 확보하는 경우도 있다.

원유는 천연가스에 비해 수송 비용이 저렴하기 때문에 관련 거래가 국제 시장에서 급격하게 성장할 수 있었으나, 천연가스는 파이프라인을 통한 수송이 주를 이루면서 인접 지역 중심으로 분리된 시장이 형성되었었다. 2000년대 초반까지만 해도 국제 LNG 시장은 아시아 태평양, 유럽, 북미의 3개 시장으로 확연히 구분되어 지역 시장 고유의 가격 결정과 거래 방식이 서로 다른 시장에 미치는 영향이 미미했다. 그러나 최근 매매계약의 유연성 증대 및 수송 비용 하락 등 기술, 경제적 변화로 지역 시장 간 LNG 현물 교역이 크게 증가했다. 특히 유럽 시장과 북미 시장 간 현물가격 차이를 이용한 차익거래(arbitrage trading)도 나타나고 있으며, 향후 지역 시장 간 경계는 차츰 허물어질 것으로 예측된다.

동북아시아의 유가 연동제 중장기 계약은 보통 'LNG Price = 0.145 × Oil Price + 0.5' 수준으로 결정된다. 유가가 30달러에서 50달러로 상승 시, LNG 도입 가격은 MMBtu당 4.9달러에서 7.8달러로 상승함을 의미한다. 저유가에서는 유가 연계 중장기 계약이 유리하며 유가 상승기에는 Hub+Premium이나 Hybrid 계약이 유리하다고 볼 수 있다. 유가 하락 시 LNG 수입국은 장기

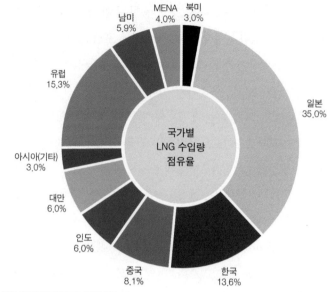

그림 8-3 **국가별 LNG 수입량 점유율(2015년 기준)**

자료: IGU, 메리츠종금증권 리서치센터(2017).

계약의 DQT(Downward Quantity Tolerance, 구매자의 의무 인수 물량이 약정 물량 이하일 경우 구매자가 행사하는 감량권)를 행사하고 그 물량을 Spot으로 조달하는 것이 유리하다. 일본은 중동산 장기 구매분의 계약 만료가 도래하면서 호주와 미국 등 신규 단기·중기 계약을 확대 중이다.

북미와 유럽의 천연가스 시장은 고유의 가격 결정 체계가 있으나, 아시아·태평양 시장에는 명확한 가격 지표가 없고 가격 결정이 유가 연동 방식에 기초하는 것이 특징이며 아시아 시장의 가격은 여타 시장보다 일반적으로 높게 형성되어 있다.

PNG(유럽, 북미 천연가스 시장)의 경우 기본적으로 주요 수출입국들이 배관망으로 연결돼 과잉 공급이 발생했을 경우 잉여 물량을 다른 시장으로 전환하기가 쉽지 않으며 대륙 간 거래는 불가능하다. LNG(동북아시아 시장)는 장기

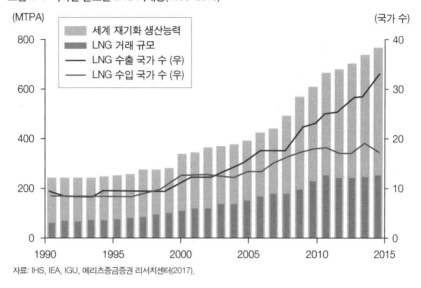

그림 8-4 **국가별 글로벌 LNG 거래량(1990~2015)**

자료: IHS, IEA, IGU, 메리츠종금증권 리서치센터(2017).

계약 물량이 대부분이고 도착지·재판매 제한이 있어 단기, 현물 거래가 적었
다. 이와 같은 이유로 지금까지 3개 지역은 명확히 구별된 가격 결정 구조와
거래 방식이 유지되어왔다. 하지만 도착지·재판매 제한이 없는 미국산 LNG
공급에 힘입어 단기 현물 거래가 증가할 것이다. IGU(International Gas Union)에
따르면 글로벌 LNG 단기 현물 거래량은 2015년 102bcm 규모로 글로벌 LNG
거래량의 27%를 차지했으나, 2025년경에는 200bcm 규모로 대폭 증대돼
35%를 차지할 전망이다. 이를 통해 수입처가 재기화 설비를 보유해 운송비
조건만 맞으면 차익 거래가 가능한 시장이 형성될 것이며 더 나아가 LNG를
중심으로 글로벌 가스 시장이 통합될 것이다.

2. 동북아 LNG 시장의 특징과 최근 변화

향후 국제 천연가스 무역에서 가장 관심을 끄는 지역이 동북아 지역이다. 동북아 지역에는 세계 최대 LNG 수요국들이 집중되어 있으며 한국, 중국, 일본, 타이완 4개국이 세계 LNG 수입의 61%를 차지한다. 막대한 수요에도 동북아의 가스 가격은 유럽 및 북미지역에 비해 아시아 프리미엄이라 해 항상 비싼 가격이 유지되었는데 이는 역내 가스 시장이 존재하지 않고 또한 이를 뒷받침해줄 자국 내 가스 생산이 미약하고 천연가스 인프라망이 지역 내에 구축되지 않았기 때문이라고 할 수 있다.

과거 동북아에 LNG를 공급하기 위해 개발되던 LNG 프로젝트의 패러다임은 유가와 연동된 고가의 가격 구조 및 하역항 도착지 변경 금지로 인한 시장성의 결여라고 말할 수 있다.

우리나라와 일본의 가스 수요는 전력 수요 증가세 둔화 등으로 감소할 것으로 예상되었으나, 우리나라에서의 새 정부 출범으로 원자력 발전의 축소와 석탄 발전 감축 등의 정책 변화로 새로운 가스 수요의 가능성을 열어줄 수 있는 여지가 생겼다.

아시아 지역은 세계 최대 LNG 수요처로서 향후에도 LNG 수요가 꾸준히

표 8-1 글로벌 LNG 시장 재편 방향

과거 LNG 시장	향후 LNG 시장
대부분 장기 공급 계약, 경직적 LNG 계약 관행	단기 및 Spot 계약의 증가, 장기 공급 계약의 축소, 거래 제약 조건 축소 → 유연한 LNG 시장
도착지 제한 규정에 따른 reselling 제약	다방향화, 도착지 제한 규정의 완화 또는 폐지, 이에 따른 reselling 및 차익 거래 활용 → 트레이딩 활성화
국제 원유 가격에 연계된 가격 결정 체계	LNG 수급 현황을 반영한 가격 체계 → 가격 안정화 및 투명화

자료: Deloitte, 메리츠종금증권 리서치센터(2017).

표 8-2 **주요 LNG 시장: 2014년 vs 2025년 전망**

유럽	2014	2025
- 성숙한 가스 시장이나 국내 공급 감소로 인해 공급 다변화를 모색 중 - 러시아의 가스 수출 전략, 에너지 효율성, 타 연료 대비 가스 가격에 　따른 LNG 수급 밸런스	38Mtpa	60~81Mtpa
신흥시장/기타 아시아(JKT, 중국 제외)	2014	2025
- 석탄 연료와의 경쟁 - 틈새 시장으로서의 라틴 아메리카, 아프리카, 중동의 부상	19Mtpa	68Mtpa
중국	2014	2025
- 주요 성장국이나 파이프 라인과 셰일 경쟁, 가격, 경제 성장과 구조, 　환경 정책에 의해 좌우됨 - 현재 LNG 수입을 과도하게 하고 있는가?	20Mtpa	46~74Mtpa
일본/한국/타이완(JKT)	2014	2025
일본	89Mtpa	80~90Mtpa
한국	38Mtpa	44Mtpa
타이완	13Mtpa	17Mtpa

- 성숙하지만 느린 성장
- 일본의 원전 재개 속도가 LNG 수요에 영향을 미칠 것

주: 전망치는 반올림한 값, 유럽에는 EU · EFTA 회원국, 비EU 회원국(우크라이나, 벨라루스, 몰도바, 세르비아, 몬테네그로,
　코소보, 알바니아, 보스니아, 마케도니아)이 포함됨.
자료: KPMG, "Uncharted waters: LNG demand in a transforming industry"(November, 2015), p. 3

증가할 것으로 전망되고 있으나, 미국이나 유럽보다 높은 가격인 소위 '아시
아 프리미엄'을 지불하고 있으며, 계약 조건 대부분에 구매자에게 불리한 의
무 인수 조항이나 도착지 제한과 같은 경직적 요소가 존재한다. 이러한 문제
를 해소하기 위해 단기적으로는 계약 조건을 개선해나가고 중장기적으로는
시장의 수급 상황을 반영한 가격을 확보하기 위한 역내 가스 트레이딩 허브
가 필요하다. 의무 인수 조항(take-or-pay clause)이란 계약 물량 인수 여부에 상
관없이 대금을 지불하는 규정을 말하며 도착지 제한 조항(destination clause)은
다른 지역으로의 물량 재판매를 제한하는 규정을 말한다. 일본 정부는 미국
과 호주산 LNG 공급 증가와 주요 LNG 소비국의 수요 침체로 구매자에게 다

소 유리한 수급상황이 전개될 것으로 예상되는 2020년 중반까지의 기간이 유연하고 유동적인 LNG 시장 구축을 위한 적기라고 보고 있다. 구매자에게 유리한 수급 환경은 계약 조건의 유연화(예를 들어 목적지 조항 완화, 철폐)를 전제로 하는 유동성이 높은 LNG 시장의 실현에 도움을 줄 수 있을 것으로 기대하고 있다. 또한 일본 정부는 세계 최대 LNG 수입국으로서의 우위성을 적극 활용해 국제적으로 인정받는 LNG 허브를 구축하고, 수급 조정 및 차익 거래 등을 통해 국가 차원에서 구매 안정성 및 가격 협상력 제고를 도모하고자 한다. LNG 수급 상황을 정확히 반영하는 단기와 장기 가격 지표를 만들어 금융 사업자의 참여를 통한 선물·선도 시장의 형성과 이와 관련한 기술 및 노하우를 다른 나라에 보급해 일본 성장 전략에도 기여한다는 계획을 제시한 바 있다.

파나마 운하 확장 덕분에 북미 LNG의 동북아시아 시장으로의 공급이 이전보다 더 경쟁력을 갖추게 되었다. 우리나라는 미국 Sabine Pass와 Freeport LNG project들과 장기 인수 계약을 체결했기 때문에 2020년이면 미국 수출 LNG의 약 10%를 처리하기로 되어 있는데, 그럼에도 KOGAS는 알래스카나 루이지애나 및 텍사스의 LNG project들로부터 생산될 LNG를 더 많이 인수할 장기 계약 체결 가능성을 계속 피력함으로써 우리나라의 미국 생산 LNG 처리량이 더 늘어날 수도 있다. 전 세계적인 공급 상황을 보면 카타르가 향후 5~7년 이내에 현재 생산량의 약 30%를 증산하겠다고 발표했으나 향후 시장 상황을 볼 때 과연 그 정도 추가 생산량을 소화할 시장이 있을지 우려된다. 그러나 카타르가 그러한 우려를 무릅쓰고 생산할 경우 캐나다 북서부, 동아프리카, 심지어 미국 걸프 지역의 LNG project들이 더 걱정해야 할 상황이 될 것이다. 이러한 공급 과잉 상황에서 이집트의 조르 가스전이 올해 하반기부터 가스 생산을 시작해 2019년에 생산 용량 2.7Bcfd(약 20mtpa) 전량을 생산하면 이집트는 현재 수입국에서 수출국으로 다시 전환되고 공급 과잉은 심화될 것이다.

표 8-3 미국 Sabine Pass로부터 경로별 수송거리 및 수송단가

(거리 단위: km, 수송 단가 단위: 달러/Mbtu)

항구	파나마 운하			희망봉 우회 경로		
	거리	소요일수	수송 단가	거리	소요일수	수송 단가
평택	18,807	21.6	2.05	28,710	33.1	2.64
통영	18,434	21.2	2.02	28,474	32.8	2.62
일본	17,213	19.8	1.91	29,256	33.7	2.69

주: 174CBM LNGC의 일용선료 7만 8000달러 기준.
자료: HIS Shipping Calculation, 메리츠종금증권 리서치센터(2017).

2016년 2월 미국은 마침내 그동안 오랜 논란을 잠재우고 첫 LNG 수출을 시작했다. 미국의 LNG 수출을 처음으로 실행한 기업은 셰니어(Cheniere Energy Partners)였다.[*] 최초로 LNG 수출을 개시한 루이지애나의 사빈 패스 수출 프로젝트 이외에 현재 건설을 마무리하고 있는 4개의 수출 프로젝트가 준비 중이다. 미국 동부해안에 건설되는 유일한 수출 프로젝트는 '코브 포인트'로 도미니언 에너지사가 운용한다. 나머지 3개 수출 프로젝트는 모두 걸프해안에 있다. 코퍼스 크리스티(텍사스주, 셰니어사), 프리포트(텍사스주, Free Port LNG사), 헥베리(루이지애나주, 샘프라 에너지사) 등이다.

2017년 4월 미국은 100번째 화물이 수출되었다고 이례적으로 발표했으며 미국 LNG를 수입한 국가는 18개 국가에 달했다. 2017년 5월 미국 상무부는 100일 행동 계획(100-day Action Plan)의 일부로 중국과의 LNG 수출 합의를 발표했다. 국제 유가가 60달러대로 진입하면 본격적으로 수출 확대가 예상된다. 2018~2020년 사이 미국 LNG는 아시아와 유럽으로 80BCM 정도 수출될 것으로 예상되며 한국, 중국에서 러시아 파이프가스와 경합할 것으로 예측된다.

---

[*] D. Chakraborty, "U.S. taps India as Asia's debut buyer of US shale gas," *Bloomberg*, 2016.4.1, http://www.bloomberg.com/news/articles/2016-04-01/india-s-gail-buys-cheniere-s-second-lng-cargo-from-sabine-pass.

현재까지 동북아시아에서 미국 LNG를 가장 먼저 수입한 국가는 중국으로 5개 선적분에 해당된다. 일본은 2017년 한 해 동안 70만 톤의 미국 LNG를 수입할 예정으로 2016년 12월과 2017년 1월 주부 전력과 도쿄 전력이 각각 7만 톤씩 미국 LNG를 수입했다. 한국의 SK E&S는 2016년 12월 현물거래 물량으로 셰니어사로부터 6만 6000톤을 처음으로 수입했으며, 2019년부터 장기 거래로 220만 톤을 수입할 예정이다. 한국가스공사의 280만 톤, 20년 장기 계약 물량은 2017년 7월부터 셰니어사로부터 수입되기 시작한다.

저유가와 서방의 경제 제재로 러시아 석유 생산과 수출은 상당히 타격을 입을 것으로 예상했으나 실제로 러시아의 석유 생산은 사상 최대 생산량을 기록하고 있고 러시아 석유 기업들도 투자를 늘려가고 있다. 반면 러시아 가스 생산은 감소하고 수출도 어려움을 겪고 있다.

러시아 가스 생산과 수출이 심각한 도전에 직면한 가장 큰 원인은 역사적으로 러시아 가스 생산의 85 %가 서시베리아의 특정 가스전에서 이루어져 주 수입 지역인 유럽 국가들에 가스관으로 공급해왔기 때문이다.[5] 국내 가스 수요 감소로 해외 가스 수출에 대한 국가 재정 의존도가 높아지고 있다.[6] 유럽의 수요 확대에 맞춰 서시베리아 가스전과 야말 가스전에 과잉 투자한 결과 생긴 100BCM 정도의 잉여 가스 물량이 문제이다. 서시베리아와 야말의 가스 생산비가 점점 상승한다는 것도 문제이다.[7] 저유가 이후 사우디아라비아가 미국의 타이트 오일 생산자와 가격, 시장점유율 경쟁을 벌이고 있는 것과 같이 러시아도 유럽과 아시아에서 미국을 포함한 다수의 신규 LNG 플레이어들과 시장점유율, 가격 전쟁을 벌여야 할 것이다.

러시아 원유 수출이 순조롭게 이루어진 것과는 대조적으로 중국으로의 러시아 가스 수출은 난항을 겪고 있다. '시베리아의 힘[Power of Siberia, 가스관 라인 1(동부 라인)]'과 라인 2(서부라인)는 2년 넘게 지속되는 저유가 체제에서 제대로 된 진전을 이루지 못하고 있다. 2014년 5월에 체결된 동부 라인 38BCM

가스 공급은 공급 시기 면에서 수출이 2018년에 시작되어서 2024년이면 최대 38BCM에 달할 것이라고 예상했던 것과는 달리 수출 개시 시점이 2024년으로 늦춰졌으며, 최대 공급량인 38BCM도 2031년이 되어야 달성될 것으로 수정했다.

미국 LNG 수출에 대비한 러시아 가즈프롬의 전략 가운데 하나는 서시베리아에 여분으로 이미 개발해놓은 100BCM 정도의 가스 생산분을 저가 공세의 기반으로 활용하는 것이다.[8] 2000년대 중반 가스 수요의 확대에 기반해 러시아는 야말반도 가스전에 과잉 투자 생산을 했다. 이러한 여분의 생산량에 기반해 미국 LNG와 가격 전쟁을 하면 러시아는 훨씬 더 낮은 가격으로 공급할 수 있는 가능성이 있다.

지금까지 3개 지역으로 구분됐던 천연가스 시장은 LNG를 중심으로 통합된다. PNG(유럽, 북미 천연가스 시장)의 경우 기본적으로 주요 수출입국들이 배관망으로 연결돼 과잉 공급이 발생했을 경우 잉여 물량을 다른 시장으로 전환하기가 쉽지 않으며 대륙 간 거래는 불가능하다. LNG(동북아시아 시장)는 장기 계약 물량이 대부분이고 도착지·재판매 제한이 있어 단기, 현물 거래가 적었다. 이와 같은 이유로 지금까지 3개 지역은 명확히 구별된 가격 결정 구조와 거래 방식이 유지되어왔다. 하지만 도착지·재판매 제한이 없는 미국산 LNG 공급에 힘입어 단기, 현물 거래가 증가할 것이다. IGU에 따르면 글로벌 LNG 단기, 현물 거래량은 2015년 102bcm 규모로 글로벌 LNG 거래량의 27%를 차지했으나 2025년경에는 200bcm 규모로 대폭 증대돼 35%를 차지할 전망이다. 이를 통해 수입처가 재기화 설비를 보유해 운송비 조건만 맞으면 차익 거래가 가능한 시장이 형성될 것이며 더 나아가 LNG를 중심으로 글로벌 가스 시장이 통합될 것이다.

도착지 제한 조항 철폐는 아시아 LNG 시장을 급격히 변화시킬 것이다. 공급자 위주의 시장에서 오랫동안 유지되던 도착지 제한 조항은 호주와 미국에서 공급하는 새로운 물량으로 전 세계 LNG 공급 과잉 상황이 되고, 최종 수요자가 더 이상 현재 공급 물량을 수용하기 어렵게 되자 구매자들이 더 유연한 계약조건을 요구하면서 변화의 가능성이 높아지고 있다.

천연가스도 시장 수급으로 가스 가격이 결정되는 시대가 도래하고 있다. 국제 천연가스 시장은 석유 시장 발전 역사에 비추어볼 때, 3단계에 해당되며 미국 LNG 수출과 함께 글로벌 LNG 현물 거래 늘어나고 선물 시장 역시 확대될 것이다. 최근 4년간 전체 LNG 교역량 중 단기 거래의 비중은 30% 수준이며, 단기 거래 활성화로 선물 시장 활성화를 위한 움직임이 확대되고 있다.

2012~2015년 전 세계 LNG 물동량 중 5년 이하 공급 계약 물량 비중은 평균 29.6%로 증가(2005년 8.0%)했다. 1995년 이후 중동·동남아산 장기 계약이 점진적으로 종료되고 호주, 아프리카, 미국 등으로 구매처가 다원화되며 유가 변동성 확대에 따라 Short Term/Spot 거래가 확대되고, 무역 업체들이 시장에 참여했기 때문이다. 국제 유가가 강세 기조를 유지했던 2009~2014년 상반기까지 3대 권역별 천연가스 가격 스프레드는 확대되었었으나 2014년 하반기 이후 유가가 급락, 스프레드는 2008~2009년 수준으로 축소되고 있으며 계약 체결 후 3개월 이내에 화물이 인도되는 Spot 거래가 2015년 거래의 15%를 차지했다. Spot과 Short Term 거래 확대로 선물 계약 활성화 가능성이 증대되었으며, 일본 OTC, 싱가포르 SGX, 미국 CME가 준비 중이다.

2011~2013년 사이 LNG 수요와 가격은 아시아가 세계에서 최고 수준을 나타냈다. 원유는 단일한 국제가격이 형성되어 있는 반면, 천연가스 가격은 세계 지역마다 크게 다른 것이 현실이었으며, 당시 세계 각 지역의 천연가스 도입가격은 도입 물량으로 세계 최고 수준인 한국과 일본이 가장 높았으며, 미국 내 가격과 비교해 무려 5.6배가량 높았고 심지어 유럽 가격에 비해서도 60% 높았었다. 아시아 LNG 가격 프리미엄은 LNG 가격이 국제 유가에 연동되어 있었기 때문이라는 것이 중론이었다. 일본과 한국이 수입 LNG 가격을

동일 지역으로 도입되는 유가에 연동해 결정한 것은 1985년부터였다.[9] 한편 아시아의 대표적인 현물 LNG 가격으로 자리 잡아온 것을 JKM(Japan Korea Marker)의 Platts가 2009년 2월 2일 이후 집계 발표해왔다. JKM은 2011년까지는 평균 7달러 내외로 JCC(Japanese Crude Cocktail) 연동 장기 계약보다 항상 낮은 수준에 머물렀었다.

북미 지역에 비해 유럽, 아시아 지역의 천연가스 가격이 높은 것은 주로 천연가스 자체 시장 조건 때문이 아니라 유가에 연동(oil indexation)된 장기 계약 때문이었다. 동북아시아의 국가들은 생산지의 업체와 계약 기간 10년 이상의 중장기 계약을 맺어 유가와 연동된 LNG를 확보해왔다. 유럽은 영국(NBP: National Balancing Point), 네덜란드(TTF: Title Transfer Facility), 독일(NCG: Net Connect Germany) 가스 거래 허브 구축을 통해 유가 연동 거래를 줄이고 천연가스 가격 인하를 유도하는 중이다. 유럽은 유가 연동 거래가 2005년에는 94%였으나, 2010년에는 67%로 축소, 아시아 태평양 지역은 2010년도에 유가 연동제 거래가 88%를 차지했다. 최근 아시아 지역도 단기 스팟 거래(spot and short-term market)가 일부 증가, 2011년 기준 24% 수준이다. 아시아 지역에서는 단기 스팟 거래도 가스 트레이딩 허브의 부재로 장기 계약보다도 높은 가격으로 거래되어왔다. 한국의 경우 스팟 거래의 83%가 장기 계약 거래의 가격보다 높은 수준이었다.

2014년 6월 이후 국제 유가가 급락하고 현재까지 저유가가 계속되면서 이러한 LNG 가격 체계에 커다란 변화들이 나타나기 시작했다. 첫 번째 변화는 LNG 현물 거래가 증가하면서 현물가격과 국제 유가가 디커플링(decoupling)되기 시작했다. 국제 유가에 연동된 장기 계약 가격도 유가 급락과 함께 하락했지만, 아시아 LNG 현물가격 JKM은 JCC보다 선행해서 하락해 유가 연동 장기 계약과 분리되는 움직임을 보이기 시작했다.[10] 아시아의 JKM 가격이 2014년 초 1MMBtu당 20달러였으나, 2015년 1MMBtu당 7달러 이하로 떨어졌다.

둘째, 지속적인 저유가로 LNG 구매자들은 유가 연동 방식에 의한 가스 가격과 가스 시장에 의한 기타 현물 가격 결정 방식(헨리허브)의 장점 사이에서 고민을 하게 되었다. 일본 미쓰이 가스 부문 경영진은 일부 아시아 구매자들이 유가 연동 가격 결정 방식을 선호할 수 있지만, 일본 LNG 구매자들은 JCC(Japan Cleared Customs)와 미국 헨리허브 가격이 모두 반영된 혼합형 가격 결정 방식을 선호할 것으로 예상했다. 북미산 LNG를 수입하는 일본의 LNG 수입업체들은 유가 연동 대신 가스 수급 상황에 따라 결정되는 가격 결정 방식을 선호하는 것으로 알려졌다. 한국가스공사 역시 현재의 현물·단기 거래 시장의 성장(10~20%)을 감안할 때, 2020년대 중반 이후 세계 LNG 거래의 절반 이상이 유가 연동 장기 계약 체제에서 탈피할 것으로 내다보고 있다. 국제 LNG시장이 유가연동에서 탈피하느냐의 관건은 결국 '헨리허브 연동'이 '유가 연동'에 비해 얼마나 가격 경쟁력을 갖췄느냐에 달렸다.

3. 2017년 한국의 에너지 정책 대변혁

정부는 11차(2013년), 12차(2015년) 천연가스 수급 계획에서 에너지업계 전문가들이 언급했던 전력 시장의 향후 방향과 세계적 추세와는 반대로 오히려 발전용 LNG수요가 감소할 것으로 전망했다. 이는 원전, 석탄 등 기저 발전기 증설에 따라 상대적으로 고비용 발전인 LNG 발전량이 감소할 것으로 예측했기 때문이다. 2017년 민자 LNG 발전기의 이용률은 30.1%로 하락해 민자 발전사들의 손실 폭은 커졌다. 국가 기저 발전을 담당하는 석탄 발전, 원전 모두 확대 정책을 펼치기 어려운 상황이다. 2016년 산업통상자원부는 '석탄 발전 미세 먼지 대책'에서 더 이상의 신규 석탄 발전소 공급은 없다는 방침을 밝혀 이

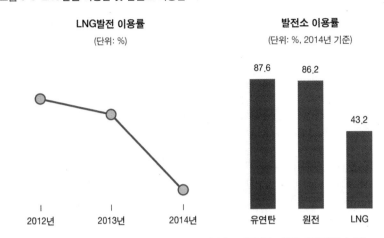

그림 8-5 LNG발전 이용률 및 발전소 이용률

LNG발전 이용률
(단위: %)

발전소 이용률
(단위: %, 2014년 기준)

87.6   86.2   43.2

2012년   2013년   2014년   유연탄   원전   LNG

자료: 강철원, "석탄·원전보다 친환경적 … 다시 뜨는 LNG 공략하라", ≪한국일보≫, 2015년 7월 22일 자, 7면.

내용이 8차 전력 수급 계획에 반영되는 것은 확실해졌다. 하지만 2017년 9월 경주 지진 발생 이후 원전 비중을 줄여야 한다는 여론이 확산되고 있으며, 2017년 7월 한국 원전 역사상 처음으로 고리 1호기가 폐쇄되며 사후 처리 비용이 현실화되었다.

'석탄 발전은 LNG 발전 대비 항상 발전 단가가 싸다'라는 인식이 2017년부터 조금씩 바뀌기 시작했다. 올해 발전용 석탄 단가는 12.5만 원/톤으로 전년 대비 30% 오를 것으로 예상돼 LNG발전 단가와의 차이가 줄어들 것이다. 또한 셰일가스, 직도입 LNG의 확대 등으로 석탄 발전 단가와 LNG 계약별 가격 비교의 가능성이 커졌다. 이제는 발전용 LNG를 중심으로 천연가스 수요의 방향이 바뀔 것이다. 8차 전력 수급 계획의 전원 구성에서 LNG의 비중이 29%로 높아질 것으로 전망한다(7차 24%). 이를 토대로 13차 천연가스 수급 계획에서는 발전용 LNG수요가 매년 2.6% 늘어나는 것으로 수정될 공산이 크다.

2017년 3월 2일 'LNG 대안론'을 앞당길 전기사업법 개정안(장병완 의원 발

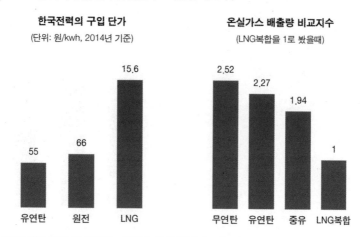

그림 8-6 한국전력의 구입 단가 및 온실가스 배출량 비교지수

한국전력의 구입 단가
(단위: 원/kwh, 2014년 기준)

온실가스 배출량 비교지수
(LNG복합을 1로 봤을때)

자료: 강철원, "석탄·원전보다 친환경적 … 다시 뜨는 LNG 공략하라", ≪한국일보≫, 2015년 7월 22일 자, 7면.

의)이 국회 본회의를 통과했다. 개정안의 핵심은 '전력 거래소가 발전원별로 전력을 구매하는 우선순위를 결정할 때, 경제성뿐만 아니라 환경과 국민 안전에 미치는 영향을 종합적으로 검토해야 한다'는 것이다. 이 개정안을 통해 그동안 발전 비용은 싸지만, 안전 문제와 환경오염이 우려됐던 원전과 석탄 발전소 대신 전력 예비율이 낮을 때만 가동하는 LNG 발전소를 우선 가동할 수 있는 법적 근거가 확보됐다. 이러한 제도적 변화로 앞으로 수립이 예정된 3차 국가 에너지 기본 계획, 8차 전력 수급 기본 계획, 13차 천연가스 수급 계획에 'LNG 대안론'이 반영될 것이다.

과거에는 늘어나는 천연가스 수요를 적기에 충족하기 위해 장기 위주로 도입 계약을 체결하면서 아시안 프리미엄을 지불하는 것이 용인됐다. 그러나 현재 가스 수급도 상대적으로 안정화되어 가스공사는 기존의 장기 계약 종료 후에는 해당 물량을 스팟 또는 단기 물량으로 대체할 가능성이 높다. 2017~2018년 장기 계약이 종료되는 프로젝트는 인도네시아 BADAK과 말레

표 8-4 가스공사 LNG 도입 계약 현황(장기 계약이 대부분)

(단위: 1,000톤)

생산국	공급원	계약기간	총계약물량
인도네시아	PT PERTAMINA	1998~2017	1,000
	DSLNG	2015~2027	700
말레이시아	MLNG	1995~2018	1,000
		2008~2028	2,000
카타르	Rasgas Company Limit	1999~2024	4,920
		2007~2026	2,100
		2012~2016	2,000
		2013~2032	2,000
오만	Oman LNG LLC	2000~2024	4,060
예멘	Yemen LNG Company	2008~2028	2,000
러시아	Sakhalin Energy Inve	2008~2028	1,500
부르나이	BRUNEI LNG SENDIRIAN	1997~2018	1,000
한국	동해가스전	2004~2018	400
호주	North West Shelf Aus	2003~2016	500
	GLNG	2015~2035	3,500
	Shell Eastern LNG	2013~2038	3,640
	TOTAL	2014~2031	2,000
미국	Savine Pass LNG(주4)	2017~2037	2,800
이집트	BG LNG Trading, LLC	2008~2016	1,320
총			38,440

자료: 한국투자증권, 한국가스공사 사업보고서(2015).

이시아 MLNG2, 부르나이의 BLNG 등이다. 이들의 연간 계약 물량은 총 400만 톤으로 3200만 톤 정도인 국내 수요의 13% 수준인데, 미국 Sabine Pass 물량 280만 톤과 일부 스팟 물량으로 대체될 것이다. 2024년 898만 톤의 카타르 RasGas와 오만 OLNG의 장기 계약이 종료될 예정이기에 2020년부터는 본격적인 준비가 필요하다. 이미 그 이전에 기존의 경직적인 LNG 계약 관행이 깨질 것이기 때문이다.

동북아 에너지 협력에서 러시아로의 수입 다변화는 여전히 중요한 과제가 될 것이다. 러시아 원유 수입은 인프라 구축 등의 측면에서 성과를 거둔 가운데 앞으로의 남은 과제는 중동에 치우친 천연가스 수입을 러시아로 확대할 수 있는가이다. 저유가 국면이 초래한 변화 가운데 가장 큰 변화는 러시아의 한·중·일 3국으로의 에너지 수출이 원유에서 가스로 확대되고 있는 것이다. 러시아의 가스 수출이 아시아로 얼마만큼 확대될 수 있는지가 향후 동북아 에너지 협력의 가장 중요한 사안이 될 것이다. 그동안 러시아는 동북아 지역으로 원유는 성공적으로 꾸준히 수출을 늘려왔지만 가스 수출은 미미한 수준에 머물러 있었다. 우선 러시아-중국 파이프라인 연결망 구축이 성공적으로 완성될 수 있는지가 가장 중요한 사안이 될 것이다. 러시아-중국 파이프라인 연결망이 한국, 일본으로까지 연결될 가능성이 높아 러시아 가스 자원을 둘러싼 한국, 중국, 일본의 협력이 어느 때보다 중요해졌다. 중국은 동북아 천연가스 파이프라인 연계망 구축을 추진할 때, 러시아와 국경을 맞대고 있기 때문에 동북아 천연가스 파이프라인 연계망은 반드시 중국을 경유해야 한다. 오랜 기간 난항을 겪어온 중국과 러시아 간 PNG 사업 협상이 2014년 타결됨으로써 한국과 일본으로까지 파이프라인 연결망을 확대해 역내 단일 가스 시장 조성에 대한 기대를 불러일으키고 있다. 중·러 PNG 사업은 가스 배관망을 한국, 일본으로 확대할 수 있고 이를 통해 지역 내 증가하는 가스 수요의 충당은 물론 역내 가스 거래 확대가 이뤄져 지역 단일 가스 시장 형성의 기틀을 마련할 수 있는 것이다.

참고문헌

1. 영문

Corbeau, A. and A. Braaksma and F. Hussin and Y. Yagoto and T. Yamamoto. 2014. *Asian quest for LNG in a globalising market*. Paris, France: OECD/IEA.

Corbeau, A. and R. Shabaneh and S. Six. 2016. "Shaking up the LNG scene." *Riyadh*. Saudi Arabia: King Abdullah Petroleum Studies and Research Center.

Cornot-Gandolphe, S. 2006. *The U.S. natural gas exports: new rules on the European gas landscape*. Paris, France: French Institute of International Relations.

Grigas, A. 2017. *The new geopolitics of natural gas*. Cambridge, MA: Harvard University Press.

Herberg, Mikkal E. 2014. "Introduction," Mikkal E. Herberg(ed.). *Energy Security and the Asia-Pacific: Course Reader*. Washington DC: National Bureau of Asian Research.

IEA. 2017.7.13. "Gas 2017-Analysis and Forecasts to 2022".

International Gas Union(IGU). 2017. "2017 World LNG Report."

KPMG. 2015.11. "Uncharted waters: LNG demand in a transforming industry." p. 3.

Raszeswki, S(ed.). 2018. *The political economy of oil and gas*. London: Palgrave Macmillan.

Rogers, H. & J. Stern. 2014.2. "Challenges to JCC pricing in Asian LNG markets." OIES Paper, No. 81. Oxford, UK: Oxford Institute for Energy Studies.

Rogers, H. 2017.4. *Qatar lifts its LNG moratorium(Oxford Energy Comment)*. Oxford, UK: Oxford Institute for Energy Studies.

Sakmar, S. 2016.9.28. "US LNG exports: where did they go?." OilPrice.com.

_____. 2017.5.18. "Can US LNG compete with Qatar, Australia?." OilPrice.com.

Shi, X. & H. M. P. Variam. 2016. "Gas and LNG trading hubs, hub indexation and destination flexibility in East Asia." *Energy Policy*, Vol. 96, pp. 587~596.

Shi, X. 2016. "Development of Europe's gas hubs: implications for East Asia." *Natural Gas Industry B*, Vol. 3, pp. 357~366.

Younkyoo, Kim. 2016.6.21. "Rethinking energy security in Northeast Asia under low oil prices: A South Korean perspective." *National Bureau of Asian Research(NBR)*. Pacific Energy Summit, Brief.

Chung, J. 2017.1.20. "SK E&S imports South Korea's first U.S. shale gas spot cargo." *Reuters*. Retrieved from http://www.reuters.com/article/southkorea-gas-usa-idUSL4N1FA2TG.

Chung, J., Y. Obayashi & O. Vukmanovic. 2017.3.23. "World's top LNG buyers form alliance to push for flexible contracts." *Reuters*. Retrieved from http://www.reuters.com/article/usasia-lng-markets-idUSKBN16U27X.

Clemente, J. 2016.5.15. "Six threats for the U.S. Liquefied Natural Gas business." *Forbes*. Retrieved from https://www.forbes.com/forbes/welcome/?toURL=https://www.forbes.com/sites/judeclemente/2016/05/15/six-threats-for-the-u-s-liquefied-natural-gasbusiness/&refURL=https://www.google.co.kr/&referrer=https://www.google.co.kr.

_____. 2016.9.25. "Why Japan's Liquefied Natural Gas demand will increase." *Forbes*. Retrieved from https://www.forbes.com/sites/judeclemente/2016/09/25/why-japansliquefied-natural-gas-demand-will-increase/#59298e331a59.

Cunningham, N. 2015.12.12. "LNG glut worse than oil." Oil Price.com. Retrieved from http://oilprice.com/Energy/Energy-General/LNG-Glut-Worse-Than-Oil.html.

제9장
중국의 일대일로 전략과 국제해상 물류네트워크*

| 민귀식 한양대학교 |

1. 일대일로 배경과 그 추동력

실크로드는 오랫동안 무역과 인문 교류를 통해 동서 문화를 융합하는 핵심 통로였다. 그러나 항해술이 발달하기 시작하고 이슬람 세력이 약화되어 해상 통로가 열리자 육상 실크로드는 경쟁력을 잃어갔다. 그리고 서양 세력이 동양을 압도하던 근세 이후 해상 실크로드도 역사의 뒤안길로 사라졌다. 그런데 21세기 들어 중국이 부상하자 시진핑은 이 실크로드의 역사성을 활용해 다시 문명 교류의 중심에 서고자 하는 의지를 분명히 하고 나섰다. 그는 2013년 9월 카자흐스탄에서 '실크로드 경제벨트' 건설을 제안하고, 한 달 뒤에 인도네시아에서 '중국-아세안 운명 공동체를 건설하자'는 연설로 '21세기 해상 실크로드' 구축안을 제시했다. 그리고 이 두 제안이 2015년 3월 '전망과 행동'으로 약칭되는 전략 문건으로 정리되어 시진핑 시대를 대표하는 '일대일로' 전

---

* 이 글은 2018년 8월 발간된 《중소연구》, 158권에 발표된 내용을 기초로 작성되었다.

략이 되었다.*

일대일로를 제기한 배경에는 먼저 중국이 세계경제를 주도하려는 의지가 깔려 있다. 세계 금융위기 이후, 각국이 WTO 체제 내에서 무역과 투자 관계를 조정하기보다는 개별 국가 간의 FTA 체결로 자국의 이익을 확보하려는 경향이 강해졌다. 특히 미국이 앞장서 통상 압력을 강화하면서 국제체제에 대한 신뢰가 현저히 저하되자, 협상력이 약한 국가들은 새로운 대안을 마련할 필요성이 커졌다. 이에 중국은 개방적 지역 협력 확대와 문화다양성을 바탕으로 상호 공존과 협력을 확대한다는 기치로 대륙 간 연계와 공영을 주창하고 나섰다. 이를 통해 중국은 기독교 문명 위주의 서구 중심축을 종교·문화의 공존을 전제로 한 아시아 중심의 새로운 문명 축으로 바꾸려는 큰 그림을 그리고 있다.

일대일로를 제기한 중국 국내 배경에는 경제적 요인이 더 강하게 작용했다. 지난 30여 년간 투자 위주의 고속성장 방식을 계속한 결과 중복시설로 인한 공급과잉이 심각해졌다. 그 결과 내수시장만으로는 공급과잉을 소화할 수 없어 주변국으로 투자처를 이전하려는 전략의 하나로 실크로드를 제시했다. 따라서 일대일로는 주변 국가와의 협력공간을 연결하는 교통망 구축이 핵심사업이 될 수밖에 없고, 국가 간 물동량을 확보하기 위해 무역량을 획기적으로 늘리는 일이 이 전략의 성패를 가늠하는 관건이 된다. 그리고 무역을 늘리는 동시에 중국과 일대일로 연선 국가의 장기적인 협력을 보장하는 조치로 '공동산업단지'를 세우는 일도 중요한 추진과제로 등장했다. 이런 협력기제를 통해 중국은 개혁 개방체제를 더욱 공고히 해서 전면적인 '소강 사회'를 이룩하고, 건국 100주년이 되는 2049년까지 '위대한 중화민족의 부흥' 기치를 내건 '중국의 꿈'을 실현하고자 한다. 이렇게 해서 일대일로는 '중국의 꿈'을 실

---

* '전망과 행동'의 정식 명칭은 '推动共建丝绸之路经济带和21世纪海上丝绸之路的愿景与行动'이다.

현하는 장기적인 전략 과제로 승격되었다. 즉 일대일로는 중국 경제 발전 전략이자 대외 전략이며 중국인의 꿈을 하나로 묶어낸 '염원의 정수'라고 할 수 있다.

중국이 일대일로에서 주창하는 기본정신은 공동번영과 공동발전을 추동하기 위해 평화적 협력과 개방적 포용정신을 바탕으로 정치적 신뢰를 구축하고, 경제 협력과 문화 포용을 바탕으로 '운명 공동체'와 '책임 공동체'를 만들어 나가자는 것이다. 이를 통해 생동하는 동아시아 경제권, 선진국인 유럽 경제권, 광범위한 중간 배후지로서 성장 잠재력이 큰 중앙아시아와 남아시아를 하나의 경제벨트로 연결하고, 그 성과가 아프리카에도 미치도록 한다는 것이다.

중국은 이를 실현하기 위해서 몇 개의 실크로드 경제벨트를 설정하고 있다. 먼저 중국-중앙아시아-러시아-유럽의 발트해에 이르는 실크로드 북부지역 경제벨트를 구축하고, 다음으로 중국-중앙아시아-서아시아-지중해에 이르는 중부지역 경제벨트를 활성화하며, 중국-남아시아-인도양으로 향하는 남부지역 경제벨트를 형성한다. 경제벨트를 활성화하기 위해서는 각 지역의 생산과 소비를 활발하게 교환해야 한다. 이를 실현하기 위해서는 대륙을 관통하는 철도와 도로를 건설하고, 각 지역의 중심 도시를 연결해 연계효과를 높여야 한다. 그 방법으로 중국은 '6대회랑'을 구축하려는 구체적인 프로그램을 진행하고 있다. 그런데 '6대회랑'은 장기적인 관점에서 중국의 힘을 중앙아시아를 거쳐 유럽까지 투사하는 데 반드시 필요한 전략이기는 하지만, 현 단계에서 경제적 이득은 크지 않은 사업이다. 많은 비용을 들여 건설하는 '회랑'에 비해 중앙아시아와 중동국가의 경제 역량이 크지 않기 때문이다. 즉 경제적 측면에서만 본다면 '회랑'의 가성비는 낮은 편이라고 할 수 있다. 결국 현 단계에서 실크로드 경제벨트는 대국으로 가기 위한 장기 투자이자 정치적 견인술의 성격이 강하다고 할 수 있다.

이에 비해 해상 실크로드는 경제협력 효과가 매우 큰 것으로 평가된다. 실

표 9-1 일대일로 연선 국가 중 중국의 10대 무역국(2017)

(단위: 억 달러)

순위	국가	무역액	수출액	수입액
1	한국	2,803.8	1,029.8	1,774.0
2	베트남	1,218.7	714.1	504.7
3	말레이시아	962.4	420.2	542.2
4	인도	847.2	683.8	163.4
5	러시아	841.9	430.2	411.7
6	태국	806.0	388.1	417.9
7	싱가포르	797.1	454.5	342.6
8	인도네시아	633.8	348.6	285.2
9	필리핀	513.3	321.3	192.0
10	사우디아라비아	500.4	183.0	317.4

자료: 中商産業研究員, 『中國統計年鑑』(2018) 정리.

크로드 연선 국가 가운데 중국의 10대 교역국가는 러시아를 제외하면 모두 바다를 접하고 있는 아시아권 국가들이다. 그리고 이들 국가는 모두 향후 성장 가능성이 큰 나라들이다. 따라서 일대일로 전략의 성공 여부는 이 해상 실크로드 연선 국가들과의 협력 관계 구축에 달려 있다고도 할 수 있다.* 그래서 중국은 이들 국가의 항구 운영권을 사들이는가 하면 항구 개발에 적극적으로 뛰어들어 지분과 거점 확보에 심혈을 기울이고 있다. 동시에 막대한 경제적 지원을 대가로 스리랑카와 파키스탄 등에 군사항구 운영 권리를 획득해 인도양으로 나가는 전략적 요충지를 확보했다. 이렇게 보면 중국은 실크로드 육상

---

*　중국은 실크로드 연선 국가를 동남아시아와 서남아시아 및 중동, 동부아프리카로 나누지만, 구체적으로는 '7대 그룹'으로 나눠서 지역 전략을 강화하고 있다. 7대 그룹은 아세안(ASEAN), 남아시아협력연맹(SAARC), 해안아랍국가협력위원회(GCC), 남아프리카 관세동맹(SACU), 동아시아화폐연맹(EURO화폐와 유사한 동아시아 기축통화체제 구축을 위한 협의체로 현재는 논의 단계), 남태평양지역 국가군, 태평양연맹(Pacific Alliance)이 그것이다.

루트 못지않게 해상 루트에 전략적 투자를 하고 있다는 것을 알 수 있다.

이렇게 항구 개발권과 운영권을 사들이는 것 이외에도 중국은 일대일로의 성공적 추진을 위해 해외에 '경제무역협력지구' 설립을 적극 추진하고 있다. 중국은 이를 위해 2015년 6월 상무부 합작사(合作司)가 관리하는 '중국 해외경제무역 협력지구 투자촉진 공작기제(COCZ)'를 설립해 일대일로 진출의 플랫폼으로 활용하고 있다. 이런 활동에 힘입어 2017년에 해외에 있는 '협력지구'는 120개가 넘는데 이 중 65% 이상은 일대일로 연선 국가에 분포되어 있다. 이 가운데 특히 동남아에 약 30%와 러시아에 약 20% 정도 집중되어 있다.

그런데 일대일로 연선 국가들은 경제 건설과 인프라 구축에 필요한 자금을 동원할 수 없는 현실적인 문제에 직면해 있다. 중국은 이를 돌파하기 위해 '아시아인프라투자은행(AIIB)'을 설립했다. AIIB는 2016년 1월 57개국의 참여로 설립되었으나, 2018년 현재 80개 나라가 참여해 규모 면에서는 일단 대성공을 거두고 있다. 이렇게 보면 중국은 일대일로의 목표를 세우고 그것을 실행하기 위해 국제금융조직을 설립하는 등 주도면밀한 행동 능력을 입증해 보이고 있다. 그리고 이 실행력은 아시아-유럽-아프리카까지 연계하는 범지구적 네트워크 구축으로 구체화되고, 대륙 간 육상 교통망 구축과 해상 운수 노선 정비를 통한 '물류네트워크' 완성으로 담보된다. 중국은 이를 통해 전 지구적 차원에서 '중국판 물류네트워크'를 구축하려고 한다.

2. 일대일로 전략과 물류 산업 발전

중국이 '실크로드'를 추진하는 전략을 보면 기존의 국제관례를 뛰어넘어야 한다는 의지를 강하게 표출하고 있다. 왜냐하면 일대일로는 그 범위가 너무나 넓고 관련 국가가 많아 이해관계를 조정하는 일이 전통적인 지역 협력 모델로는 불가능하기 때문이다. 지금까지 지역 협력 모델은 대체로 각 국가의 주권과 대폭적인 경제적 이익을 양보함으로써 겨우 유지되는 시스템이기 때문에 미국 같은 지도 국가의 강력한 권위나 통제가 사라지면 그 모델을 지속하기 어려운 구조이다. 그렇기 때문에 중국은 일대일로 전략 실행 방식으로 개방, 포용, 평등, 상호이익 원칙 아래 양자·다자간 협력기제를 작동해 자유무역지대를 확대하고 협력플랫폼을 점차 넓혀가자고 주장한다. 그런데 많은 나라가 이 주장의 방향에 대해서는 동의할 수 있으나, 실제 어떻게 구현될 것인가에 대해서는 의구심을 갖고 있다. 즉 이 주장은 구체적인 방법이 없이 모호한 수사로 포장되어 있다는 것이다.

이렇게 추진전략 혹은 방법이 분명하지 않았다는 비판이 있지만, 중국은 일대일로를 추진하는 핵심 내용을 '5통'으로 설명하고 있다. 정책소통, 시설연통, 무역창통, 자금융통, 민심상통이 바로 그것이다. 정책소통은 일대일로를 성공시키기 위해 가장 중요한 정책과 제도 정비를 포함하고 있어 상호 간의 정치적 신뢰를 바탕으로 해야 한다. 그래서 '5통'의 맨 앞에 제시된다. 무역창통은 일대일로의 실질적 성과와 목표를 상정하고 있다. 이를 위해서는 관세율을 낮추고 통관절차를 간소화하며 행정서비스를 개선하고 외국자본에 대한 불평등 대우를 철폐하는 등의 제반 조치가 필요하다. 시설연통은 무역 활성화의 선결조건인 동시에 경제주체 공간인 각 도시를 연결하는 혈관 역할을 한다. 그래서 일대일로 사업에서 가장 먼저 시행해야 할 분야이기도 하다. 다만 나라마다 철로의 폭과 기술 수준이 다르고 중앙아시아의 험준한 지형을 통과해야 하기 때문에 비용·편익 분석에서 흑자를 기대하기 어렵다는 한계를 안고 있다. 또한 많은 개발도상국가의 민족 분규로 시설 안전을 보장할 수 없는 어려움도 안고 있다. 그러함에도 중국이 인프라시설 구축에 심혈을 기울이는 것은 중국의 영향력이 직접적으로 확산되는 정치적 이유 이외에도 국내 과잉 시설을 해외로 이전하는 효과를 기대하기 때문이다. 자금융통은 이런

표 9-2 중국-해상 실크로드 연안 지역의 무역 구성비 변화

(단위: 만 달러, %)

지구	1995		2005		2015	
	수출입 총액	비중	수출입 총액	비중	수출입 총액	비중
동남아시아	1,951,283	57.2	12,902,321	54.5	46,899,262	51.8
남아시아	241,549	7.1	2,393,760	10.1	9,507,579	10.5
서남아/중동	584,780	17.2	4,629,585	19.6	15,793,749	17.4
대양주	478,920	14.0	2,993,457	12.7	12,531,945	13.8
아프리카 동부	153,808	4.5	738,102	3.1	5,865,992	6.5
합계	3,410,340	100.0	23,657,225	100.0	9,0598,527	100.0

자료: 『중국통계연감』(1996, 2006, 2016)을 참조해 정리함.

인프라시설을 건설하는 데 필요한 자금을 중국이 주도적으로 제공하겠다는 것으로, 아시아인프라투자은행 설립으로 구체화되었다. 즉 AIIB는 일대일로를 끌고 가는 기관차 역할을 담당한다. 그런데 이러한 제도적·물질적 소통과 교류도 국민의 지지를 받지 못하면 성공할 수 없다. 그래서 중국은 인문학을 전면에 내세워 자국의 평화애호 이미지를 전파하는 공공외교를 적극적으로 추진하고 있다. 이것이 바로 민심소통을 '5통'의 하나로 상정한 이유다. 중국은 경제적 성공을 이룩했지만 국력에 비해 소프트파워가 형편없이 약하다는 것을 절감했고, 이를 개선하지 않고서는 일대일로를 성공적으로 추진할 수 없음을 파악한 것이다. 그래서 향후 세계 패권국가가 되려면 반드시 필요한 우호적 정서를 구축하기 위해 '인문유대'를 앞세워 민심상통에 많은 노력을 기울이고 있다.

일대일로 연선 국가에서 중국의 10대 교역국은 러시아를 제외하고는 모두 아시아 국가들이고 한국이 가장 큰 거래 파트너 국가이다. 또한 〈표 9-2〉에 나타나듯이 동남아의 무역 비중은 여전히 절반 이상을 차지한다. 이렇게 아시아 국가가 중국의 주요 무역 파트너라는 말은 일대일로 중심 사업인 도로

교통 인프라 건설도 이 지역에 집중되어야 한다는 의미이다. 무역량은 결국 물류량이고 이는 교통운수 체계 완비를 요구하기 때문이다. 물류 시스템을 정비해 물류비용을 줄인다면, 무역 경쟁력과 무역량 자체가 늘어날 것이다.

물류산업은 운수업, 창고업, 발송 대행업, 정보산업이 결합된 복합형 서비스산업으로 경제 발전의 기초를 담당하는 전략산업이다. 중국의 경우 특히 국토가 넓기 때문에 물류산업 경쟁력은 곧 국민경제 경쟁력에 직결된다. 그런데 중국의 물류시스템은 다른 분야에 비해 여전히 낙후한 상태이다. 중국은 성과 지역마다 물류서비스 기준이 표준화되지 못하는 등 물류시스템이 충분히 정비되지 않았고 물류 행정서비스도 열악해 선진국에 비해 물류비용이 많이 든다. 서구 선진국은 일반적으로 물류비가 상품가격의 10~15%인 데 비해 중국 제품은 물류비 비중이 30~40%에 이른다.[1] 그래서 중국은 물류경쟁력을 높이기 위해 '물류업 발전 중장기 규획(2014~2020년)'을 발표해 2013년 국내 사회적 물류 총액이 GDP의 18%를 차지하는 것을 2020년까지 16%로 줄이겠다는 계획을 추진하고 있다. 중국의 한 연구 자료에 따르면,[2] 1단위의 GDP가 성장하기 위해서는 3.4단위의 물류 총액 증가가 필요하며, 물류업이 6.8% 성장하면 서비스업이 1%가 성장하며, 물류업이 1% 성장할 때마다 대략 50여 만 개의 일자리가 늘어난다고 한다.

그런데 중국은 2009년 '물류업 조정과 진흥 규획'을 비롯해 물류업 진흥 정책을 여러 번 발표했음에도 불구하고 국내 물류 산업 발전에는 여전히 많은 난관이 존재한다. 예를 들면 행정 허가 사항이 너무 많아 수속이 복잡하고 시간 지체와 관리비용이 많이 들고, 통행료 등 비용 징수 비율이 너무 높아 물류 경쟁력을 떨어뜨린다. 도로 통행비가 총비용의 20%나 되고 도로에서 부과하는 벌금이 5~8%를 차지하는 것이 현실이다. 그리고 물류 기업에 부과하는 세금을 '영업세'로 전환한 이후 조세 부담이 증가한 것도 물류업 발전을 저해하는 요인으로 지적된다.

이렇게 물류 산업 발전을 가로막는 국내적 요인 이외에도 국제 물류 성장에는 더 큰 장애물들이 놓여 있다. 첫째, 중국과 연계된 국제 화물 노선의 안정성이 취약하다. 중국에서 유럽에 이르는 철로와 도로가 여러 나라의 험난한 지형을 통과해야 한다는 자연조건의 어려움도 있지만, 나라마다 철로 관리 체계와 운송 비용 정산 시스템이 달라 시간과 비용을 많이 소모한다. 둘째, 물류 운송시스템이 합리적으로 정비되지 않아 화물 수송 연계를 원활하게 지원하지 못하고 있다. 항만의 경우 육상과 해상의 화물 전환 선적 기능(Port Logistics)이 떨어져 경쟁력을 저하시키고 있다. 또한 충칭-발트해를 연결하는 노선(渝新欧)과 청두-유럽을 연결하는 철도(蓉新欧)가 이미 개통되었음에도, 수출품 물동량은 있지만 돌아오는 열차의 화물이 적어 운송 비용이 크게 올라가는 상황이다. 셋째, 중앙아시아에 산재한 테러 단체와 종교 극단주의자들의 방해가 수송 안전을 위협하고 자연재해 역시 육로 운송을 어렵게 하는 요인으로 작용한다.

한편 중국은 무역량의 90%를 해운이 담당하지만 일대일로 추진 구상은 주로 육로 건설 프로젝트에 집중되었다. 그러다 2017년 6월 국가발전개혁위원회와 국가해양국이 공동으로 발표한 '일대일로 건설 해양협력 구상'을 계기로 해상실크로드에 대한 정부주도 추진 방안이 더욱 분명해졌다.* 이에 따라 중국-인도양-아프리카-지중해 블루경제 통로, 중국-태평양-남태평양 블루경제 통로, 중국-북극해-유럽 블루경제 통로 등 세 방면의 해상통로 구축을 추진 중이다. 중국은 북극권에 국경이 있는 나라는 아니지만, 지구 온난화의 영향으로 향후 북극항로가 매우 중요한 통로가 될 것이기 때문에 북극항로 개척에 매우 적극적이다. 시진핑 주석이 2017년 7월 모스크바에서 밝힌 '빙상 실

---

* 이 '구상'에 따르면 3대 원칙으로 첫째 구동존이(求同存异)와 공감대 결집(凝聚共识), 둘째 개방협력과 포용발전 그리고 시장운용과 여러 국가 참여, 셋째 공동논의와 공동건설 및 이익공유를 제시하면서 해상물류를 성장의 '블루엔진'으로 삼겠다는 의지를 표명했다.

크로드' 개척이 대표적이라고 할 수 있다. 중국의 논리는 북극이 이미 개별 국가의 범위를 뛰어넘어 지역 현안이자 국제사회 전체 이익에 관계되는 것이므로 중국은 '넘보지도 빠지지도 않겠다'는 입장을 견지하면서 적극적인 자기 역할을 찾겠다는 것이다. 또한 남태평양 블루경제 통로 구축을 강조하는 것은 태평양 진출 통로가 봉쇄되는 것을 막기 위한 전략적 선택이다. 따라서 이 통로는 경제보다 군사·안보 논리가 강하게 작용하고 있다. 그렇기 때문에 실제 경제적 관점이 중시되는 인도양 블루경제 통로가 해상 실크로드 구축의 핵심이라고 할 수 있다.

해상 실크로드에 연계된 나라는 32개 국가로 40억 명의 인구가 생활하고 있다. 그에 비하면 GDP 규모는 25% 이하로 가장 큰 경제권역은 아니지만, 성장속도는 세계 평균치를 훨씬 웃돌고 해상 물류도 빠르게 성장하고 있다. 2017년 말래카 해협을 통과하는 중국의 물류 비중은 원유의 80%와 천연가스의 50% 이상이고, 전체 수출입의 43% 이상을 점하고 있다. 따라서 미국이 장악하고 있는 말래카해협은 중국에게는 가장 약한 고리이고 지정학적 불리함을 안고 있는 지역이다.

한편 중국은 해운산업 발전을 국가의 주요전략으로 삼고 해운 산업의 비중을 GDP의 20%까지 올릴 계획이다. 당연한 얘기이지만 무역 대국인 중국은 국내 항구 사이의 경쟁도 치열하다. 중국은 항구를 장강 삼각주 지구, 양안 서안지구, 주강 삼각주 지구, 발해만 지구, 북부만 지구 등 다섯 개 집단군으로 묶어 규모화·집약화·현대화를 추진하고 있다. 이 가운데 특히 장강 삼각주 지구와 주강 삼각주 지구의 경쟁이 치열한 상황이다. 이런 경쟁에서 이기는 방법은 각 항구가 해외 항구들과 네트워크를 얼마나 잘 구축할 수 있느냐가 관건이다. 따라서 중국의 각 지방정부와 항구는 물류 시설 공동 운영 같은 해외 협력 시스템 구축에 많은 노력을 기울이고 있다.

그런데 중국의 육상·해상 국제물류는 여전히 해결해야 할 많은 과제를 안고 있다. 대륙 양쪽인 중국과 유럽의 생산량은 많으나 중간 지대인 중앙아시아와 중동의 생산력이 낮아 전체적인 물류시장이 U자형으로 형성되어 있어 물류비용이 상대적으로 많이 드는 구조이다. 그리고 유라시아의 긴 노선은 돌발상황이 발생할 가능성이 높아 잠재적 위험성도 상당하다. 또한 해상에서는 해적이 출몰하는 말래카 해협 같은 위험지역을 통과해야하기 때문에 안전 확보에 걸림돌이 될 뿐 아니라, 항상 미국의 봉쇄를 우려하는 안보전략을 짜야하는 부담을 안고 있다.

그러나 이러한 난관이 있다고 해도 일대일로를 중국의 발전전략으로 추진하는 중국으로서는 국제화물 통로를 개척해야 하는 절대적인 과제를 안고 있다. 개방을 확대하고 지역 통합을 통해 국내외 시장과 자원을 동시에 활용해 서부 지역 발전과 지역 균형 발전을 달성해야 하기 때문이다. 이를 위해 중앙아시아와 유럽을 연결하는 육상 물류 체계를 공고히 하고 수출입의 90%를 담당하는 해운산업을 견실하게 육성해야 한다. 그리고 물류 경쟁력 강화는 열악한 물류 인프라를 새롭게 건설하는 것부터 출발해야 한다. 따라서 중국이 일대일로 전략을 추진하면서 물류 시스템을 개선하고 교통 인프라 건설에 적극적으로 나서는 것은 당연한 귀결이라 하겠다.

3. 해상 실크로드의 공간 범위와 주요 항구

역사적으로 중국의 해상 실크로드는 노선 3개가 있었다. 동부 항구에서 출발해 조선 및 일본과 연계된 동해 노선과 동남부 항구에서 출발해 동남아, 서아시아 각국을 경유해 인도양 연안 국가와 북아프리카로 연결된 남해 노선, 그리고 푸젠(福建)성 취안저우(泉州)에서 출발해 필리핀 마닐라를 경유해서 미주에 도달하는 미주 노선이 그것이다.

표 9-3 중국-해상 실크로드 연안 국가 연계 주요 항구

동남아시아		남아시아		중동·동아프리카	
국가	주요 항구	국가	주요 항구	국가	주요 항구
브루나이	세리바자베이, 말라	인도	콜카타, 뭄바이	사우디 아라비아	다만, 제다
캄보디아	시아누크	파키스탄	카라치, 과다르	아랍에미리트	두바이, 샤카
인도네시아	자카르타	스리랑카	콜롬보, 함반토타	카타르	무스캇
말레이시아	클랑, 페낭	몰디브	말레	오만	도하
라오스	-			바레인	바레인
미얀마	양곤			쿠웨이트	쿠웨이트
필리핀	마닐라			이라크	바스라
싱가포르	싱가포르			예멘	아덴
태국	방콕, 린처번			이집트	수에즈
베트남	하이퐁, 호찌민			수단	수단

이와 달리 '21세기 해상 실크로드'는 남해 노선을 위주로 전개되고 있다. 그래서 연계되는 지역도 동남아시아와 서남아시아 및 중동·북동아프리카, 대양주로 크게 나뉜다. 즉 해상 실크로드의 공간 범위는 아시아에서 아프리카에 이르는 서진 노선과 규모는 작지만 호주에 이르는 남진 노선으로 구분된다. 여기에 2017년 빙상 실크로드로 명명된 북극노선이 추가되었지만, 현 단계에서는 선언적인 의미만 있어 이 글에서는 생략한다. 남진 노선은 호주의 지하자원을 수입하는 경제적인 이유도 있지만 이보다는 태평양으로 나가는 출로를 확보하기 위한 전략적 설정이 강하다. 따라서 여기서는 서진 노선을 중심으로 각 지역과 항구의 연계성을 살펴보기로 한다.

중국은 세계에서 가장 많은 물동량을 처리하는 국가이다. 2015년 기준으로 중국 자금이 들어간 항구에서 처리되는 컨테이너 물동량이 전 세계의 67%나 된다. 물론 중국 항구의 컨테이너 처리량도 세계적인 수준이다. 세계 10대 항

표 9-4 중국 자본이 진출한 해상 실크로드 연안 지역 항구

시기	나라	항구	내용
2013	말레이시아	쿠안탄	- 주식 매입 - 동남아 항구운영권 첫 확보
2013	지부티	지부티	- 유럽, 아프리카, 아시아 3대륙의 요충지, '석유운송로 초병' 별칭 국가 - 23.5% 지분 매입, 99년 운영
2015	호주	다윈	- 99년 임대 - 3.7억 달러 투입
2015	이스라엘	헤이 포인트	이스라엘 최대 항구의 개발운영권 25년 확보
2016	인도네시아	잠비아	국제통합항구 개발
2016	파나마	마거릿섬	- 파나마 최대항구 9억 달러에 매입 - 대서양-태평양 통과의 황금수로
2016	이란	케슘섬	- 5.5억 달러 투입 - 석유 운송 핵심지역에 부두 건설
2016	이탈리아	바도	주식 9.9% 확보
2016	키프로스	리애나	- 25년 운영권 획득 - 키프로스 최대 여객 화물 무역중심 항구
2016	그리스	피레우스	- 그리스 최대항구 주식 67% 매입 - 지중해 진출의 첫 교두보 확보
2017	인도네시아	탄중 프리오크	최대 화물운송항구 확장공사에 5.9억 달러 투자
2017	스페인	노아툼	- 2.03억 유로로 51% 지분 매입 - 지중해 진출 교두보 확보

구 가운데 7곳이 중국 항구라는 사실이 이것을 보여주고 있다. 나머지 3곳은 싱가포르항과 부산항, 두바이항뿐이다. 이렇게 보면 10대 항구는 모두 아시아에 있음을 알 수 있다.* 그런데 국제 물류와 관련해 더욱 주목할 것은 중국이 해외 항구 장악력을 급속히 높이고 있다는 점이다. 중국은 일대일로를 추

---

* 물동량 처리 기준으로 평가하는 세계 10대 항구는 다음과 같다. 저우산항(7억 톤), 상하이항(6.3억 톤), 싱가포르항(6억 톤), 톈진항(5억 톤), 콰이청항(4.9억 톤), 부산항(4.4억 톤), 광저우항(4.3억 톤), 쑤저우항(4억 톤), 칭다오항(3.8억 톤), 두바이항(3.5억 톤).

그림 9-1 중국의 해상 실크로드 루트와 3대 거점 지역

진하기 이전부터 해외 항구 운영권을 확보하는 전략을 추진해왔는데 2010년 이후 6년 동안 해외 항구 확보에 투자한 금액이 총 456억 달러(약 53조 원)에 달한다. 2016년에만 해외 항구에 210억 달러를 투자했는데 그 이전에도 이미 해상 실크로드 연선 국가 23개 국가의 여러 항구에 매년 100억 달러 이상을 투자해왔다. 예를 들면 중국에서 가장 큰 항구 운영 회사인 중국원양해운(COSCO, 中国远洋海运集团公司)은 전 세계 30여 개 항구에 투자했는데, 그중 11곳이 해상 실크로드 연선 국가이다. 그 결과 세계 50대 컨테이너 항구 가운데 2/3는 중국계 자금이 투자되어 있다. 그리고 해외 거점항구를 확보하는 과정에서 군사적 고려를 많이 하는 점도 중국의 세계 경영전략을 말해준다. 예를 들면 인도양 장악에 결정적으로 중요한 지부티항이나 과다르항, 콜롬보항의 운영권을 확보할 때는 경제협력을 목적으로 투자한다는 명분을 앞세우지만, 일단 운영권을 확보한 뒤에는 군사 용도로도 겸용하려고 한다. 중국 언론은 2013년 이후 이렇게 확보한 해외 항구가 적어도 20여 곳 이상이라고 전한다.[3]

중국은 해운산업이 비약적으로 커지고 항구도 확장되었다. 그런데 항구 운

영과 물류 시스템 관리는 아직 뒤떨어진 부분이 많아 하드웨어와 소프트웨어의 불균형이 심한 상태이다. 그러나 중국은 관리 기술과 운영 방법 등 소프트웨어는 언젠가 따라잡을 수 있다고 보고 해외 거점 확보에 열을 올리고 있다. 다만 2015년 이후에는 해외 항구 지분을 50% 이상 확보하기가 점차 어려워지고 있다. 중국에 대한 경제심리가 강화되면서 운영권을 넘기지 않으려는 나라가 늘고 있다. 그래서 중국은 적당한 비율의 지분 참여로 해외 거점을 늘려가는 방식을 취하고 있다. 동시에 국제적 해운·물류산업의 협력 강화를 통해 소프트웨어 방면에서 힘을 키우고 있다.

1) 중국-아세안 경제협력과 해상 물류 네트워크

아세안 노선은 거리와 경제교류 측면, 지정학적 측면에서 '21세기 해상 실크로드' 건설의 핵심지역이다. 아세안 10개국을 포함한 이 지역은 라오스를 제외하고 모두 해양 국가이고 싱가포르, 마닐라, 자카르타, 하이퐁 같은 대규모 항구도시를 가지고 있다. 아세안 주요 항구는 중국의 무역상품이 집중되는 곳으로 중국-실크로드 연안 국가 무역량의 51.8%가 이뤄지고 있는 곳이기도 하다.

중국은 이러한 아세안과 1991년 협상을 시작한 이래 2002년 '중국-아세안 포괄적 경제협력 기본협정' 체결을 바탕으로 2010년부터 FTA를 시행하고 있다. 또한 1997년 아시아 금융위기 이후 중국의 지원이 절실한 아세안은 2003년 '동남아 우호협력조약'을 체결했다. 중국과 아세안이 서로를 필요로 한다는 증거는 아세안과 한·중·일이 협력하는 '10+3'기제가 있음에도 아세안과 중국이 단독으로 '10+1'을 가동하는 것을 들 수 있다.* 물론 '10+1'은

---

*   '10+3'은 1990년 말레이시아 마하티르 총리가 '동아시아 경제그룹' 구상을 제시했으나, 미국의 반대와 일본의 소극적 태도로 성립되지 못하다가 1995년 방콕에서 아세안과 한·중·일 3국 정상이

1991년 아세안과 중국이 대화를 시작할 때 가동된 것이므로 '10+3'보다 시기적으로 빠른 것은 사실이다. 그렇다 하더라도 이 '대화 기제'는 중국이 아세안 지역을 얼마나 중시하고 있는가를 보여주는 상징이 분명하다. 다만 '10+1'이 중국의 의지가 강하게 반영된 회의체라면 '10+3'은 금융위기에 대한 대응을 위해 아세안이 적극적으로 추진한 측면이 크다는 점이 다르다고 할 수 있다.

2016년은 중국-아세안이 대화를 시작한 지 25주년이고, 2017년은 아세안 창립 50주년이었다. 중국은 이를 아세안과의 관계 심화 계기로 적극 활용하고 있다. 2017년 말 현재 두 지역의 무역 규모가 5000억 달러를 초과했고 오랫동안 두 자릿수 무역성장률을 유지하고 있다.[4] 1991년 대화를 시작할 당시 80억 달러에 불과했던 무역 규모는 25년 동안 62.5배나 성장한 것이다. 그 결과 중국은 2009년 이후 아세안의 제1무역 대상국 지위를 흔들림 없이 지키고 있고 아세안은 2011년 이후 중국의 3대 무역 대상지역으로 올라섰다. 이런 성장세를 바탕으로 두 지역은 2020년까지 무역액을 1조 달러로 높이기로 선언했지만, 최근 중국의 경제성장률 하락과 구조조정 및 중·미 무역전쟁으로 이 목표 달성은 어려울 것으로 보인다.

한편 투자 방면에서도 두 지역은 서로 중요한 외자 수입원이 되고 있다. 2017년 5월 말까지 양국의 상호 누적 투자액은 1830억 달러에 달한다. 이는 1991년 5억 달러에 비해 366배나 증가한 액수이다.[5] 이중 화교가 중심이 된 아세안이 중국에 실제로 투자한 누적 총액은 1080억 달러에 이르고, 중국이 아세안에 투자한 총액도 750억 달러에 이른다. 중국은 이미 라오스, 캄보디

모임을 가짐으로써 기초를 다졌다. 그리고 동아시아 금융위기가 발생하자 1997년 말 쿠알라룸푸르에서 아세안과 한·중·일 대표가 모여 '동아시아 협력 공동언선'을 발표하고, 경제, 통화 및 금융, 사회 및 인적자원 개발, 과학 및 기술, 개발 협력, 문화 및 정보, 정치 안보, 다국적 문제 등 8개 분야의 협력 분야를 선정했다. 그런데 현재 '10+3'은 느슨한 형태로 운영되고 있고, 한·중·일 '3국 정상회담'이 정례화되어, 이제 동아시아의 정상회담은 '10+3'이 아니라 동남아시아와 동북아시아 '1+1'이라고 지칭하는 경향이 강해지고 있다.

아를 비롯한 아세안 회원국에 가장 중요한 외자 투자국이고 다른 회원국에도 주요 외자 수입 루트가 되고 있다. 이 밖에도 인적 교류도 대폭 증가하고 있다. 중국과 아세안의 2016년 말 인적 교류는 연인원 3800만 명을 넘어섰다. 2017년 해외여행을 나간 중국인은 연인원 1억 2200만 명에 달하는데, 이 가운데 1980만 명이 동남아로 여행해 중국이 이 지역의 첫 번째 여행 대국이 되고 있다.

이 외에도 인프라 시설에 대한 지원도 활발하게 진행되고 있다. 중국 기업이 아세안 각국의 도로, 철도, 항구, 공항, 전력, 교량 등 인프라 시설 관련 계약을 체결한 금액이 2017년 5월 기준으로 2040억 달러에 이르고, 협약이 진행 중인 것을 포함하면 2962억 9000만 달러에 달한다. 이런 시설 투자는 앞으로도 더욱 많아질 것으로 예상되는데, 이는 2017년 브루나이를 끝으로 아세안 10개국이 모두 AIIB에 가입했기 때문이다. 아세안은 이렇게 유일하게 하나의 지역공동체가 예외 없이 AIIB에 가입할 정도로 일대일로에 대한 기대가 크다고 볼 수 있다.

또한 중국과 아세안은 지역경제 일체화 사업을 빠르게 추진하고 있다. 이미 2010년 아세안과 FTA를 시행했고 2015년에는 자유무역지구 승격과 관련한 협상을 종결함으로써 지역경제 일체화의 제도적 기틀을 갖췄다. 중국은 이를 통해 '역내 포괄적 경제동반자협정(RECP)'을 추진할 강력한 후원 세력을 확보했으며, 아세안은 자신의 경제성장을 위한 외부 수혈 통로를 개척했다는 평가를 받는다.

해상 실크로드를 연결하는 구심점으로서 중국이 공들여 개발하거나 장기간 임대한 동남아시아 항구를 자세히 살펴보면 중국의 해양 전략을 더 명확하게 알 수 있다. 중국은 자국의 동부 연안에서 출발해 인도차이나를 돌아 미얀마와 방글라데시 항구를 거쳐 인도를 지나, 파키스탄을 거점으로 다시 홍해를 지나 그리스까지 이어지는 해상 운송 길을 개척 중이다. 서구에서는 이

그림 9-2 중국의 일대일로 연선 국가 해양 거점 항구

자료: "中의 '해양굴기', 전 세계 거점港 거액 투자", ≪문화일보≫, 2015년 2월 27일 자.

모양이 마치 목걸이를 닮았다고 해서 '진주 목걸이(String of Pears)' 전략이라고 부르면서 중국의 영향력 확대를 경계한다. 왜냐하면 중국이 임대하거나 운영을 위탁받은 항구들은 무역항이면서 동시에 중국의 군함 정박 기지로도 이용될 가능성이 높기 때문이다. 그래서 미국, 일본, 인도가 특히 민감하게 반응하고 있다.

　한편, 아세안에서 중국이 거점 확보로 심혈을 기울이는 곳 가운데 하나가 캄보디아의 시아누크빌(Sihanoukville) 항구이다. 중국은 일대일로를 통해 이 항구를 '캄보디아의 선전(深圳)'으로 조성한다고 공언하고 있으나 2017년에 이미 이 지역 호텔과 여행 시설의 절반을 중국인이 운영하고 있고, 여행객의 60% 이상이 중국인이어서 현지에서는 중국의 식민지화를 염려하는 목소리가 높다. 그렇지만 중국이 대량의 자본을 투입해 도로를 개설하고 사회기반시설을 놓아주고 있어 캄보디아 정부는 이를 받아들일 수밖에 없는 상황이

다. 만약 중국이 시아누크빌 항구를 경영한다면 동남아에서 새로운 핵심 거점을 확보하는 것이기 때문에 매우 적극적으로 접근하고 있다.

이와 함께 중국이 공을 들이는 또 다른 항구는 미얀마의 시트웨항과 그에 인접한 차우퓨항이다. 여기는 중국 쿤밍과 미얀마를 연결하는 송유관의 기착지일 뿐만 아니라 수심이 25m로 깊은 천혜의 항구로서 인도양으로 진출하는 전략적 요충지이다. 이에 중국은 20년간 이 항구를 사용하기로 협정을 맺어 개발에 박차를 가하고 있으나, 아웅 산 수 치(Aung San Suu Kyi)가 집권하면서 중국에 의존하던 기존의 정책을 바꾸면서 최근 개발에 제동이 걸린 상태이다. 미얀마는 미국과 관계가 개선되면서 중국 일변도에서 탈피할 수 있었고, 경제적으로도 서방 자본을 끌어들일 상황이 되자 중국과 재협상을 요구할 수 있는 지렛대를 갖게 된 것이다.

중국이 협력을 강화하고 있는 말레이시아는 양국의 이해가 일치하는 부분이 많다. 그래서 말레이시아는 싱가포르와 적도 경로에 위치하고 있어 지리적 환경이 매우 뛰어나지만 해운, 석유화학, 물류, 금융 부문에서 싱가포르의 압도적인 경쟁력에 밀려 오랫동안 눌려 지냈다. 말레이시아는 이를 타개하기 위해 중국과 전략적인 '항구 연맹'을 맺어 싱가포르에 대항하려고 한다. 2015년 11월 중국의 10개 항구와 말레이시아의 6개 항구가 '항구 연맹'을 맺고 경제발전과 물류 교류를 추진하기로 협정을 맺은 이후 3년 만에 회원항구를 21개로 확대했다.* 이로써 중국은 인도양으로 향하는 길목에 강력한 항구를 둔 효과를 기대할 수 있어 해상 실크로드 전략 추진에 필요한 강력한 엔진을 얻게 되었다.

---

* 중국의 10개 항구는 다롄항, 상하이항, 닝보항, 친저우항, 광저우항, 푸저우항, 샤먼항, 선전항, 하이난항, 타이창항이고, 말레이시아 6개 항구는 클랑항, 말라카항, 페낭항, 조호르항, 쿠안탄항, 빈툴루항이다.

2) 중국-남아시아 경제협력과 해상 물류 네트워크

　남아시아 노선은 해상 실크로드의 중간지역으로 인도양으로 향하는 중요한 길목이다. 인도양은 세계 컨테이너화물의 절반이 통과하는 지역이고, 벌크선(bulk carrier)의 1/3과 원유 수송선의 2/3가 통과하는 지역이다. 또한 동아시아에서 유럽과 중동 및 아프리카로 가기 위해서는 반드시 통과해야 하는 바닷길이다. 그런데 남아시아는 몰디브를 제외하고는 인도, 파키스탄, 스리랑카 모두 개발도상국가로 경제 수준이 상당히 낮은 편이다. 하지만 이 지역 국가들은 모두 빠른 성장을 하고 있으며, 지정학적으로 중요한 항구를 보유하고 있다. 그렇기 때문에 남아시아 노선은 비록 4개 국가만 해당되지만, 협력이 절실한 경제대국 인도가 있고 지정학적으로 전략적 가치가 큰 파키스탄과 스리랑카가 있기 때문에 중국이 중시하는 지역이다. 다시 말해 중국은 경제적 측면에서 인도와 대규모 협력을 통해 새로운 성장 동력을 만들어야 '방글라데시-인도-미얀마 경제회랑' 건설도 가능할 것이기 때문에 인도와의 협력이 무엇보다 중요하다. 동시에 인도가 반발하는 파키스탄과 스리랑카의 전략적 요충지도 확보해야 하는 모순된 과제를 안고 있다. 인도는 중국-파키스탄 경제회랑이 자국 영토라고 주장하는 분쟁지역을 통과하기 때문에 중국이 주권을 침해한다는 이유로 일대일로에 매우 부정적이다. 또한 중국이 경제성이 극히 낮은 스리랑카의 함반토타 항구를 99년간이나 조차한 것은 그들의 부인에도 결국 군사용으로 사용하기 위한 것이라는 의심을 하고 있다. 스리랑카는 인도양에서 전략적 요충지이자 인도의 목구멍에 해당하는 곳이다. 여기에 중국이 군사력을 전개한다는 것은 곧 인도의 전략적 패배를 의미한다. 그렇기 때문에 인도는 중국과 경제적 협력이 필요함에도 미국이 주창하는 '인도-태평양 구상'에 적극적인 편이다. 이렇게 인도가 중국과 각을 세우고, 파키스탄과 스리랑카는 경제 규모도 작고 수준이 낙후되어 있어 중국이 쏟는 노력에 비해 성과가 낮은 곳이라고 평가할 수 있다.

한편 중국과 경쟁 관계에 있는 인도는 중국을 견제하기 위해 미국이 주창한 '인도-태평양 삼각구조' 구축에 적극적이다. 이렇게 남아시아는 중국을 견제하는 인도가 있고, 인도와 반목하는 파키스탄이 중국과 '전천후 전략적 협력동반자관계(all-weather strategic cooperative partnership)'를 맺어 적극적인 친중 노선을 걷는 극단적인 현상이 병립하는 지역이다. 이러한 이유로 남아시아는 경제협력과 물류네트워크 구축보다는 군사·안보의 중요성이 부각돼 중국의 일대일로가 대외적인 갈등으로 비화될 가능성이 큰 곳이라고 할 수 있다.

중국과 인도의 관계를 좀 더 자세히 살펴보면 인도는 경제 대국이지만 그 규모에 비해 중국과의 무역량은 많지 않은 편이다. 2017년 중국이 일대일로 연선 국가와 거래한 무역량은 총 1조 4403억 달러로 전체 무역량의 36.2% 정도를 점하고 있다. 이 가운데 중국은 인도에 683억 8000만 달러어치 물품을 수출했고 163억 4000만 달러 상당의 제품을 수입했다. 인도는 일대일로 연선 국가 10대 무역국에서 한국, 베트남, 말레이시아보다 낮은 네 번째 국가에 불과하다. 그런데 양국은 일대일로에 대한 이견이 큰 상황에서도 무역과 투자는 빠르게 성장하고 있다. 특히 트럼프 정부가 2018년 중국 제품에 대해 관세 보복을 강화하자 중국은 타개전략의 하나로 3월 24일 대규모 경제 사절단을 인도에 파견해 23억 6000만 달러 규모의 통상 계약 101건을 체결하는 등 경제협력을 강화하고 있다. 이것은 또한 인도가 중국에 매년 500억 달러 이상의 무역적자를 기록하는 상황을 완화해 인도의 협력을 구하려는 중국의 전략적 선택이기도 하다.

한편 파키스탄은 중국과 비대칭적 무역구조를 이루고 있어 매년 적자가 큰 나라이다. 2017년 파키스탄이 중국에 수출한 것은 겨우 14억 6800만 달러에 불과한 반면, 수입액은 141억 3000만 달러(총무역량 155억 9700만 달러)에 달해 수출량이 수입에 비해 10.4%밖에 되지 않는다. 그럼에도 파키스탄은 중국에 매우 중요한 나라이고, 과다르항과 카라치항은 중국의 전략적 거점이기도 하다. 중국이 일대일로를 선언하면서 가장 먼저 착수한 사업이 바로 중국-파키스탄경제회랑 건설이다. 그 종착점이 바로 과다르항이다. 이 노선은 중국에는 매우 중요한 정치적·군사적·경제적인 의미가 크고, 미국과 인도 등 경쟁 국가에는 매우 아픈 결과라고 할 수 있다. 좀 더 자세히 살펴보면, 과다르항은 호르무즈 해협과 인접한 파키스탄의 3대 항구로서 '인도양으로 나가는 목구멍'이라는 별칭이 있을 정도로 전략적으로 중요한 곳이다. 중국은 이런 전략적 요충지인 과다르항을 2013년부터 43년간 확보하면서* 마침내 같은 해 '중국-파키스탄 경제회랑' 건설을 시작할 수 있었다.

1726km에 이르는 '중-파 경제회랑'은 고속도로와 철도, 송유관·가스관 및 광케이블 등 4개 분야를 동시에 건설하는 복합경제회랑이다.** 당초 약 450억 달러가 소요될 것으로 예상한 이 공사는 2030년 완공을 목표로 하고 있다. 이 회랑을 완공하면 중국은 중동과 아프리카 석유를 신장 지역까지 직접 공급할 수 있고, 석유 수입 루트를 말래카 해협 통과에 비해 80%나 단축할 수 있다. 그리고 이 경제회랑은 중국의 서남지구와 파키스탄을 연결하는 것 이외에도 동남아시아와 서남아시아 및 중앙아시아, 중동을 아우르는 교차점 역할을 하게 된다. 또한 회랑의 종착역인 과다르항은 '세계의 석유 밸브'라는 호르무즈 해협과 근접하기 때문에 페르시아만과 아프리카 동부 산유 국가에도 영향력을 끼치는 중개항으로 기능할 것이다.

---

* 과다르항은 중국의 자금 지원으로 2007년부터 공사가 진행되었고, 2013년 이 항구 자유무역지대 부지 900ha를 43년간 중국에 임대해 운영권을 이양했다. 이 항구는 중동과 서남아시아를 연결하는 전략적 요충지로 세계 원유수송의 20%가 통과하는 호르무즈해협에 근접해 있다.

** 중국-파키스탄 경제회랑 건설 비용으로 처음에는 에너지 337억 9000만 달러, 도로 건설 59억 달러, 철도 개설 36억 9000만 달러, 고가철도 16억 달러, 항구 수리 확장 6억 6000만 달러, 중·파 광케이블 건설 4000만 달러를 배정했다. 이를 보면 절대 액수가 에너지산업에 배정된 것을 알 수 있다.

중국은 이 회랑 건설을 위해 파키스탄에 450억 달러를 투자하기로 협정을 체결했지만, 파키스탄의 재정이 악화되면서 이 사업이 좌초 위기에 몰리자 대출금을 늘려 2018년 620억 달러로 수정했다. 또한 경제회랑 건설을 중심으로 과다르항, 에너지, 기초시설 건설, 산업협력을 중점 프로젝트로 삼는 이른바 '1+4' 구축을 제안하면서 파키스탄 끌어안기에 적극 나서고 있다. 시진핑 주석은 2015년 4월 파키스탄을 방문해 51개 협력사업에 서명하고 1차로 280억 달러에 이르는 자금을 지원해 각종 발전소 등 에너지 프로젝트를 진행하고 있다. 이런 노력으로 과다르항 운영권을 취득한 중국은 에너지안보를 크게 강화했고 미국이 말래카 해협을 봉쇄할지도 모른다는 두려움을 상당 부분 해소했다. 한편 과다르항은 중앙아시아 국가의 수출입 물류를 연계하는 중개무역 도시이기도 하다. 항구가 없는 내륙 국가 중앙아시아는 근본적으로 물류에 제한을 받기 때문에 우호적인 나라와 항구 사용권 협약을 체결하고 있다. 따라서 과다르항은 파키스탄과 중앙아시아 국가의 선린 우호 관계 이외에도 이들 국가의 수출입을 중개하는 항구로 활용될 것이다. 이는 중국과 중앙아시아 관계를 더욱 깊게 연계하는 역할을 할 것으로 보인다.

그렇다면 중국이 과다르항 운영권을 확보함에 따라 가장 큰 손실을 본 나라는 어디일까? 우선 2007년 이후 5년 동안 이 항구를 관리·운영해온 싱가포르가 그 첫 번째이다. 싱가포르는 운영권을 상실한 손실도 크지만 중국이 말래카 해협을 통해서 수입하는 석유의 양이 줄어들면서 대중국 영향력을 상당 부분 상실하게 되었다. 싱가포르 다음으로 손해를 본 나라는 미국일 것이다. 과다르항은 호르무즈해협에서 400km밖에 떨어져 있지 않아 중국이 중동과 아프리카에 대해 영향력을 강화할 수 있고, 해적 소탕과 상선 보호라는 명분으로 이 지역에서 순시를 강화하면서 미국 제5함대 활동을 제약할 수 있기 때문이다. 세 번째로 좌절을 맛본 나라는 인도이다. 파키스탄과 끊임없이 분쟁을 겪는 인도는 이 '회랑'이 영토분쟁을 겪고 있는 카슈미르 지역을 통과하면서 중국이 파키스탄을 지지하게 되어 영토분쟁에서 불리한 위치에 서게 되었다. 또한 경쟁국인 중국이 자신의 앞마당으로 여기는 인도양에 진출해 활보함으로써 인도의 발언권이 약화될 것이다. 이 밖에도 중앙아시아의 석유와 가스 수출 루트에서 독점적인 지위를 행사하던 이란은 중국이 과다르항을 운영하면 상당 부분 그 지위를 잃게 될 가능성이 있다. 두바이도 석유 거래 중심 항구로서의 지위가 흔들릴 가능성이 있어 매우 긴장하고 있다. 이렇게 과다르항 운영권이 중국으로 넘어오고 항구가 활성화되면서 각국에 미치는 영향력도 달라지고 있다.

그러나 '중·파 경제회랑' 건설에는 많은 난관이 놓여 있다. 경쟁국가의 방해와 반대 이외에도 파키스탄 내부의 반대와 파괴 활동도 관리해야 한다. 파키스탄은 이미 회랑을 보호하기 위해 3만 2000명의 군인을 투입하는 막대한 대가를 치르고 있다. 따라서 이 '회랑'의 성공 여부와 효율에 따라 일대일로 전략에 대한 평가가 달라질 수 있을 만큼 하나의 시금석이 되고 있다.

다음으로 '인도양의 명주'라 불리는 스리랑카와 해상 실크로드 관계에 대해 살펴보자. 스리랑카는 600여 년 전에 정화(鄭和)가 대항해를 할 때도 다섯 차례나 들렀을 정도로 인도양에서 중요한 지점이다. 중국은 2016년부터 스리랑카 최대의 무역 대상국이자 수입 대상국이다. 2016년 양국의 교역량은 45억 6000만 달러인데, 중국은 최대 투자국이기도 하다. 또한 2005년 5000명에 불과하던 중국인 여행객이 2016년에는 27만 명으로 급등해 인도에 이어 두 번째로 많기도 하다. 이렇게 일대일로가 추진되는 시기에 중국의 직접투자와 여행객이 급증해 스리랑카는 중국인이 점령해가고 있다.

한편 콜롬보 사우스포트(Colombo South Port) 컨테이너 터미널과 함반토타(Hambantota) 항구 개발은 중국이 스리랑카에 투자한 최대 규모의 프로젝트이고, 스리랑카가 외자를 도입한 사업 가운데서 가장 큰 규모로 2013년 6월부터 가동을 시작했다. 본 사업 규모는 14억 달러이지만, 2차 개발 사업 계획까지

계산하면 130억 달러에 이를 것으로 예상된다. 콜롬보 항구 도시 개발은 중국이 바다를 메워 인공 섬에 종합 레저시설을 건설하는 것으로 개발면적 110ha 가운데 20ha는 중국이 99년간 조차하는 것으로 협약을 맺었다. 2017년 4월 현재 시공률은 38%로 지금도 공사를 진행하고 있다. 또한 남부 해안에 있는 함반토타 항구는 중국 초상국(招商局)이 지분의 80%를 보유하고 항구와 그 주변 약 60㎢를 개발할 예전인데 중국이 99년간 조차하는 조건으로 성립되었다. 이 개발은 10만 톤급 정박 시설 8개와 2만 톤급 부두 2개를 만드는 것으로, 이것이 완성되면 스리랑카는 지리적 이점을 활용해 경쟁력 있는 중간 무역항이 될 가능성이 크다.

그런데 스리랑카에 대한 중국의 투자행태가 문제로 떠오르고 있다. 중국은 스리랑카의 최대 채권국인데, 스리랑카는 항구와 그 배후지 산업단지 토지를 장기간 임대하는 방식으로 약 80억 달러의 채권을 상환할 계획이다. 그래서 이런 방식에 대해 중국이 식민지를 약탈하는 것과 유사하다는 비판도 상당하다. 특히 2015년 1월 스리랑카에 새로운 정부가 들어서자 기존 중국의 투자 방식과 정부 간 협력모델에 제동을 걸고 나섰다. 신정부는 자국의 제1항구를 중국이 통제할 위험이 크다고 판단한 것이다. 이런 인식 때문이었는지 스리랑카는 2018년 5월 양국이 진행하던 FTA 협상을 중단한다고 일방적으로 선언했다. 이것은 현금을 투자하지 않고 채무를 토지 임대로 상환받는 중국의 사업 방식에 대한 불만이 쌓인 결과이다. 동시에 일본과 인도가 스리랑카에 대한 지원을 강화하자 협상력이 높아진 신정부의 태도 변화라고 볼 수 있다. 일본은 2018년 1월 외무상이 방문해 "스리랑카는 일본의 '자유와 개방의 인도·태평양 전략'의 핵심국가이자 일본이 인도양으로 진입하는 대문"이라는 입장을 밝혔고, 아시아개발은행을 통해 경제지원을 강화하고 LNG공장을 2021년까지 지어준다는 등 경제지원을 부쩍 강화하고 있다. 이는 일본과 인도가 중국의 일대일로에 맞서 적극적인 대응을 시작한 것으로 보인다.

3) 중국-중동·동부아프리카 경제협력과 해상물류 네트워크

중동과 동부아프리카 노선은 중국의 에너지 안보와 국제적 영향력 확산이라는 측면에서 중요한 지역이다. 이 지역은 중국이 아랍연맹 22개국을 중심으로 정치적·경제적 협력을 추진하는 곳이다.* 아랍연맹은 세계 석유 저장량의 62%와 천연가스의 24%를 보유해 세계 에너지 안보에 지극히 중요한 지역이다. 2017년 중국이 수입한 원유는 4억 1900만 톤인데, 10대 수입 대상국 가운데 6개 국가가 아랍연맹에 소속되어 있다.** 중국의 대중동 투자와 관련해서 보면 걸프협력회의(GCC: Gulf Cooperation Council) 6개국은 저장량과 산유량이 많아 경제적인 풍요와 정치적 안정을 유지하고 있어 투자 환경이 양호한 편이나,*** 일부 다른 회원국은 가난하고 사회가 불안해 대규모 투자에는 적합하지 않은 곳이다.

그렇더라도 중국은 아랍연맹의 두 번째 무역 대상국이고, 아랍은 중국의 일곱 번째 무역 대상 지역으로 거래 규모는 크지 않지만 전략상품인 석유를 거래하기 때문에 서로에게 중요한 곳이다. 이 가운데 사우디아라비아가 중국의 에너지 확보와 투자에서 가장 중요한 나라이다. 중국이 사우디에서 수입하는 원유량은 러시아에 이어 두 번째이고 중국의 해외건설 도급액이 두 번째로 큰 곳도 역시 여기이기 때문이다. 그만큼 사우디는 중국에 중요한 국가이자 해운 노선의 핵심 지역이다. 한편 중국이 사우디에서 수입하는 원유의

---

*   아랍연맹 22개국은 요르단, 아랍에미리트, 바레인, 튀니지, 알제리, 수단, 시리아, 수단, 이라크, 오만, 팔레스타인, 카타르, 코모로, 쿠웨이트, 레바논, 리비아, 이집트, 모로코, 모리타니, 예멘으로 구성되어 있다.

**   2017년 중국의 원유 수입 10대 국가는 러시아(5979.64억 톤), 사우디아라비아(5218.39억 톤), 앙골라(5042.99억 톤), 오만(3100.95억 톤), 이란(3115억 톤), 베네수엘라(2177.03억 톤), 브라질(2308.31억 톤), 이라크(3686.46억 톤), 쿠웨이트(1824.45억 톤), 콜롬비아(945.21억 톤) 순서이다.

*** 걸프 협력 회의 6국은 사우디아라비아, 아랍에미리트, 카타르, 바레인, 쿠웨이트, 오만이다.

60% 정도인 3100여 만 톤을 수입하는 이란은 5대 원유 수입국이다. 그런데 이란은 오랫동안 미국과 갈등하고 있기 때문에 중국과 매우 적극적으로 협력하고 있어 단순히 5대 수입국 이상의 의미가 있다. 또한 천연가스를 러시아 다음으로 많이 보유해 중국은 에너지안보를 위해 이 나라와 장기적인 협력관계를 갖추고 있다.

그런데 이런 산유국이 아니면서도 세계적으로 주목을 받는 나라가 있다. 바로 인구 80만 명밖에 되지 않는 지부티이다. 홍해, 아덴만 ,인도양과 연결된 지부티는 예로부터 군사적 요충지로서 지중해에서 인도양으로 진출하기 위해서는 반드시 장악해야 하는 장소이다. 그래서 강대국 모두 눈독을 들이는 나라로 이미 미군기지가 있고 중국도 지부티항을 해군기지로 사용하고 있다. 일본도 일찍이 지부티 진출을 시도했고, 식민지 종주국인 프랑스도 연고권을 주장할 정도로 경쟁이 심화되고 있다. 그런데 지부티는 오로지 항구만 가치가 있을 뿐 다른 경제적 가치는 없는 지역이다. 그런데도 중국은 2012년 1억 8500만 달러를 들여 지부티항의 지분을 사들였고 지금까지 4억 2000만 달러를 들여 도하 레이 부두 공사에 참여해 미국 등 서방국가를 긴장시키고 있다.

한편 중국이 그리스 피레우스항과 스페인의 노아툼항, 키프로스의 리애나항에 대한 운영권을 확보하자 서방이 내심 놀라고 있다. 이 항구들은 그리스와 키프로스에서 가장 큰 항구이기도 하지만 중국이 50% 이상의 지분을 확보해 독자적인 결정권을 쥐고 있어 유럽으로 진출하는 기지로 활용할 것이 확실하기 때문이다.

그런데 중국이 유럽에서 비교적 신중하게 행동하는 것과 달리 중동이나 동아프리카에서는 개별국가가 아닌 지역을 하나의 단위로 묶어 적극적인 진출 전략을 펼치고 있다. 중국이 중동 및 아프리카와 협력 관계를 구축하는 방식은 '중-아프리카협력포럼(FOCAC)'과 '중-아랍협력포럼(CACF)' 등 지역조직을 만들어 중국이 중심이 되어 운영한다는 점이다. '중-아랍협력포럼'은 2004년 9월 카이로에서 첫 번째 회의를 소집한 이래 중국과 아랍연맹 22개 국가가 정치, 경제, 무역, 문화, 교육, 환경, 에너지 분야에서 협력을 추진하는 기구이다. '중-아프리카협력포럼'은 중국과 아프리카 국가들 간에 평등한 관계와 상호이익을 기반으로 구성된 다자간 대화기구로 2000년 베이징에서 처음으로 개최된 이래 3년마다 중국과 아프리카 국가를 오가며 장관급 회의를 개최하고 있다. 2015년 12월 개최된 제6차 장관급 회의에서 시진핑은 '요하네스버그 선언'을 통해 중국과 아프리카 국가가 맺고 있던 '신형 전략적 동반자 관계'를 '전면적 전략적 협력 동반자 관계'로 격상하기로 했다. 또한 '10대 협력계획'을 발표해 각 분야의 전면적인 협력을 추진하고 이를 위해 중국은 향후 3년 동안 600억 달러를 투자하겠다고 약속했다. 중국은 이렇게 아랍과 아프리카에 '포럼'이라는 정기적인 협력기구를 운영하면서 대량의 경제지원을 통해 체계적이고 세밀하게 영향력을 확대하고 있다.

4. 중국과 해상 실크로드 연선 국가의 해운 연계 특징

중국과 연관된 해상 실크로드 연선 국가와의 국제 해운 네트워크 특징을 몇 가지로 정리하면 다음과 같다. 첫째, 국제 해운 연계 범위는 부단히 확대되지만 해운 노선은 집중되는 경향을 띤다. 1995년에는 해상 실크로드 연선 국가의 57개 항구와 연결되었지만 2005년에는 60개 항구, 2015년에는 77개 항구로 연계 범위가 확대되었다. 또한 중국과 이 나라들 항구와의 연계 노선은 1995년 264개에서 2005년 1255개로 늘어났고, 2015년에는 2579개로 대폭 증가되었다. 즉 20년 동안 연계 노선이 10배로 늘어나 그만큼 연계 강도가 강화되었다. 그리고 수송 물량의 비중도 1995년에는 중국의 대외 해운수송량의 19.4%였던 것이 2005년 29.3%, 2015년에는 36.3%로 증가했는데,[6] 그동안 중국의 무역량이 폭발적으로 늘었다는 것을 감안하면 이 지역들과의 거래량 역시 대폭 증가했음을 알 수 있다. 그런데 이런 연계 범위 확대와는 반대로 수송 물량은 오히려 특정 국가와 항구로 집중되는 경향이 강화되고 있다. 1995~2015년 사이에 중국의 해운 물량 거래 선두 10위권 국가 비중은 중국 전체 해운의 13.5%에서 29.7%로 늘어났다. 그리고 이들 10개 국가가 실크로드 연선 국가의 해운 물동량에서 차지하는 비중은 69.7%(1995)에서 81.7%(2015)로 높아졌다. 특히 말래카 해협 주변의 말레이시아, 싱가포르와 수에즈 운하가 있는 이집트와의 수송량이 계속 증가하고 있다.

둘째, 중국과 실크로드 연선 국가와의 해운 노선은 부단히 증가하고 있지만 연계 밀집도는 거리에 반비례하는 일반 법칙의 적용을 받는다. 당연한 얘기로 들릴 수 도 있지만 동남아는 거리가 가깝기도 하지만 중국과 보완적인 무역 구조를 가지고 있어 중국 해운 노선에서 가장 많은 비중을 차지하고 있다. 이 지역은 1995년 102개 노선으로 중국-실크로드 연안 국가 해운 노선의 38.6%를 차지했는데, 2005년 573개로 45.7%, 2015년에는 1449개 노선으로 56.2%를 점해 중국-연안 국가 해운 노선의 절반 이상을 차지한다. 특히 싱가포르항과 말레이시아의 클랑항은 중국과 유럽의 화물을 중개하면서 많은 이익을 얻고 있다. 그런데 중국의 입장에서는 물동량 거의 대부분이 말래카 해협을 통과해야 하기 때문에 언제나 치명적 약점을 가지고 있다는 의미로 여기를 '인후'라 부를 정도로 지정학적 약점을 민감하게 여기고 있다.

연선 국가 해운 노선이 동남아에 이어 두 번째로 많은 지역은 서아시아와 중동 지역이다. 이 지역의 해운 물량이 동남아보다 뒤지는 것은 중국과 거리가 멀어서 연계 밀집도가 떨어진 것이 아니라 산업 생산력이 높지 않기 때문이다. 이곳과 연계된 중국 해운 노선은 1995년 연안 국가 노선의 36.0%였으나 2005년에는 18.9%로 대폭 축소되었다가 2015년 20.2%로 약간 회복하기도 했다. 이 지역에서는 수에즈 운하가 있는 이집트가 중국과 유럽의 중계 무역을 통해 가장 중요한 역할을 하고 있다. 다만 문제는 수에즈 운하의 수심이 깊지 않아 선박 흘수가 12.8m에 불과해 대형 선박의 왕래가 어렵고, 폭도 넓지 않아 물동량 정체 현상이 심화되고 있는 것이다. 최근 수에즈 운하는 2023년까지 양방향 통행을 실현하고 하루 49척만 이용할 수 있었던 것을 97척이 드나들 수 있도록 하는 대대적인 확장 공사 계획을 발표했다.[7] 이렇게 되면 동아시아와 유럽을 연결하는 화물운송비는 상당히 절감될 것으로 기대된다.

해상 실크로드 연선 국가의 물동량이 세 번째로 많은 지역은 남아시아와 대양주로 여기서는 호주가 가장 중요한 국가이다. 이 지역은 처음에는 해상 실크로드 계획에 포함되지 않았다가 나중에 추가할 정도로 중국에 중요도가 높지 않았다. 그러나 호주에서 철광석과 석탄 등 에너지 자연 자원을 수입하는 일이 중요하다는 사실을 인식하면서 뒤늦게 추가한 지역이다. 아프리카 동부 지역이 실크로드 연선 국가 해운 수송에서 가장 적은 노선과 물동량을 보이고 있다. 지부티, 탄자니아, 케냐 등 아프리카 동부 지역은 배후지(hinderland)형 무역을 하고 있으나 아프리카의 수요 시장이 크지 않아 아직은 해상 운수가 크게 성장하지 못하고 있다.

셋째, 중국-연선 국가의 해운 수송량 선두 국가는 변동이 적지만 물동량 선두 항구는 큰 변화를 겪었다. 〈표 9-5〉에서 보는 바와 같이 지난 20년 동안 물동량이 선두를 지닌 국가는 싱가포르와 말레이시아의 역전을 제외하고는 각 대륙에서 변화가 없으나, 선두 항구는 인도의 콜롬보를 제외하고는 모두 순위가 역전되었다. 국가 순위가 바뀌지 않는 것은 국가별 경제력 차이를 쉽게 바꿀 수 없기 때문이지만 항구 순위가 바뀌는 것은 지역 경쟁이 치열해지면서 항구도시의 경쟁력이 역전되는 현장이 잦기 때문이다. 그런데 이런 일반적 특성과 차이가 나는 곳은 중국 물동량 처리 수위 항구가 싱가포르항에서 클랑항으로 바뀐 경우인데 이는 두 나라의 국력 차이를 반영한다고 볼 수

표 9-5 **중국-해상 실크로드 연안 지역의 해운 물량 수위 국가와 항구**

지구	수위 연계 국가			수위 연계 항구		
	1995	2005	2015	1995	2005	2015
동남아시아	싱가포르	말레이시아	말레이시아	싱가포르	클랑	싱가포르
남아시아	인도	인도	인도	콜롬보	콜롬보	콜롬보
서남아/중동	이집트	이집트	이집트	수에즈	다미에타	수에즈
대양주	호주	호주	호주	시드니	브리즈번	브리즈번
아프리카 동부	남아프리카 공화국	남아프리카 공화국	남아프리카 공화국	더반	더반	케이프타운

자료: ≪中国航务週刊≫(1995, 2005, 2015) 정리.

있다. 싱가포르항은 동남아 최대의 항구이자 무역 허브로 확고부동한 위치를 차지하고 있다. 그러나 말레이시아가 자국 최대 항구인 클랑항을 육성하기 위해 정기선의 연안 무역 제한조치를 취소하면서 국제 중계무역항으로 육성했다. 그 결과 클랑항이 싱가포르항의 물동량을 상당부분 흡수함으로써 마침내 중국의 해운 수송량을 가장 많이 처리하는 항구로 우뚝 서게 되었다. 이런 추세는 앞으로도 계속 될 것으로 보이며 클랑항의 역할도 점점 강화될 것으로 전망된다.

5. 해상 실크로드 진행과 중국 항구 지위 변화

항구의 경쟁력은 항구 배후지 경쟁력과 화물 처리량을 종합해 평가한다. 배후지는 산업밀집도와 긴밀하게 연계되어 있고 처리량은 화물의 종류와 상관도가 깊다. 중국에서 비교적 큰 항구는 60여 개로 볼 수 있는데 이들 항구의 경쟁이 날로 격화되고 있다. 항운 시장은 무역 상황에 크게 좌우되기 때문에 컨테이너 항구와 벌크선 위주의 항구는 경쟁과 부침이 더 심하고 석유 제

그림 9-3 해상 실크로드 연선 국가와 연계된 주요 항구의 등급

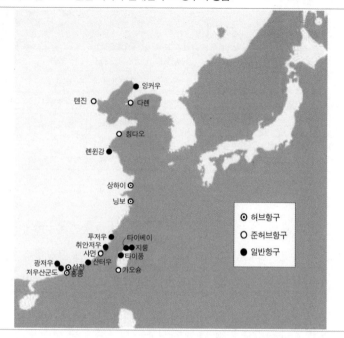

품 수송을 위주로 하는 항구는 상대적으로 안정된 성장을 하는 경향이 있다. 그렇더라도 컨테이너 운송 위주의 대형 항구는 11곳 정도인데 대부분 시설 규모가 크고 상당한 경쟁력이 있지만, 그 내부의 순위 변동도 빈번하게 발생한다. 예를 들면 상하이항이 수년 동안 종합경쟁력 1위를 차지하고 있지만 시설 규모에서는 최근 저우산항에 추월당했다. 이런 순위 변동은 해상 실크로드와 연계한 지방정부의 발전 전략에 따라 앞으로도 변동 가능성이 상존한다. 그래서 향후 중국의 해상 물류는 과잉경쟁이라는 비판 속에서도 빠르게 성장할 것으로 보인다.

연선 국가와 연계된 중국의 무역항은 허브항과 준허브항 및 일반 항구로 대체로 피라미드 구조를 이룬다. 허브항은 실크로드 연선 국가와 연계하는

핵심 거점으로 중국 내에서 미치는 영향이 가장 큰 항구들이다. 〈그림 9-3〉에서 보는 바와 같이 상하이항, 선전항, 닝보항, 홍콩항이 여기에 해당한다. 다음 단계로는 준허브항이라 부를 수 있는 5개의 항구인 칭다오항, 샤먼항, 가오슝항, 톈진항, 다롄항이 그것이다. 이 항구들은 대체로 동남아, 남아시아, 중동 지역과 연계성이 비교적 강하고 중국 국내에 미치는 영향력도 상당하다. 마지막으로 일반 국제 컨테이너항이 있는데 이는 국제 해운 연계성이 비교적 작고 주로 거리가 가까운 동남아와 무역하는 광저우항 등 10개 항구를 가리킨다.

중국에는 1995년 선정한 '하나의 핵심과 하나의 부심(一主一副)'으로 홍콩항과 상하이항이 있었으나 선전항과 닝보항이 추가되어 4개의 허브 항구가 구축되어 있다. 결론적으로 이 허브항구들을 국제 무역 컨테이너항으로서 연선 국가와의 연계성과 영향력의 크기를 시기별로 보면, 1995년에는 홍콩항, 상하이항, 선전항, 닝보항의 순서였으나, 2005년에는 상하이항, 홍콩항, 선전항, 닝보항 순으로 상하이와 홍콩의 순위가 바뀌었고, 2015년에는 상하이항, 선전항, 닝보항, 홍콩항 순으로 다시 배열돼 홍콩항의 지위 하락이 두드러지고 있다. 반면에 대륙 항구의 성장이 빠른데, 특히 닝보의 성장 속도는 어떤 항구보다 빨라 앞으로도 그 역할이 강화될 것으로 예상된다.

선전항은 아직 거래 규모에서 홍콩항과 비교할 수는 없으나 성장 속도는 매우 빠르다. 2015년부터 해외 연계 항구 수가 홍콩항을 앞질렀고 2005년 이후에는 홍콩항과 함께 화남 지역의 쌍두마차를 형성하고 있다. 특히 홍콩항이 서남아시아와 중동의 항구들과 연계성이 크게 하락함에 따라 선전항이 이 공백을 메꾸면서 대체 항구로 선명하게 부상했다. 닝보항은 비교적 늦은 1984년에 컨테이너를 수송하는 역할을 시작했고 1996년에야 비로소 국제 컨테이너 무역항으로서 발돋움했으나, 그 뒤 눈부신 발전을 거듭해 마침내 중국의 4대 허브항으로 우뚝 섰다. 다만 닝보항은 비록 빠른 성장을 이뤘으나 해외 연계 항구가 대부분 상하이항과 겹쳐 불필요한 경쟁을 해야 하는 어려운 상황을 겪고 있다.

한편 중국의 해운 네트워크의 공간적 범주 측면에서 보면 남동 연안의 작은 항구들은 몰락한 반면 장강 유역과 발해만 각 항구들의 약진이 돋보인다. 즉 해상 실크로드와 연계하려는 항구들이 북상하고 있는 것이다. 예를 들면 남쪽에 위치한 작은 항구 베이하이항과 팡청항의 경우 1995년 이전에는 아세안 국가들과 인접한 이점을 살려 싱가포르항과 방콕항과 해상 물류를 진행했으나, 2005년 이후에는 이 연계가 완전히 끊겼다. 그 대신 장강 삼각주 지역의 여러 항구들이 지리적 인접성과 인문 유대를 앞세워 동남아 각 항구들과 활발한 물류 거래를 하고 있다. 이들 항구는 1995년 이전에는 한국의 부산항 등을 경유하는 간접 물류를 했으나 점차 직접 물류 조건을 완성해나갔다. 그 결과 칭다오항과 톈진항 및 다롄항이 준허브항으로 당당히 올라서 발해만 지역의 해상 실크로드 물류 이동을 주도하고 있다.

결론적으로 말하면, 중국의 각 항구들은 극심한 경쟁 스트레스를 받고 있다. 그래서 경쟁에서 이기기 위해 국제 해운 협력을 구축하는 일에도 적극적이다. 선진 물류시스템과 시설을 갖춘 항구와 연계를 통해 발전을 추구하는 전략인 셈이다. 예를 들면 상하이항은 싱가포르항과 클랑항 및 새롭게 급부상하는 탄중펠레파스항을 연계해 3각 구조를 이루면서 입체적인 운송 체계를 구축했다. 그런가 하면 홍콩은 클랑항과 마닐라항과의 연계성을 비교적 중시한 반면 선전항은 수에즈항 및 클랑항과의 연계성에 비중을 두어 자연스런 분화 과정을 겪고 있다. 이렇게 중국 국제 무역항들은 해상 실크로드 선상의 초일류항구들과 거래를 집중하는 동안 준허브 항구나 일반 항구도 직접 해외 항구와 물류 유통을 개척하면서 분화를 재촉하고 있다.

중국 정부는 물류 산업의 중요성을 충분히 인식하기 때문에 해외에서 공격적인 항구 운영권 확보 전략을 취하고 있고 국내 물류 산업의 선진화를 위해 제도 개선에도 나서고 있다. 또한 일대일로 전략을 추진하면서 물류 체계의 비약을 추동하는 동시에 도시 간 경쟁과 적절한 역할 분담을 통해 독특한 경쟁력을 갖추도록 유도한다. 그런 의미에서 일대일로는 주변 국가의 사회기반시설을 확충하는 것보다 국내 시설 개척에 훨씬 집중하고 있다는 평가도 가능하다. 중국은 해양 도시의 물류에 비해 내륙 도시의 물류 처리 능력이 확연히 차이가 나는 현실을 개선하기 위해 권역별 거점 도시를 선정하고 항공, 철도, 해운을 연계하는 그림을 그리고 있다. 여기에 대응하는 지방정부의 전략과 의지에 따라 지역별 물류 경쟁력도 커다란 변동이 있을 것이다.

참고문헌

1. 중문

郭崔霄陽·崔鐵寧. 2016. 「新常態下中國物流業發展淺析」. ≪物流工程與管理≫, 第4期.

董千裏. 2017.2. "'一帶一路'背景下國際中轉港戰略優勢條件及實現途徑". ≪中國流通經濟≫.

羅明·張天勇. 2015.10. "'一帶一路'背景下我國物流業發展面臨的機遇與挑戰". ≪物流技術≫.

劉宗義. 2014. 「21世紀海上絲綢之路建設與我國沿海城市和港口的發展」. ≪城市觀察≫, 第6期.

陸建人. 2016.11. 「21世紀海上絲綢之路與中國和東盟的産業合作」. ≪廣西大學學報≫.

樊秀峰·餘姍. 2015.5. 「'海上絲綢之路'物流績效及對中國進出口貿易影響實證」. ≪西安交通大學學報≫.

謝斌. 2017. 「21世紀海上絲綢之路建設背景下的中國」. ≪理論界≫, 第5期.

孫昶. 2017. 「孟中印緬經濟走廊面臨的主要挑戰與應對措施」. ≪南方論刊≫. 第10期.

宋則. 2015. 「'十三五'期間促進我國現代物流健康發展若幹要點」. ≪財貿經濟≫. 第7期.

宋效峰·石彩霞. 2017. 「'一帶一路'視角下中巴經濟走廊建設的機遇與風險分析」. ≪特區經濟≫, Vol. 346.

王列輝·朱豔. 2017.12. 「基於"21世紀海上絲綢之路"的中國國際航運網絡演化」. ≪地理學報≫, 第72卷, 第12期.

汪鳴. 2015. 「國家三大戰略與物流發展機遇」. ≪中國流通經濟≫, 第7期.

陳文玲·梅冠群. 2016. 「'一帶一路'物流體系的整體架構與建設方案」. ≪經濟縱橫≫, 第10期.

陳恒·魏修建·杜勤. 2015. 「'一帶一路'物流業發展驅動因素的動態軌跡演變 - 基於勞動力投入的視角」. ≪上海財經大學學報≫, 第17卷, 第2期.

賀丹·李文超. 2016.10. 「港口城市中歐班列可持續發展機制與對策」. ≪中國流通經濟≫.

何黎明. 2014. 「新常態下的'及時雨'」. ≪中國物流與采購≫, 第20期.

_____. 2018. 「推動物流高質量發展努力建設'物流強國'」. ≪中國物流與購彩≫. 第4期.

許嬌·陳坤銘·楊書菲·林昱君. 2016. 「'一帶一路'交通基礎設施建設的國際經貿效應」. ≪亞太經濟≫. 第3期.

黃茂興·賈學凱. 2015. 「21世紀海上絲綢之路'的空間範圍戰略特征與發展願景」. ≪東南學術≫.

第4期.

國務院新聞辦公室網站. 2017.7.10. "中國與東盟經貿合作成果豐碩". http://www.scio.gov.cn.

≪国际金融报≫. 2017.10.2. "海外港口背後的中國資本: 中企參與經營的有二十多個". http://paper.people.com.cn/gjjrb/html/2017-10/02/content_1808998.htm.

≪财新网≫. 2017.8.14. "中國東盟貿易額 2020年或破萬億美元, 中國赴東盟投資加速". http://international.caixin.com/2017-08-14/101130041.html.

주

제1장 중·러 전략적 협력과 한반도 평화 체제

1 ≪人民日報≫, 2017.7.20.

2 ≪人民日報≫, 2017.12.15.

3 통일연구원 북한연구실, "2018년 김정은 신년사 분석과 정세 전망"(2018), Online Series CO18-01; 정성장, 「2018년 김정은의 신년사와 한반도 정세 전망」, ≪세종논평≫ (2018), No. 2018-1; 차두현·최강, 「김정은 2018년 신년사 분석: 변화의 시작인가, 우회 적 평화공세인가?」, ≪이슈브리프≫, 1권 3호(2018); Sang-Hun, Choe. and Sanger, David E. "Kim Jong-un's Overture Could Drive a Wedge Between South Korea and the U.S.," *The New York Times*, January 1, 2018.

제2장 중·일 관계와 한반도 평화

1 国分良成 外 3名, 『日中関係史』(東京: 有斐閣アルマ, 2013), p. 39.

2 宮下明聡, 『戰後日本外交史』(東京: ミネルヴァ書房, 2017), pp. 76~77.

3 国分良成 外3名, 『日中関係史』, pp. 98~99.

4 宮下明聡, 『戰後日本外交史』, pp. 122~123.

5 黄大慧主编, 『中国改革开放与东亚』(北京: 社会科学文献出版社, 2010), pp. 88~ 90.

6 진창수 엮음, 『중일 관계: 인식, 쟁점, 그리고 한국의 대응』(성남: 세종연구소, 2015), 94~96쪽.

7 新浪网, "正确认识和处理历史问题是中日关系的重要政治基础", 2003.10.13, http://news. sina.com.cn/c/2003-10-13/0349905647s.shtml(검색일: 2017.9.5).

8 "アジア投資銀: 与党一部に加入論 日中関係改善へ思惑", ≪毎日新聞≫, 2015.4.1, 東京朝刊 5頁.

9 "[国家戦略を考える] (2) 理念型外交 ˋ構築の時 日中関係の悪化防げ(連載)", ≪読売新聞≫, 2005.1.3, 04頁.

10 国分良成 外 3名, 『日中関係史』, pp. 150~152.

11 毛里和子, 『日中関係: 戰後から新時代へ』(東京: 岩波新書, 2006), pp. 122~123.

12 야스쿠니신사 홈페이지, http://www.yasukuni.or.jp/history/index.html(검색일: 2017. 9.13).

13 毛里和子, 『日中関係: 戦後から新時代へ』, p. 171.

14 같은 책, pp. 178~179.

15 진창수 엮음, 『중일 관계: 인식, 쟁점, 그리고 한국의 대응』(세종연구소, 2015), 78쪽.

16 JETRO, "2016年度の日中貿易", https://www.jetro.go.jp/ext_images/_Reports/01/aae9c90e6aaf01db/20160133.pdf(검색일: 2017.9.20).

17 진창수 엮음, 『중일 관계: 인식, 쟁점, 그리고 한국의 대응』, 141~143쪽.

18 NEAR 재단 편저, 『한·일관계, 이렇게 풀어라』(서울: 김영사, 2015), 231쪽.

19 이상숙, 「북미관계의 구조와 북한 핵 문제」, ≪북한학연구≫, 5권 1호(2009), 39~65쪽; 장달중, 「한반도의 냉전 엔드게임(Endgame)과 북미대립」, ≪한국과국제정치(KWP)≫, 25권 2호(2009), 1~30쪽.

제3장 시진핑 시기 중국의 신북핵 정책 동향 및 시사점

1   外交部, "外交部聲明"(2016.1.6.a).

2   外交部, "外交部聲明"(2016.9.9).

3   外交部, "外交部聲明"(2016.1.6.a); "外交部聲明"(2016.9.9).

4   外交部, "2016年1月6日外交部發言人華春瑩主持例行記者會"(2016.1.6.b); "2016年1月7日外交部發言人華春瑩主持例行記者會"(2016.1.7).

5   外交部, "2016年1月7日外交部發言人華春瑩主持例行記者會"; "2016年1月8日外交部發言人華春瑩主持例行記者會"(2016.1.8).

6   外交部, "2016年1月7日外交部發言人華春瑩主持例行記者會".

7   外交部, "2016年1月8日外交部發言人華春瑩主持例行記者會"; "2016年9月12日外交部發言人華春瑩主持例行記者會"(2016.9.12).

8   "新華國際時評: 制裁有必要 無核是目的", ≪新華社≫, 2016.3.2; "中國代表說涉朝決議應成爲政治解決朝鮮半島核問題新起點", ≪新華社≫, 2016.3.3; 外交部, "王毅接受路透社專訪談敍利亞和半島核問題"(2016.2.13); "2016年3月3日外交部發言人洪磊主持例行記者會"(2016.3.3); "2016年3月4日外交部發言人洪磊主持例行記者會"(2016.3.4).

9   外交部, "習近平會見韓國總統朴槿惠"(2016.4.1.a); "習近平會見美國總統奧巴馬"(2016.4.1.b).

10 外交部, "發展中的中國和中國外交-王毅在美國戰略與國際問題研究中心的演講"(2016.2.26).

11 外交部, "王毅接受路透社專訪談敍利亞和半島核問題".

12 "中 7월 대북 수출 올해 최대폭 '뚝'…전년比 27.6%↓", ≪연합뉴스≫, 2016년 8월 24일 자.

13 "美中, 남중국해 평행선 … 대북제재 이행은 공동 점검키로", ≪연합뉴스≫, 2016년 6월 7일 자.

14 "中 총리, 리수용 방중 허용했다고 북 제재 완화 아니다", ≪조선일보≫, 2016년 6월 29일 자.

15 이영학, 「유엔 안보리 대북제재 결의 2270호에 대한 중국의 입장 평가 및 이행 전망」, ≪주간국방논단≫, 제1613-2호(2016), 4쪽.

16 "中류윈산 김정은과 회동 … '6자회담 재개·한반도 비핵화' 강조", ≪연합뉴스≫, 2015년 10월 10일 자; "劉云山會見金正恩轉交習近平總書記親署函", ≪人民日報≫, 2015. 10.10.

17 "北中, 국경절 계기로 관계복원 조짐 … '기념식에 대사 교차 참석'", ≪연합뉴스≫, 2016년 10월 2일 자; 外交部, "2016年9月30日外交部發言人耿爽主持例行記者會"(2016.9.30).

18 "사드가 불편한 중국, 안보리 대북 규탄성명도 '사보타주'", ≪중앙일보≫, 2016년 7월 19일 자; "中, 사드 빌미 北도발 안보리 대응 무력화 시도에 비판론 대두", ≪연합뉴스≫, 2016년 8월 10일 자.

19 "社評: 反制薩德, 建議國家采取五項行動", ≪環球時報≫, 2016.7.8; 李大光, "薩德系統幷非是萬能盾牌", 『中國網』(2016.7.28); "THAAD destroys united approach to DPRK," China Daily, 2016.8.5; "中 전문가 사드 배치 시 北·中 혈맹 회귀할 수도 경고", ≪연합뉴스≫, 2016년 8월 9일 자; "社評: '薩德' 沖垮了安理會圍繞朝核的團結", ≪環球時報≫, 2016.8.11; "薩德讓韓國面臨重壓 議員擔憂中朝再結血盟", ≪中國網≫, 2016.8.11.

20 "중국, 北 재처리 주장에 '한반도 비핵화' 강조", ≪연합뉴스≫, 2016년 8월 22일 자.

21 "中 왕이 '北 SLBM 발사 바람직하지 않다 … 관계 각국 자제해야'", ≪연합뉴스≫, 2016년 8월 24일 자; 外交部, "王毅談中方對朝鮮半島問題的'三個反對'和'三個堅持'"(2016.8.24).

22 "한·중일 '北미사일 도발에 대한 국제사회 대응 주도'", ≪연합뉴스≫, 2016년 8월 24일 자.

23 "유엔 안보리, 北 미사일 발사 규탄 … '중대한 조치' 합의", ≪뉴스1≫, 2016년 8월 27일 자.

24 "中 '북·중 우호조약 55주년 맞아 북한과 축전교환'", ≪연합뉴스≫, 2016년 7월 11일 자.

25 "ARF 의장성명 발표 … '北 핵실험·로켓발사 우려'", ≪연합뉴스≫, 2016년 7월 27일 자.

26 이영학, 「북한의 세 차례 핵실험과 중국의 대북한 정책 변화 분석」, ≪국제정치논총≫, 53집 4호(2013), 196~197쪽.

27   "브렉시트와 사드, 한반도 안보의 지각변동", 《통일한국》, 2016.

28   Tom Donilon, "The United States and the Asia-Pacific in 2013," *The Asia Society* (2013.3.11), New York.

29   "美中, 남중국해 평행선 … 대북제재 이행은 공동 점검키로", 《연합뉴스》, 2016년 6월 7일 자; "第八輪中美戰略與經濟對話和第七輪中美人文交流高層磋商成果吹風會", 外交部(2016.6.8).

30   張蘊岭, 「朝鮮半島問題與中國的作用」, 《世界知識》, 第11期(2016), p. 30; 楊希雨, 「中美關係中的朝核問題」, 《國際問題研究》, 第3期(2015), p. 30.

31   "美中, 남중국해 평행선 … 대북제재 이행은 공동 점검키로", 《연합뉴스》, 2016년 6월 7일 자.

32   White House, "Readout of the President's Meeting with President Xi Jin Ping of China"(2016).

33   White House, "Press Briefing by Press Secretary Josh Earnest, 1/6/2016"(2016).

34   U.S. Department of State, "(John Kerry) Remarks before the Daily Press Briefing"(2016.1.7).

35   "美국가안보보좌관 '美-中, 가장 강력하고 통일된 대북전선 구축'", 《연합뉴스》, 2016년 7월 27일 자.

36   "WSJ '미·중, 북핵 연계 의심 中 홍상 그룹 제재 공조'", 《연합뉴스》, 2016년 9월 20일 자; 外交部, "2016年9月20日外交部發言人陸慷主持例行記者會"(2016.9.20).

37   신종호, "미·중, 미묘한 북핵 셈법 … 전략적 담합 경계해야", 《통일한국》, 2016년 7월 1일 자; 楊希雨, 「中美關係中的朝核問題」, 《國際問題研究》, 第3期(2015), p. 30.

38   張蘊岭, 「朝鮮半島問題與中國的作用」, 《世界知識》, 第11期(2016), p. 30.

39   김재천, 「4차 북한 핵실험과 전략적 인내의 종언: 미국의 대북정책 변화 분석」, 《통일정책연구》, 25권 1호(2016), 1~23쪽.

40   이영학, 「북한의 세 차례 핵실험과 중국의 대북한 정책 변화 분석」, 《국제정치논총》, 53집 4호(2013), 194쪽.

41   UN, "Note verbale dated 3 August 2009 from the Permanent Mission of China to the United Nations addressed to the Committee"(2009).

42   UN, "Note verbale dated 29 October 2013 from the Permanent Mission of China to the United Nations addressed to the Committee"(2013).

43   陳向陽, 「中國須以'創造性的危機管理'重掌朝核問題主動權」, 《求知》, 4期(2016). p. 28.

44   外交部, "外交部部長王毅就中國外交政策和對外關係回答中外記者提問"(2016.3.8).

45 외교부, "유엔 안보리 대북한 제재 결의 2270호 채택-70년 유엔 역사상 비군사적 조치로는 가장 강력하고 실효적인 제재 결의", 외교부 보도자료 16-131호(2016).

46 商務部 公告 2016年 第11號 關于對朝鮮禁運部分礦産品淸單公告(2016.4.5).

47 商務部 工業和信息化部 國家原子能機構 海關總署公告2016年第22號 關于增列禁止向朝鮮出口的兩用物項和技術淸單公告(2016.6.14).

48 "U.N. Security Council Adopts Toughest North Korea Sanctions Yet," *The New York Times*. 2016.3.2.

49 外交部, "2016年9月29日外交部發言人耿爽主持例行記者會"(2016.9.29).

50 이영학, 「유엔 안보리 대북제재 결의 2270호에 대한 중국의 입장 평가 및 이행 전망」, ≪주간국방논단≫, 제1613-2호(2016b).

51 UN, "Note verbale dated 20 June 2016 from the Permanent Mission of China to the United Nations addressed to the Chair of the Committee"(2016).

52 이용화·이해정, 「2000-2015년 북·중 교역 변화 분석(현안과 과제)」, 현대경제연구원(2016), 3쪽.

53 張墨寧, 「朝核危機:短暫緊張後終要回到談判桌-專訪中國國際問題硏究院硏究員楊希雨」, ≪南方窓≫, 第6期(2016), p. 89; 王俊生, 「中朝'特殊關係'的邏輯:複雜戰略的産物」, ≪社會科學文摘≫, 3期(2016), p. 53.

제4장 일대일로 프로젝트의 개념적 이해와 동북아 경제협력

1 원동욱, 「일대일로와 유라시아 이니셔티브」, 성균중국연구소 엮음, 『일대일로 다이제스트』(다산출판사: 2016).

2 최필수, 중국의 일대일로 정책과 한반도 인프라 개발(한국교통연구원 동북아교통물류연구시리즈 2017-4).

3 대외경제정책연구원, 「중국 一帶一路 구상 추진 현황 및 향후 전망」, 외교통상부 연구용역 보고서(2014); 한동훈, 「일대일로와 중국경제」, 성균중국연구소 편저, 『일대일로 다이제스트』(다산출판사, 2016).

4 권기수·박영호·이효진·정재완·최필수, 「중국의 신흥시장 진출과 한국의 대응방안: 동남아, 중남미, 아프리카를 중심으로」, 대외경제정책연구원 연구보고서 13-19(2013).

5 中國一帶一路網, https://www.yidaiyilu.gov.cn.

6 KIEP 북경사무소, "'일대일로' 경제회랑 건설 추진 동향", 대외경제정책연구원 북경사무소 브리핑(2015.8.6).

7 KIEP 북경사무소, "중국의 일대일로 경제외교 행보 및 평가", 대외경제정책연구원 북경사무소 브리핑(2016.4.19).

8   "瓜达尔港曲折起航", ≪財經≫, 2017.4.3.

9   나수엽·박민숙·박영호·여지나·조충제·최필수, 「중국의 해외건설 현황 및 전망」, 대
     외경제정책연구원 국토해양부 연구용역보고서(2011).

10   나희승·제성훈·최필수·Lkhagvadorj Dolgormaa, 「중·몽·러 경제회랑의 발전 잠재력
     과 한국의 연계방안」, 대외경제정책연구원 전략지역심층연구 16-01(2016).

11   Kawai, M., "Financing Development Cooperation in Northeast Asia," *ADBI Working
     paper series*, No. 407(2013).

12   최필수, 「AIIB 설립과 동북아 개발금융」, ≪한중사회과학연구≫, 통권 34호(2015).

제5장 러시아의 신동방 정책과 동북아 경제협력

1   최우익, 「소비에트 시대의 인구변천과 러시아 연방관구별 인구 변화」, ≪슬라브연구≫,
     26권 2호(2010), 114쪽.

2   엄구호, 「러시아 극동·시베리아 지역에서 남북한과 러시아의 3각 경제협력」, 한양대
     아태지역연구센터-러시아 극동연구소 제18차 공동국제학술회의(2008), 59쪽.

3   장세호, 「2012년 러시아 대통령 선거 결과 분석」, 『푸틴의 복귀와 러시아의 미래』(한
     국외대 러시아연구소, 2012), 36쪽.

4   장덕준, 「러시아의 신동방정책과 동북아」, ≪슬라브학보≫, 29권 1호(2014), 229~266쪽.

5   엄구호, 「러시아의 동아시아 정책과 극동개발 한러협력 전략」, 한양대 아태지역연구센
     터-블라디보스토크 총영사관 공동학술회의, 『러시아 극동투자환경과 한국의 진출전략』
     (2013.2.20), 16쪽.

6   푸틴 대통령 제2차 동방경제포럼 기조연설(2016.9.2), http://en.kremlin.ru/events/
     president/news/52808(검색일: 2018.2.27).

7   푸틴 대통령 제1차 동방경제포럼 기조연설(2015.9.4), http://en.kremlin.ru/events/
     president/news/50232(검색일: 2018.2.27).

8   이현태 외, 「13·5 규획 시기 한국의 중국 동북지역 경제협력 과제와 전략」, 대외경제정
     책연구원 연구자료 17-09(2017), 17쪽.

9   대외경제연구원 CSF 국무원, "동북지역 노후 공업지대 진흥에 관한 의견 발표"(2016.5.3),
     http://www.xinhuanet.com/2016-04/26/c_1118744344.htm(검색일: 2018.2.27).

10   "중국 신동북 진흥 전략 실시·방안 발표", ≪KOTRA 해외시장뉴스≫, 2016년 9월 7일 자.

11   박선영·이충배, 「중국 동북3성 기점 국제복합운송루트 개발과 발전 방안」, ≪한국항만
     경제학회지≫, 23권 4호(2007), 91~114쪽.

12   현동일, 「북·중경협, 동북아 물류의 신루트 열 듯」, ≪포스코경영연구원 CHINDIA
     Journal≫, 77호(2013), 15쪽.

13 "中 훈춘 ~ 北 나선 연결 신두만강대교 완전 개통", ≪연합뉴스≫, 2016년 11월 19일 자.

14 "일대일로 물류거점 中 훈춘 주목", ≪카고(Cargo)뉴스≫, 2017년 4월 10일 자.

15 "극동 자루비노 항만 건설 사업에 중국 투자자 유치 예정", ≪Russia 포커스≫, 2014년 12월 12일 자.

16 같은 글.

17 영산대 북극물류 연구소, 「특집: 2016년 북극해항로 운항 결과 및 평가」, 『북극물류동향』(2017년 1월).

18 "러중 연결 '시베리아의 힘' 가스관, 2019년 13월부터 가동", ≪연합뉴스≫, 2017년 9월 6일 자.

19 "석유공사 사할린서 왜 헛발질 했나", ≪중앙일보≫, 2007년 10월 16일 자.

20 "러시아와 일본의 경제협력 현황", ≪KOTRA 해외시장뉴스≫, 2017년 10월 27일 자.

21 최재덕, 「북방경제협력과 한반도의 미래」, 한국국제정치학회, 『신북방정책과 유라시아 협력 방안 모색』(2017.11.30).

22 주블라디보스토크 대한민국 총영사관, "러시아 극동지역 정세: 아무르주 개황"(2017. 4.13).

23 엄구호, 「러시아 극동에서 남·북·러 3각 농업협력 방안」, ≪수은 북한경제≫, 여름 호(2015), 48쪽.

제6장 2008년 금융위기 이후 러시아, 중국 무역 및 투자

1 公丕萍·宋周莺·刘卫东, 「中国与俄罗斯及中亚地区的贸易格局分析」, ≪地理研究≫, 2015年 第5期(2015), pp. 812~824.

2 赵鸣文, 「贸易下滑与中俄关系发展」, ≪国际问题研究≫, 第3期(2016), pp. 21~29.

3 Schubert Jeffrey and Savkin Dmitry, "Dubious Economic Relation: Why a China-Russia Free Trade Agreement Is Hard to Reach?," *China Quarterly of International Strategic Studies*, Vol. 2, No. 4(2016), pp. 529~547.

4 Simola Heli, "Economic relations between Russia and China – Increasing interdependency?", *BOFIT Policy Brief*, No. 6(2016), pp. 3~26.

5 같은 글.

6 Wishnick Elizabeth, "In search of the 'Other' in Asia: Russia – China relations revisited," *The Pacific Review*, Vol. 30, Issue 1(2017), pp. 114~132.

7 "中俄金融投资合作日益广泛深入", ≪国际在线≫, 2017.7.2.

8 같은 글.

9 安永, 『来自中国的观点: 对俄罗斯市场的看法 如何影响中国对俄投资』(2015),

p. 15.

10 "华为将联合MegaFon在俄罗斯共建5G网络", ≪华为≫, 2014.11.19.

11 "华为旗下智能手机在俄罗斯的销量首次超过苹果", ≪俄罗斯卫星通讯社≫, 2018. 3.26.

12 "华为公有云服务进军俄罗斯", ≪千家网≫, 2018.3.21.

13 http://www.chinacar.com.cn/newsview122088.html(검색일: 2017.5.23).

14 같은 글.

15 "力帆汽车制造厂在俄罗斯奠基", ≪新华网≫, 2015.7.17.

16 같은 글.

17 俄罗斯联邦驻中华人民共和国商务代表处, "俄中经贸合作"(2016); 中国国家统计 局, 中国统计年鉴(2017).

18 "中俄金融投资合作日益广泛深入", ≪国际在线≫, 2017.7.2.

19 같은 글.

20 "看好未来市场前景 俄铝业巨头收购中国工厂", ≪华俄国际≫, 2017.

21 같은 글.

22 "俄罗斯铝业公司收购中国山西太谷宝光碳素厂", ≪俄罗斯卫星通讯社≫, 2008.3.20.

23 같은 글.

24 "看好未来市场前景 俄铝业巨头收购中国工厂", ≪华俄国际≫, 2008.2.28.

25 "俄铝收购中国北方工业集团深圳投资公司33%的股份", ≪新浪网≫, 2011.11.29.

26 같은 글.

27 같은 글.

28 "俄铝与中国北方工业公司签署4.8亿美元投资协议", ≪透视俄罗斯≫, 2012.4.28.

29 같은 글.

30 "2017年中俄原油管道输油达1650万吨", ≪中国石油新闻中心≫, 2018.1.24; 조정원, 「중·러 석유·가스 협력 강화요인과 장애요인: 중국의 국내적 요인을 중심으로」, ≪현대 중국연구≫, 19집 4호(2018), 51쪽.

31 俄罗斯卫星网, "中石油: 天然气将成中俄能源合作新增长点", ≪新浪财经≫. 2018.

32 Total China website, "Yamal LNG project begins gas exports," http://www.total.com. cn/en/home/media/list-news/yamal-lng-projectbegins-gas-exports-cn(검색일: 2017.12.19).

33 조정원, 「중·러 석유·가스 협력 강화요인과 장애요인: 중국의 국내적 요인을 중심으로」, ≪현대중국연구≫, 19집 4호(2018), 58쪽.

34 张威威, "出海记 l 俄媒: 北京燃气完成收购俄石油下属油气田公司20%股权交易",

≪参考消息网≫, 2017.7.3.

35 이성규, 「북방경제협력: 러시아 경제 제재 우회 방안」, 한양대학교 에너지거버넌스센터, 『북방경제협력: 러시아 경제 제재 우회 방안』(2017), 21~22쪽.

36 같은 글.

37 http://www.yonhapnews.co.kr/international/2018/04/19/0601100000AKR2018041918 8800080.HTML(검색일: 2018.4.25).

38 驻哈萨克经商参处, "2017年俄罗斯对华出口食品及农产品17.7亿美元", 中华人民共和国 商务部(2018.4.8).

39 심상형, "러시아와 중국을 자유자재로 넘나들며 생산한다: 극동 우수리스크의 중국인", ≪친디아저널≫, 11월 호(2012), 56쪽.

제7장 러시아 가스의 대중국 수출 전략과 현황

1 J. Henderson and T. Mitrova, "The Political and Commercial Dynamics of Russia's Gas Export Strategy," OIES Paper(2015.9), p. 18, https://www.oxfordenergy.org/wpcms/wp-content/uploads/2015/09/NG-102.pdf(검색일: 2016.10.1); K. Paik, *Sino-Russian Oil and Gas Cooperation: The Reality and Implications*(Oxford, UK: Oxford University Press, 2012), p. 14.

2 신범식, 「러시아의 에너지 동방정책과 동북아 국가들의 대응」, ≪세계정치≫, 23권 (2015), 245쪽.

3 J. Grieco, *Cooperation among Nations: Europe, America, and Non-Tariff Barriers to Trade*(Ithaca, NY: Cornell University Press, 1990).

4 이성규·이주리, 「러시아 에너지전략: 2035」, ≪세계 에너지현안 인사이트≫. 15권 4호 (2015), 16쪽.

5 E. Shadrina, "Can Russia Succeed in Energy Pivoting to Asia?," Eppen(2016.1).

6 Henderson and Mitrova, "The Political and Commercial Dynamics of Russia's Gas Export Strategy"(2015), p. 3.

7 BP Statistical Review of World Energy(2016.6).

8 같은 글.

9 *Gazprom Annual Report*(2008, 2015).

10 Gazprom webiste 2.

11 Henderson and Mitrova, "The Political and Commercial Dynamics of Russia's Gas Export Strategy," p. 6.

12 Shadrina, "Can Russia Succeed in Energy Pivoting to Asia?"(2016), p. 7.

13   D. Pinchuk, "UPDATE 2-Gazprom Mothballs Extension of Nord Stream Pipeline," *Reuters*, 2015.1.28.

14   Henderson and Mitrova, "The Political and Commercial Dynamics of Russia's Gas Export Strategy," p. 78.

15   "Washington: China Signs 30-Year Deal for Russian Natural Gas," *US Official News*, 2014.5.21, LexisNexis Academic database.

16   L. Hornby, "Putin Snubs Europe with Siberian Gas Deal that Bolsters China Ties," *Financial Times*, November 10, 2014, LexisNexis Academic database; J. Henderson, "The Commercial and Political Logic for the Altai Pipeline," *Oxford Energy Comment* (2014.12), p. 11.

17   Henderson and Mitrova, "The Political and Commercial Dynamics of Russia's Gas Export Strategy," p. 7; "Reaction Mixed to Russia's 400bn-dollar Gas Deal with China," *BBC Worldwide Monitoring*, May 22, 2014, LexisNexis Academic database.

18   J. Perlez, "Russia and China Finally Complete 30-Year Gas Deal," *The New York Times*, 2014.5.22, LexisNexis Academic database.

19   "Washington: China Signs 30-Year Deal for Russian Natural Gas," *US Official News*, 2014.5.21.

20   "Russia and China Sign Gas Agreements," *The Russian Oil and Gas Report*, 2006.3.24, LexisNexis Academic database.

21   E. C. Chow and Z. D. Cuyler, "New Russian Gas Export Projects – From Pipe Dreams to Pipelines," *CSIS Commentary*, 2015.7.22, p. 21.

22   Henderson and Mitrova, "The Political and Commercial Dynamics of Russia's Gas Export Strategy," p. 22.

23   E. C. Chow, "Russia-China Gas Deal and Redeal," *CSIS Commentary*, 2015.5.11.

24   윤익중·이성규, 「러시아의 새로운 가스공급 여건과 푸틴 집권 3기의 에너지 수출전략: 동북아시아 지역을 중심으로」, ≪동서연구≫, 24권 4호(2012), 213쪽; "Russia and China Finally Complete 30-Year Gas Deal," *The New York Times*, 2014.

25   Henderson and Mitrova, "The Political and Commercial Dynamics of Russia's Gas Export Strategy," p. 18.

26   Paik, "Sino-Russian Gas and Oil Cooperation," OIES Paper(2015), p. 5.

27   Henderson and Mitrova, "The Political and Commercial Dynamics of Russia's Gas Export Strategy," p. 18.

28   Chow, "Russia-China Gas Deal and Redeal"(2015).

29   BP Statistical Review of World Energy(2015.6).

30   Paik, "Sino-Russian Gas and Oil Cooperation," OIES Paper, p. 7.

31   "Russia, China Sign Memorandum on Gas Supplies along Third Route," *BBC Worldwide Monitoring*, 2015.9.3, LexisNexis Academic database.

32   Gabuev, "A 'Soft Alliance'? Russia-China Relations after the Ukraine Crisis"(2015), p. 4.

33   "Oil Prices Unlikely to Return to $100, $60 Expected in Short-Term – Minister," *Sputnik*, 2016.12.21.

34   Farchy J., "Gazprom Secures 2bn Loan from Bank of China," *Financial Times*, 2016.3.4, LexisNexis Academic database.

35   W. Wan and A. Hauslohner, "China, Russia Reach 'Watershed' Gas Deal," *The Washington Post*, 2014.5.22, LexisNexis Academic database.

36   Henderson and Mitrova, "The Political and Commercial Dynamics of Russia's Gas Export Strategy," p. 21.

37   Gabuev, "A 'Soft Alliance'? Russia-China Relations after the Ukraine Crisis," p. 4.

38   Henderson and Mitrova, "The Political and Commercial Dynamics of Russia's Gas Export Strategy," p. 8.

39   Farchy, "Gazprom Secures 2bn Loan from Bank of China," *Financial Times,* 2016.

40   A. Lossan, "Gazprom Cuts Spending on Power of Siberia Pipeline, Delays Vladivostok LNG," *RBTH,* 2016.2.9.

41   D. J. Graeber, "Gazprom Trimming Plans for Eastward Pipeline," *UPI,* 2016.5.19.

42   Farchy, "Gazprom Secures 2bn Loan from Bank of China," *Financial Times,* 2016.3.4.

43   Henderson, "The Commercial and Political Logic for the Altai Pipeline"(2014), p. 2.

44   A. Forbes, "China Forecast to Consume 420 Bcm of Gas in 2020," *Gastech News,* 2014.5.6.

45   "Russian Economists Says Putin Waking Up from 'Chinese Pipe Dream'," *BBC Worldwide Monitoring*, 2015.9.3, LexisNexis Academic database.

46   C. Liu, "China's Natural Gas Use Plummets Despite Its Pledge to Switch from Coal," *ClimateWire*, 2015.12.10.

47   E. Mazneva, "China Gas Demand Forecast Cut by CNPC Researcher amid Slowdown," *Bloomberg,* 2015.9.30.

48   Henderson and Mitrova, "The Political and Commercial Dynamics of Russia's Gas Export Strategy," p. 17; E. Shadrina, "Can Russia Succeed in Energy Pivoting to Asia?" Eppen, p. 27; T. Bros, "From Nord Stream 1 to Power of Siberia 1: A Change in

Mind-Set from Soviet Planning to Capitalism Unknowns!" Natural Gas World(2016.9.7).

49 Henderson and Mitrova, "The Political and Commercial Dynamics of Russia's Gas Export Strategy," p. 13.

50 같은 글, p. 28.

51 J. Perlez and N. MacFaruuhar, "Rocky Economy Tests Friendship of Xi and Putin," *The New York Times,* September 4, 2015, LexisNexis Academic database.

52 김연규, 「글로벌 셰일혁명과 동아시아 에너지 시장/지정학 변화」, ≪세계정치≫, 21권 (2014), 117쪽.

53 J. Smyth, "LNG Boom Fuels Australia Export Ambitions," *Financial Times,* 2014.10.2.

54 D. Saadi, "Adipec 2016: Higher US and Australian LNG Output Brings Challenges," *The National,* 2016.11.6.

55 "Australia Ups NE Asia LNG Share," *Hellenic Shipping News,* 2016.12.28.

56 M. Hwang and P. Weems, "LNG Oversupply Faces Slowing Asian Demand," *Oil and Gas Journal,* 2016.6.6; H. Gloystein and G. Maguire, "Bloated, Glutted and Static, Asia's LNG Market Keeps Disappointing," *Reuters,* 2016.9.8.

57 Japan's Ministry of Economy, Trade, and Industry website.

58 S. Letts, "LNG Glut Will Continue for Years as Demand Falls and Supply Surges: IEA," *ABC,* 2016.6.9.

제8장 21세기 동북아 에너지 협력과 한국의 선택

1 International Gas Union(IGU), "2017 World LNG Report"(2017).

2 Mikkal E. Herberg, "Introduction," in Mikkal E. Herberg(ed.), *Energy Security and the Asia-Pacific: Course Reader*(Washington DC: National Bureau of Asian Research, 2014).

3 같은 책.

4 Kim Younkyoo, "Rethinking energy security in Northeast Asia under low oil prices: A South Korean perspective," *National Bureau of Asian Research(NBR)*(2016.6.21), Pacific Energy Summit, Brief.

5 Gusev and Westphal, "Russian Energy Policies Revisited," *S W P Research Paper*(2015), p. 20.

6 같은 글, p. 18.

7 같은 글, p. 20.

8   같은 글, p. 4.

9   Takeo Kumagai, "Japan's Oil and LNG price evolution on the path to tranparency," *PLATTS*(2016.9), p. 8.

10   같은 책, p. 7.

제9장 중국의 일대일로 전략과 국제해상 물류네트워크

1   郭崔霄阳·崔铁宁, 「新常态下中国物流业发展浅析」, ≪物流工程与管理≫, 第4期 (2016), p. 15.

2   何黎明, 「新常态'下的'及时雨'」, ≪中国物流与采购≫, 第20期(2014), p. 26.

3   "海外港口背後的中國資本: 中企參與經營的有二十多個", ≪国际金融报≫, 2017.10.2.

4   國務院新聞辦公室網站, "中國與東盟經貿合作成果豐碩"(2017.7.10), http://www. scio.gov.cn.

5   "中國東盟貿易額2020年或破萬億美元, 中國赴東盟投資加速", ≪财新网≫, 2017.8.14.

6   王列辉·朱艳, 「基于'21世纪海上丝绸之路'的中国国际航运网络演化」, ≪地理学报≫, 第72卷, 第12期(2017.12), p. 2268.

7   许娇·陈坤铭·杨书菲·林昱君, 「'一带一路'交通基础设施建设的国际经贸效应」, ≪亚太经济≫, 第3期(2016), p. 5.

| 지은이 |

문흥호

현재 한양대학교 국제학대학원 중국학과 주임교수 겸 동 대학교 중국문제연구소 소장을 맡고 있다. 1991년 박사 학위 취득 이후 통일연구원 중국 담당 책임연구원, 미국 오리건대학교 정치학과 초빙교수, 한양대학교 국제학대학원 원장 등을 역임했다. 또한 현대중국학회 회장, 외교부, 통일부, 산업통상자원부의 정책 자문위원 등을 통해 '한반도의 평화와 공동번영을 위한 대중국 전략과 정책'을 폭넓게 자문하고 있다. 특히 최근에는 '동아시아의 공영 네트워크 구축과 한반도 평화 체제'를 대주제로 한 중장기 연구 과제를 진행하면서 중국과 남북한, 중국과 타이완, 중·미, 중·일, 중·러 관계 등을 심도 있게 연구하고 있다. 주요 저서로는 『13억인의 미래: 중국은 과연 하나인가?』, 『중국의 대외전략과 한반도』, 『중화전통과 현대 중국』, 『북한, 어디로 가는가?』, 『한국-타이완 관계사 1949~2012』 등이 있다.

이유신

현재 영남대학교 정치외교학과 교수이다. 2004년 존스홉킨스대학교 국제관계학 대학원에서 박사 학위를 받은 후 연세대학교 동서문제연구원을 거쳐 영남대학교 정치외교학과 교수로 재직하고 있다. 이유신 교수는 오랜 기간 구소련 지역의 에너지 문제를 다루는 논문을 발표해왔고 이 과정에서 기존 연구의 최대 단점 중 하나인 이론적 틀의 미비를 개선하기 위해 많은 노력을 기울여왔다. 이러한 노력의 결과는 에너지 분야에서 가장 저명한 국제저명학술지 중 하나인 *Energy Policy*에 게재되어 있다. 주요 논문으로는 "Potential Risks of the Russia-North Korea-South Korea Gas Pipeline", "Opportunities and Risks in Turkmenistan's Quest for Diversification of Its Gas Export Routes", "Interdependence, Issue Importance, and the 2009 Russia-Ukraine Gas Conflict" 등이 있다.

이영학

현재 한국국방연구원 안보전략연구센터 선임연구원으로 재직 중이다. 2011년 박사 학위 취득 이후 외교통상부 동북아시아국 중국정세분석팀 선임연구원, 성균관대학교 성균중국연구소 연구교수, 미국 국방대학교 방문학자 등을 역임했다. 주요 연구 분야는 중국의 외교안보 정책이며, 특히 중국의 대한반도 정책과 미·중 관계에 초점을 맞춰 연구를 수행하고 있다. 주요 연구 성과로는 「중국 시진핑 지도부의 신(新) 북핵 정책 동향 및 시사점: 4차 및 5차 북핵 실험을 중심으로」, 『한국의 안보와 국방』(공저), 『시진핑 시기 중국 외교안보』(공저), 『북중관계 다이제스트』(공저), 「북한의 세 차례 핵실험과 중국의 대북한 정책 변화 분석」 등이 있다.

허재철

현재 대외경제정책연구원(KIEP) 중국경제실의 부연구위원으로 재직 중이다. 2013년 중국인민대학교에서 정치학 박사 학위를 받은 이후, 국회의원 비서관과 원광대학교 한중관계연구원 연구교수, 일본 리쓰메이칸대학교 JSPS 박사후 연구원 등을 거쳐 현직에 종사하고 있다. 주요 연구영역은 중국의 현대 외교를 포함한 동북아 국제관계이다. 특히 미디어와 네트워크 이론을 통한 국제관계 분석에 관심이 있다. 주요 논문으로는 「중국 글로벌 미디어의 특성 및 외교적 역할에 관한 분석」, "Analysis of Modern China's Summit Network", 「언론 네트워크를 통해 본 한중관계: 텍스트 및 매체 차원의 네트워크 분석을 중심으로」, "Networks Between Korean News Media and Korea Specialists Abroad: A Social Network Analysis of Korea Specialists in the United States, China and Japan", 「동북아 평화 협력과 공적 사과의 문제: 한·중·일 3국의 사례를 중심으로」 등이 있다.

민귀식

현재 한양대학교 국제학대학원 중국학과 교수이다. 고려대학교 경제학과를 졸업하고 현장 근무를 하다가 뒤늦게 유학해 중국사회과학원에서 2007년 정치학 박사학위 취득 이후 한양대학교 중국문제연구소 연구교수를 역임했다. 중국의 대외에너지전략으로 박사학위를 받았지만, 현재는 중국정치사상과 정치문화에 관심이 많다. 지금은 '남중국 신월(新月)해양벨트 연구: 남중국의 대아세안 전략이 한국의 신남방정책에 주는 함의'를 주제로 연구과제를 수행하면서 중국과 아세안관계를 들여다보고 있다. 주요 저서로는 『한중관계와 문화교류: 양국 장기체류자의 문화갈등과 적응』, 『협상은 문화다』, 『중화전통과 현대 중국』 등이 있고, 주요 논문은 「현대중국 권위주의정치의 전통정치문화 요소 탐구」, 「후농업세시대 중국 향진정부 거버넌스 변화」, 「'전략적 집단' 중국 현·향진 영도간부의 행위기제 연구」, 「중국 해상실크로드와 해양물류네트워크 구축전략」 등이 있다.

최필수

현재 세종대학교 중국통상학과 교수로 재직 중이다. 2011년 박사 학위 취득 이후 대외경제정책연구원 중국팀에서 근무하며 팀장을 역임했다. 중국의 거시경제와 기업에 대한 관심을 가지고 연구를 진행하고 있으며, 최근에는 일대일로(一帶一路)와 관련된 이슈에 주목하고 있다. 주요 논문으로 「시진핑 시대 중국 외환보유고 관리의 논리」, 「19차 당대회 이후 중국의 경제개혁 방향 전망과 시사점」, 「일대일로 프로젝트의 개념적 이해: 상업성과 전략성」 등이 있다.

김연규

현재 한양대학교 국제학부 교수로 재직 중이다. 미국 퍼듀대학교에서 정치학 박사 학위를 받은 후에 미국 허드슨연구소 초빙 연구원, 한국국제정치학회 이사, 한국정치학회 이사, 한러협회 이사를 역임했으며 에너지의 국제정치와 글로벌 에너지 문제에 대해 관심을 가지고 연구를 진행하고 있다. 주요 논저로는 『에너지국제정치의 변환과 동북아시아』, "The New Great Game of Caspian Energy in 2013-2014: 'Turk Stream', Russia and Turkey", "The Journal of Balkan and Near Eastern Studies" 외 다수가 있다.

이상준

현재 국민대학교 유라시아학과 교수로 재직 중이다. 러시아 과학아카데미 IMEMO에서 경제학 박사 학위를 받은 후에 한국슬라브학회 편집 이사, 한국슬라브유라시아학회 회장을 역임했으며 러시아 경제와 러시아 극동개발, 남·북·러 삼각협력에 대한 연구를 진행하고 있다. 주요 논저로는 「러시아의 에너지 전략과 한러 천연가스 협력의 가능성과 제약요인」, 「EAEU 통합과 회원국 간 경제적 상호작용의 변화」, 「러시아 극동 개발과 남·북·러 삼각 협력」, 『푸틴 시대의 러시아』(공저) 외 다수가 있다.

조정원

현재 연세대학교 미래사회통합연구센터 연구교수로 재직 중이다. 중국인민대학교에서 박사 학위를 취득한 후 중국의 에너지 문제·환경 정책·대외 경제협력·환경 문제에 대한 연구와 중국 경제와 중국 기업 관련 강의를 하고 있다. 주요 논저로는 「우크라이나 사태 이후 러·중 경제협력: 극동지역의 성과를 중심으로」, 『중국의 환경정책 확산과 혁신은 왜 어려운가?: 상하이시의 전기자동차 정책을 중심으로』, 『21세기 동북아 에너지 협력과 한국의 선택』(공저), 「바오딩시의 기후변화 정책과 환경 거버넌스」 외 다수가 있다.

한울아카데미 2150

동아시아 공동번영과 한반도 평화

ⓒ 문흥호 외, 2019

지은이 | 문흥호 · 이유신 · 이영학 · 허재철 · 민귀식 · 최필수 · 김연규 · 이상준 · 조정원
엮은이 | 문흥호
펴낸이 | 김종수
펴낸곳 | 한울엠플러스(주)
편집책임 | 최진희
편집 | 박준혁

초판 1쇄 인쇄 | 2019년 4월 23일
초판 1쇄 발행 | 2019년 5월 15일

주소 | 10881 경기도 파주시 광인사길 153 한울시소빌딩 3층
전화 | 031-955-0655
팩스 | 031-955-0656
홈페이지 | www.hanulmplus.kr
등록 | 제406-2015-000143호

Printed in Korea.
ISBN 978-89-460-7150-6 93340

* 책값은 겉표지에 표시되어 있습니다.

이 저서는 2015년 대한민국 교육부와 한국연구재단의 지원을 받아 수행된 연구임.
(NRF-2015S1A5A2A03047798)